neue frau
herausgegeben von
Angela Praesent

Robyn Davidson

Spuren

Eine Reise
durch
Australien

rororo

Rowohlt

Die englische Originalausgabe erschien 1980
unter dem Titel «Tracks»
bei Jonathan Cape, London
Deutsch von Manfred Ohl und Hans Sartorius
Umschlaggestaltung Nina Rothfos
Illustration unter Verwendung eines Fotos
von Rick Smolan
Foto der Autorin Jason Spender
Deutsche Erstausgabe

105.–108. Tausend Januar 1993

Veröffentlicht im Rowohlt Taschenbuch Verlag GmbH,
Reinbek bei Hamburg, September 1982

Gesetzt aus der Garamond (Linotron 404)
Gesamtherstellung Clausen & Bosse, Leck
Printed in Germany
990-ISBN 3 499 15001 8

Für Nancy und die
Blue Wrens

Anna wußte, daß sie die Wüste durchqueren mußte. Jenseits, auf der anderen Seite, waren Berge – purpurn und orange und grau. Die Farben des Traumes waren außerordentlich schön und leuchtend... Der Traum war ein Zeichen der Veränderung in Anna, in ihrem Wissen über sich selbst. In der Wüste war sie allein, und da gab es kein Wasser, und sie war von den Quellen weit entfernt. Sie wachte auf mit dem Wissen, daß sie die Lasten von sich werfen mußte, wenn sie die Wüste durchqueren wollte.

Doris Lessing, Das goldene Notizbuch

Erster Teil

Absprung von Alice

I

Um fünf Uhr morgens kam ich in Alice an. Ich besaß einen Hund, sechs Dollar und einen kleinen Koffer voller unnützer Dinge. «Für den Abend sollten Sie eine Wolljacke mitbringen», hatte es in der Broschüre für die Touristen geheißen. Ein eiskalter Wind peitschte Sand über den Bahnsteig. Zitternd stand ich da, hielt ein warmes Bündel Hund in den Armen und fragte mich beklommen, welche verrückte Idee mich auf diesen gespenstischen, leeren Bahnhof mitten in der Wüste getrieben hatte. Ich drehte mich gegen den Wind und sah am äußersten Ende der Stadt die Umrisse der Berge.

Es gibt im Leben Momente, die Wendepunkte zu sein scheinen und das Leben verändern – kurze intuitive Augenblicke, in denen man erkennt, daß man zur Abwechslung einmal etwas richtig gemacht hat und glaubt, auf dem richtigen Weg zu sein. Ich beobachtete, wie die fahle Dämmerung die Felsen mit Tageslicht erhellte und wußte: Dies war einer der Momente. Es war ein Augenblick des reinen, einfachen Vertrauens, und er dauerte etwa zehn Sekunden.

Diggity wand sich aus meinen Armen. Sie streckte den Kopf vor, ihre Schweineohren flatterten im Wind, und sie schaute mich an. Mich überkam dieses seltsame Gefühl, das einem sagt: Man hat sich auf etwas Schwieriges eingelassen, aus dem es kein Zurück mehr gibt. Es ist ganz einfach, sich ohne Geld in den Zug zu setzen, sich einzureden, man sei doch ein mutiger und abenteuerlicher Mensch und natürlich fähig, mit allem ganz leicht fertig zu werden. Aber wenn du dann tatsächlich am anderen Ende ankommst, und da steht keiner, der dich abholt, und du weißt nicht, wohin du gehen sollst, und da ist nur diese Wahnsinnsidee, an die du selbst nicht so richtig glaubst, dann erscheint es plötzlich doch viel attraktiver, zu Hause, an der vertrauten Küste Queenslands zu sein, auf der Veranda zu sitzen, mit Freunden Pläne zu schmieden, sich einen Drink nach dem anderen zu genehmigen, unendliche

Listen von Listen zu machen, die doch im Papierkorb landen, und Bücher über Kamele zu lesen.

Im Grunde bestand die Wahnsinnsidee darin, mir im Busch die erforderlichen wilden Kamele zu suchen, sie für den Transport meiner Habseligkeiten abzurichten und mit ihnen durch die Wüste zu ziehen. Ich wußte, daß es jede Menge wildlebender Kamele in diesem Land gab. Sie waren zusammen mit ihren afghanischen und nordindischen Besitzern um 1850 importiert worden, um unzugängliche Gegenden zu erschließen. Sie übernahmen den Transport von Lebensmitteln und den Aufbau des Telegrafen- und Bahnsystems, das sie schließlich wirtschaftlich überflüssig machte. Als es soweit war, mußten die Afghanen gebrochenen Herzens ihre Kamele freilassen und versuchen, andere Arbeit zu finden. Da sie nur etwas von Kamelen verstanden, war das nicht einfach für sie. Auch der Staat half ihnen nicht. Ihre Kamele hatten es jedenfalls wesentlich leichter – für sie war Australien ein ideales Land. Sie gediehen und vermehrten sich, so daß jetzt ungefähr zehntausend wilde Kamele umherstreifen. Für die Rinderfarmen sind sie zur Plage geworden und werden daher abgeschossen. Außerdem gefährden sie, wie manche Ökologen behaupten, einige Pflanzenarten, die zu ihrem bevorzugten Futter zählen. Ihr einziger natürlicher Feind ist der Mensch – sie haben praktisch keine Krankheiten, und deshalb zählen die australischen Kamele heute zu den besten der Welt.

Während der langen Reise – achthundert Kilometer von Adelaide bis Alice Springs in zwei Tagen – war der Zug halb leer gewesen. Die modernen Hauptverkehrsadern um Port Augusta verwandelten sich sehr schnell in trostlose, ausgefahrene, endlose rosa Wagenspuren, die in den flirrenden Horizont führten. Dann kam nur noch das trockene rote Pergament des toten Landes, Gottes majestätisches Schlupfloch, wo Männer Männer sind und Frauen ... na ja, allenfalls ein Achselzucken wert sind. Bruchstücke der Unterhaltung im Zug schwirrten mir noch im Kopf herum.

«Tach, is hier noch frei?»

(Seufzend und betont aus dem Fenster oder ins Buch blickend) «Nein.»

(Die Augen sanken auf Brusthöhe) «Wo isn Ihr Alter?»

«Ich habe keinen Alten.»

(Ein schwaches Aufflackern in wäßrigen, blutunterlaufenen Augen, die noch immer auf Brusthöhe kleben) «Mein Gott, Mädchen, du willst doch wohl nicht allein nach Alice gehen, oder? Hör zu, Lady, du bist total verrückt. Die vergewaltigen dich doch garantiert. Weißte nich, daß die verdammten Nigger da frei rumlaufen? Du brauchst jemanden, der auf dich aufpaßt. Hör zu, ich geb dirn Bier aus, dann gehn wir in dein Abteil und kommen uns'n bißchen näher. Hm? Was meinste?»

Ich wartete, bis die paar Ankömmlinge den Bahnhof verlassen hatten, stand dann in einem Vakuum frühmorgendlicher Stille und kämpfte gegen ein unbehagliches Gefühl an. Dann machte ich mich mit Diggity auf den Weg in die Stadt.

Als wir die menschenleere Straße entlangschlenderten, fiel mir als erstes die architektonische Häßlichkeit des Ortes auf – ein krankmachender Kontrast zu der Erhabenheit des Landes ringsum. Staub bedeckte alles, angefangen bei der großen, weithin sichtbaren Eckkneipe bis hin zu den schäbigen, einfallslosen Schaufenstern an der Hauptstraße. Milliarden toter Insekten klebten in den Straßenlaternen. Hin und wieder ratterten Landrover durch diese Stadt aus Asphalt und Beton; sie waren über und über mit rotem Dreck bespritzt und hatten nur zwei saubergewischte Gucklöcher in der Windschutzscheibe. Die graue, cremige, krankenhausgrüne Einkaufsstraße verlor sich allmählich in einem totalen Wirrwar von Vorort und endete plötzlich am Fuß der großartigen, steil aufragenden roten Macdonnel Ranges – eine Bergkette am südlichen Ende der Stadt, die sich, nur durch ein paar imposante Schluchten unterbrochen, mehrere hundert Kilometer nach Osten und Westen erstreckt. Der Todd River windet sich, eingerahmt von riesigen silbrigen Eukalyptusbäumen, in seinem trockenen weißen, sandigen Flußbett durch die Stadt und verschwindet dann in einer schmalen Spalte in den Bergen. Wie ich noch entdecken sollte, üben diese Berge, die wie ein versteinertes, vorgeschichtliches Monster drohend über der Stadt lauern, auf die winzigen Menschen eine tiefgreifende psychologische Wirkung aus – sie drehen durch. Die Bergkette erinnert sie an die unvorstellbaren Dimensionen der Zeit, die sie mit ihren imitierten Klinkerhäusern und welken Gärten im englischen Stil fast erfolgreich verdrängen.

Ich wollte eigentlich solange bei den Aborigines am Fluß kampieren, bis ich einen Job und eine Bleibe gefunden hätte. Aber die Schwarzmaler im Zug hatten behauptet, das sei reiner Selbstmord. Alle, angefangen bei den chronischen Säufern, den Männern und Frauen mit ihren versteinerten, ausdruckslosen, braunen und verwelkten Gesichtern, bis hin zu den Kellnern im Frack, die unheimliche Mengen Alkohol servierten und auch selbst konsumierten, hatten mich davor gewarnt. Für sie waren die Schwarzen unwiderruflich der Erzfeind, faule, dreckige und gefährliche Tiere. Mit verdächtiger Inbrunst wurden Geschichten über junge weiße Mädchen erzählt, die abends harmlos am Todd entlangschlenderten und dort ein noch schlimmeres Schicksal als den Tod fanden – es war das einzige Thema, an dem sie sich hochziehen konnten. Zu Hause hatte ich aber auch andere Geschichten gehört. Zum Beispiel, daß ein junger Schwarzer eines Morgens weiß angemalt in einem Rinnstein von Alice gefunden worden war. Selbst daheim in der Stadt, wo bestimmt kein normaler Mensch je einen Eingeborenen gesehen, geschweige denn mit einem gesprochen hatte, konnnte jeder stundenlang und mit außergewöhnlicher Verachtung darüber berichten, wie faul und dumm sie seien. Dies lag an der Presse, deren Berichterstattung sich auf abgedroschene Phrasen über dreckige, permanent besoffene und von Arbeitslosenunterstützung lebende Aborigines beschränkte, und daran, daß jeder in der Schule gelernt hatte, sie seien nicht viel mehr als bessere Affen – ziellos umherstreifende Wilde: unterentwickelt, primitiv und dumm, ohne Kultur, ohne Regierung und ohne Existenzberechtigung in der weitaus überlegeneren weißen Welt.

Es ist schwer, zwischen Tatsache und Fiktion, zwischen Angst und Paranoia, zwischen Gut und Böse zu unterscheiden, wenn man in eine fremde Stadt kommt. Aber Alice war mir von Anfang an nicht geheuer. Die Stadt schien keine Seele, keine Wurzeln zu haben. Aber vielleicht war es gerade das, was in bestimmten Situationen das Außergewöhnliche fördert. Hatten mir alle Angst einjagen wollen, weil ich als Städterin in den Busch ging? War ich plötzlich beim Ku Klux Klan gelandet? Ich kannte die Aborigines. Ich hatte die schönsten Ferien meines Lebens bei ihnen verbracht. Natürlich wurde dort ganz schön getrunken und gelegentlich auch gekämpft. Aber wie man im ganzen Land immer wieder auf Parties und in Kneipen sieht, gehört das durchaus auch zur Tradition der Weißen in Australien. Wenn die Schwarzen in Alice so waren wie die Schwarzen dort, wie konnte sich dann eine Gruppe Weißer so in Angst und Haß verzehren? Und wenn sie hier tatsächlich anders waren, was hatte sie so verändert? «Sei vorsichtig», sagte mir mein Instinkt. Ich spürte sofort eine verschleierte Gewalttätigkeit und mußte eine sichere Bleibe finden. Auch Kaninchen haben einen Überlebensmechanismus.

Man sagt, Paranoia ziehe Paranoia an: Ich kenne keinen Menschen, der einen so negativen Eindruck von Alice Springs hat. Aber ich sollte es von seiner schlimmsten Seite kennenlernen, und das hat vielleicht meine Einstellung verzerrt. Man sagt, jeder, der den Todd River dreimal fließen sieht, verliebe sich in Alice. Am Ende des zweiten Jahres, nachdem ich ihn absurderweise noch öfter hatte fließen sehen, empfand ich tiefen Haß und gleichzeitig eine unerklärliche heftige Leidenschaft für die Stadt.

Vierzehntausend Menschen leben hier – darunter tausend Eingeborene. Die weiße Bevölkerung setzt sich hauptsächlich aus Regierungsangestellten, allen möglichen Ausgeflippten und Abenteurern zusammen, aus ehemaligen Besitzern von Rinder- oder Schaffarmen, Gelegenheitsarbeitern, Lkw-Fahrern und kleinen Geschäftemachern. Die wichtigste Aufgabe im Leben dieser Krämerseelen besteht darin, die Touristen auszunehmen, die in Busladungen aus Amerika, Japan und den Großstädten Australiens kommen, um die außergewöhnliche Wüste und Alice zu sehen – diesen letzten romantischen Flecken, von dem sie sich das große Abenteuer versprechen. Es gibt hier drei größere Kneipen, einige Motels, ein paar letztgradige Restaurants und verschiedene Geschäfte, die T-Shirts mit dem Aufdruck: «Ich war auf dem Ayers Rock» verkaufen, Bumerangs made in Taiwan, Bücher über Australien und Servietten, auf denen edle Wilde vor der untergehenden Sonne die Speere kreuzen. Es ist eine Grenzstadt, geprägt von einer aggressiven männlichen Moral und schweren Rassenspannungen.

Ich frühstückte in einem billigen Café, ging hinaus auf die grelle Straße, wo das Leben gerade begann und machte mich auf die Suche nach einem neuen Zuhause. Ich fragte nach der billigsten Unterkunft, und man schickte mich auf einen Campingplatz fünf Kilometer nördlich von Alice.

Es war ein heißer und staubiger, aber interessanter Weg. Die Straße lief an einem Nebenarm des Todd entlang. Blaue Rauchschwaden stiegen zwischen den Eukalyptusbäumen auf und markierten die Lager der Eingeborenen. Auf der linken Seite befanden sich die Garagen und Werkstätten des Industriegebiets von Alice – Wellblechhütten, hinter denen sich die gepflegten Rasen und Bäume der Vorstadt ausdehnten. Als ich mein Ziel erreichte, sagte mir der Besitzer, es koste nur drei Dollar, wenn ich ein eigenes Zelt hätte, sonst acht. Mein Lächeln verschwand. Sehnsüchtig starrte ich auf die kalten Drinks, ging aber nach draußen, um lauwarmes Wasser aus dem Hahn zu trinken. Vorsichtshalber fragte ich nicht, ob es etwas kostete. Am anderen Ende des Campingplatzes entdeckte ich junge Leute mit langen Haaren und geflickten Jeans, die gerade ein großes Zelt aufbauten. Da sie mir ansprechbar erschienen, fragte ich sie, ob ich bei ihnen übernachten könne. Bereitwillig und freundlich boten sie mir Unterkunft an.

Am Abend fuhren wir mit ihrem Kleinbus – eine alte, mit allem Drum und Dran einschließlich einer Superstereoanlage ausstaffierte Kiste – in die Stadt. Die beiden hatten sogar Surfbretter dabei – sie wollten gen Norden. Wir fuhren den staubigen Lichtern der Stadt entgegen und hielten an einem Laden, um etwas zum Trinken zu kaufen. Das schüchterne und sehr junge Mädchen wendete sich plötzlich mir zu.

«Mensch, sieh dir das an! Sind die nicht widerlich? Gott, die sind ja wie Affen.»

«Wer?»

«Die Nigger.»

Ihr Freund lehnte am Schnapsladen und wartete.

«Beeil dich, Bill. Mach bloß, daß wir hier wegkommen. Widerliche Gestalten.»

Sie verschränkte fröstelnd die Arme und schüttelte sich vor Abscheu. Ich senkte den Kopf, biß mir auf die Lippen und wußte, diese Nacht würde sehr lang werden.

Am nächsten Tag bekam ich einen Job in der Kneipe; in zwei Tagen sollte ich anfangen. Ja, ich könne im Hinterzimmer wohnen, die Miete würde von meinem ersten Wochenlohn abgezogen. Essen gab es umsonst. Perfekt. Das ließ mir Zeit, mich um Kamele zu kümmern. Ich saß eine Weile an der Bar und unterhielt mich mit den Stammgästen. Ich fand heraus, daß es in Alice drei Männer gab, die mit Kamelen zu tun hatten – zwei waren im Touristengeschäft, der dritte, ein alter Afghane, fing wilde Kamele, um sie als Schlachttiere nach Arabien zu verkaufen. Ich traf einen jungen Geologen, der sich anbot, mich zu diesem Mann rauszufahren.

Als ich Sallay Mahomet sah, war mir sofort klar, daß er genau wußte, was er tat. Er strahlte das säbelbeinige, wissende Selbstvertrauen eines Mannes aus, der schon sehr lange mit Tieren umgeht. Er stand neben einem staubigen Gehege, voll von diesen merkwürdigen Biestern, und reparierte seltsam aussehende Sättel.

«Was kann ich für Sie tun?»

«Guten Morgen, Mr. Mahomet», sagte ich zuversichtlich. «Ich bin Robyn Davidson und ... hmm, wissen Sie, ich plane einen Trip in die Wüste und wollte drei wilde Kamele haben und sie dafür abrichten. Ich dachte, Sie könnten mir vielleicht helfen.»

«Hrrrrrrmmmmppphhh.»

Sallay funkelte mich unter buschigen weißen Augenbrauen an. Seine wortkarge Verdrießlichkeit verwies mich sofort auf meinen Platz, und ich kam mir wie ein kompletter Idiot vor.

«Vermutlich glauben Sie auch noch, daß Sie es schaffen.»

Ich starrte auf die Erde, trat von einem Fuß auf den anderen und murmelte irgend etwas zu meiner Verteidigung.

«Was wissen Sie denn über Kamele?»

«Also, naja, eigentlich nichts, ich meine, dies sind sogar die ersten, die ich überhaupt sehe, aber ...»

«Hrrrrrmmmppphhh. Und was wissen Sie über die Wüste?»

Mein Schweigen offenbarte peinlich, daß ich von nichts eine Ahnung hatte.

Sallay sagte, es täte ihm leid, aber er glaube nicht, daß er mir helfen könne, und wendete sich wieder seiner Arbeit zu. Meine Zuversicht schwand. Es würde schwieriger werden, als ich geglaubt hatte, aber schließlich war es ja der erste Tag.

Als nächstes fuhren wir zu dem Touristenbetrieb südlich der Stadt. Ich traf den Besitzer und seine Frau, die sehr freundlich war und mir Tee und Kuchen anbot. Die beiden schauten sich schweigend an, als ich ihnen von meinem Plan erzählte. «Sie können ruhig jederzeit herkommen und sich ein bißchen mit den Tieren vertraut machen», sagte der Mann jovial, konnte aber kaum ein Grinsen unterdrücken. Meine Eingebung riet mir, in jedem Fall wegzubleiben. Ich mochte ihn nicht, und sicher beruhte das auf Gegenseitigkeit. Und als ich sah, wie seine Tiere brüllten und kämpften, wußte ich sofort, daß er ganz bestimmt nicht der richtige war, um etwas von ihm zu lernen.

Es blieb nur noch eine Möglichkeit: die Posels, die fünf Kilometer nördlich der Stadt lebten. Nach den Worten der Leute in der Kneipe war Mr. Posel ein Verrückter.

Mein Geologenfreund setzte mich an der Kneipe ab, und ich wanderte am Charles River entlang in Richtung Norden. Es war ein angenehmer Spaziergang unter erfrischenden, schattigen Bäumen. Immer wieder wurde die Stille durch Lagerhunde unterbrochen, die in angriffslustigen Rudeln auf Diggity und mich zurasten, um uns klarzumachen, daß wir in ihrem Territorium nichts zu suchen hätten. Ihnen folgten Flaschen, Dosen und die Flüche ihrer eingeborenen Besitzer, die uns jedoch freundlich anlächelten und mit Kopfnicken grüßten.

Schließlich erreichte ich ein Tor und sah ein schneeweißes Haus, umgeben von Bäumen und Rasen – ein Chalet en miniature, wunderschön, aber hier draußen, zwischen roten Felsen und Staubwolken total absurd. Die Zäune aus handgezimmertem Holz und gedrehtem Tauwerk verrieten die Arbeit eines Meisters. Die Ställe hatten Rundbögen, und vor den Fenstern blühten Geranien. Alles paßte zusammen. Gladdy Posel empfing mich an der Tür. Sie war eine kleine vogelähnliche Frau im mittleren Alter, und aus ihrem Gesicht sprachen Mühsal, Sorgen und ein unbeugsamer Wille, aber auch Mißtrauen. Sie war bis jetzt jedenfalls der erste Mensch, der mir nicht mit herablassendem Zweifel zuhörte – vielleicht konnte sie ihn aber auch einfach nur besser verbergen. Kurt, ihr Mann, war nicht zu Hause, und so verabredeten wir uns für den nächsten Tag.

«Was halten Sie von der Stadt?», fragte sie.

«Ich finde, sie stinkt», antwortete ich und bereute es sofort. Auf keinen Fall wollte ich sie gegen mich haben.

Zum erstenmal lächelte sie. «Ich glaube, Sie werden schon zurechtkommen. Vergessen Sie nicht, die meisten hier sind verrückt, und Sie müssen auf sich aufpassen.»

«Was ist mit den Schwarzen?» fragte ich.

Das Mißtrauen war wieder da. «Da ist überhaupt nichts mit den Schwarzen. Es sind nur die Weißen, die ihnen etwas tun.»

Nun mußte ich lächeln. Gladdy, so schien es, war eine Kämpfernatur.

Am nächsten Tag begrüßte mich Kurt mit soviel Überschwenglichkeit, wie seine germanische Natur gerade eben noch zuließ. Er trug ein makellos weißes Gewand und einen ebenso weißen, frisch gestärkten Turban. Wären da nicht seine eisblauen Augen gewesen, hätte er wie ein bärtiger, drahtiger Araber ausgesehen. An seiner Seite hatte man das Gefühl, neben einem gestürzten Strommast zu stehen – nichts als gefährliche, knisternde Energie. Er war dunkelbraun gebrannt, sehnig, mit schwieligen, übergroßen Händen, die nach Arbeit aussahen. Er war mit Sicherheit das außergewöhnlichste Individuum, das ich bisher in meinem Leben gesehen hatte. Kaum hatte ich meinen Namen hervorgebracht, als er mich schon zur Veranda führte und zu erzählen begann, wie die nächsten acht Monate meines Lebens aussehen würden. Während der ganzen Zeit grinste er ein zahnlückiges Grinsen.

«Gut. Sie arbeiten also in den nächsten acht Monaten für mich, dann kaufen Sie eins von meinen Kamelen, und ich zeige Ihnen, wie man es abrichtet. Dann besorgen Sie sich zwei wilde Kamele, und das wärs. Ich hab genau das richtige Tier für Sie. Es hat zwar nur ein Auge, aber haha, das macht nichts ... es ist stark und zuverlässig, und mehr brauchen Sie doch nicht, oder?»

«Ja, aber ... » stammelte ich.

«Was, ja aber?» schrie er ungläubig.

«Wieviel wird es kosten?»

«Ach ja, was solls kosten. Ja. Laß mich nachdenken. Sie kriegen es für tausend Dollar. Das ist geschenkt!»

Ein blindes Kamel für tausend Piepen, dachte ich, verdammt nochmal, dafür kann ich mir einen ganzen Elefanten kaufen.

«Es ist wirklich sehr nett von Ihnen, Kurt, aber wissen Sie, ich habe kein Geld.»

Sein Grinsen verschwand wie schmieriges Wasser im Abflußloch.

«Natürlich kann ich in der Kneipe arbeiten, um ... »

«Ja, in Ordnung», sagte er, «Sie arbeiten in der Kneipe, und hier sind Sie mein Lehrling. Essen und Wohnen sind frei. Sie fangen heute an, und wir werden sehen, wozu Sie gut sind. Abgemacht. Sie können froh sein, daß ich das alles für Sie tue.»

In meiner Benommenheit kriegte ich nur halb mit, daß er mich verschaukelt hatte. Er führte mich in ein sauberes Zimmer im Stallgebäude und ging dann ins Haus, um für mich ein Kameltreiber-Outfit zu suchen. Ich stieg in die viel zu großen, schlapprigen Hüllen und stülpte mir den lächerlichen Turban über die hellen Haare. Ich sah aus wie ein bekloppter Bäcker. Vor dem Spiegel mußte ich hemmungslos lachen.

«Wassn los, sind Sie was Besseres, oder was?»

«Nein, überhaupt nicht», versicherte ich, «ich habe mich nur noch nie als Afghanen gesehen, das ist alles.»

Er brachte mich zu den Kamelen, und ich bekam meine erste Lektion.

«Sie müssen von ganz unten anfangen und sich langsam raufarbeiten», sagte er und gab mir Handfeger und Schaufel.

Kamele scheißen wie Kaninchen – immense Mengen niedlicher, runder kleiner Kügelchen. Ein paar lagen dort, wo Kurts Finger hinzeigte. Erst jetzt realisierte ich, daß ich auf den ganzen zwei Hektar nicht ein Fitzelchen, nicht ein Partikelchen von dem Zeug gesehen hatte. Wenn man bedachte, daß Kurt acht solcher Biester gehörten, war das schon erstaunlich. In der Hoffnung, meinen neuen Boss mit meinem Eifer zu beeindrucken, kniete ich mich hin und kratzte jedes bißchen auf die Schaufel, stand wieder auf und wartete auf seinen Kommentar.

Irgend etwas schien bei Kurt nicht zu stimmen. Offensichtlich hatte er Schwierigkeiten mit den Lippen, und seine Augenbrauen bewegten sich wie Fahrstühle – rauf und runter. Er verfärbte sich unter der Bräune zu einem knalligen Rot. Dann explodierte er wie ein Vulkan, und sein Speichel traf mich wie heiße Lava.

«Und wasss issss dasssss?»

Verwirrt schaute ich auf den Boden, konnte aber nichts entdekken. Ich kniete mich hin, sah aber immer noch nichts. Kurt warf sich neben mir auf die Knie, und siehe da: Unter einem kurzgeschnittenen Grashalm lag das winzige Überbleibsel der ältesten Kamelscheiße, die man sich vorstellen konnte. «Saubermachen!» brüllte er. «Glaubst du vielleicht, du bist hier auf Urlaub, oder was?» Ich konnte nicht glauben, daß dies Wirklichkeit war. Mit zitternden Händen schob ich das mikroskopische Flöckchen auf die Schaufel, das sich im Laufe der Jahre schon beinahe in Staub aufgelöst hatte. Aber Kurt war zufrieden, und wir zogen weiter unsere Runden über die Ranch.

Nach diesem Ausbruch hätte ich mir bestimmt noch einmal überlegt, auf der Ranch zu bleiben, wäre mir nicht sehr schnell klar geworden, daß mein neuer irrer Freund ein Zauberer war, was Kamele anging. Ich will hier ein für allemal mit ein paar Märchen über diese Tiere aufräumen. Es sind die intelligentesten Kreaturen, die ich außer Hunden kenne, und ich würde ihnen etwa den IQ achtjähriger Kinder zuschreiben. Sie sind liebevoll, frech, verspielt, witzig – ja witzig –, eingebildet, geduldig, harte Arbeiter und unendlich interessant und charmant. Allerdings sind sie schwer abzurichten, da sie einen starken, unzähmbaren Willen, gepaart mit einer hohen Intelligenz und Aufnahmebereitschaft besitzen. Deshalb haben sie auch einen so schlechten Ruf. Falsch behandelt, können sie außerordentlich gefährlich und widerspenstig sein. Kurts Kamele waren weder noch. Sie erinnerten mich an große, neugierige Babies. Außerdem stinken sie nicht, es sei denn, sie bespucken einen in einem Anfall von Gereiztheit oder Angst mit schleimigen grünen Klumpen widergekäuten Futters. Ich würde auch sagen, es sind höchst sensible Tiere, die durch schlechte Behandlung schnell verängstigt und zugrunde gerichtet werden können. Sie sind arrogant, rassistisch und glauben zweifellos, sie seien die von Gott auserwählte Rasse. Aber sie sind auch Feiglinge und verstecken ihre zarten Herzen hinter aristokratischem Verhalten.

Kurt hörte nicht auf, meine Pflichten zu erläutern. Die Scheiße schien dabei im Mittelpunkt zu stehen. Ich mußte den Tieren den ganzen Tag hinterherlaufen und die Krümel des Anstoßes beseitigen. Er erzählte, er habe einmal die großartige Idee gehabt, ihnen die Gummiblasen von Fußbällen in den Hintern zu schieben. Aber im Lauf des Tages hätten die Biester sie mit einem Stöhnen wieder ausgeschissen. Ich sah Kurt von der Seite an; er machte keinen Witz.

Ich mußte außerdem jeden Morgen um vier Uhr die Tiere einfangen, sie «entfesseln» (ihre Vorderbeine wurden abends mit Lederriemen und etwa dreißig Zentimeter langen Ketten zusammengebunden, damit sie nicht zu weit und zu schnell laufen konnten) und sie im Gänsemarsch nach Hause führen. Zwei oder drei wurden für die Tagesarbeit benötigt und schaukelten die Touristen für einen Dollar pro Runde durch die Arena. Die anderen blieben auf der Koppel. Die Auserwählten mußte ich an die Futtertröge binden, sie mit der Bürste striegeln, sie bitten zu «whoosh» (ein altes afghanisches Wort, das vermutlich «sitz!» bedeutet) und ihnen dann die von Kurt entworfenen, protzigen arabischen Sättel auflegen. In den nächsten acht Monaten sollte dies der angenehmste Teil meiner Arbeit sein. Kurt schubste mich mitten hinein, und das war gut. Ich hatte keine Zeit, mich vor den Kamelen zu fürchten. Den Rest des Tages verbrachte ich hauptsächlich damit, seine sterile Domäne peinlich sauber, adrett und von Unkraut frei zu halten. Kein Grashalm erdreistete sich, an der falschen Stelle zu wachsen.

Am ersten Abend kam der junge Mann, der mich netterweise durch die Stadt gefahren hatte, um sich nach mir zu erkundigen. Ich sagte Kurt, ich hätte Besuch, und wir gingen zu den Ställen. Wir saßen draußen, klönten und beobachteten das schillernde Blau und Orange des Sonnenuntergangs. Ich war völlig erschöpft. Kurt hatte mich zwischen Scheune, Kamelen und Hof auf Trab gehalten. Ich hatte im Garten Unkraut gejätet, mit der Schere einen Kilometer Wegränder getrimmt, zahllose unangenehme Touristen auf dem Rücken der Kamele durch die Arena geführt, hatte saubergemacht, gemoppt, gekratzt und gehoben, bis ich dachte, ich müßte umfallen. Nicht eine Minute lang hatte sich das Tempo verringert, und die ganze Zeit über kontrollierte Kurt mich und meine Arbeit. Mal murmelte er, aus mir könne noch etwas werden, mal beschimpfte er mich lautstark im Beisein der verdutzten und verlegenen Touristen. Während der Arbeit war ich viel zu sehr mit anderen Dingen beschäftigt gewesen, um darüber nachzudenken, ob ich eine derartige Behandlung die nächsten acht Monate aushalten könne. Als ich aber nun mit meinem jungen Freund sprach, merkte ich, wie es in mir kochte. «Arrogantes Schwein», dachte ich, «miese, lausige, geizige, besessene, jämmerliche kleine Kröte!» Ich haßte mich selbst wegen dieser gräßlichen Feigheit im Umgang mit Menschen; sie ist ein so weibliches Syndrom – die Schwäche von Tieren, die immer das Opfer sind. Ich war nicht aggressiv genug gewesen und hatte mich nicht genügend gewehrt.

Und jetzt quälte mich auch noch dieses impotente, innerlich wütende Gestammel. Plötzlich stürmte Kurt mit riesigen Schritten um die Ecke – ein weißes wehendes Gespenst. Ich spürte seine rasende Wut, noch ehe er uns erreicht hatte, und stand auf, um mich ihm zu stellen. Mit zitterndem Finger zeigte er auf meinen Freund und stieß zwischen den Zähnen hervor:

«Mach, daß du wegkommst! Wer bist du überhaupt? Nach der Arbeit hat hier niemand rumzulungern! Wahrscheinlich hat Fullarton dich geschickt, um das Design meiner Kamelsättel auszuspionieren.»

Dann starrte er mich an. «Ich weiß aus eigener Quelle, daß Sie schon drüben gewesen sind. Wagen Sie sich ja nicht in seine Nähe, solange Sie für mich arbeiten – NIE! Verstanden?!»

Ich explodierte. Die Wut der Hölle hätte nicht schlimmer sein können. Mein junger Freund entschwand mit schreckgeweiteten Augen in die Dunkelheit, und ich zog mit allen nur möglichen Schimpfworten gegen Kurt vom Leder. Ich schrie ihn an, er habe nicht die leiseste Chance, nicht die geringste Chance, mich je wieder an seine dreckige Arbeit zu kriegen, eher würde ich sterben. In rasender Wut rannte ich in mein Zimmer, knallte wie eine Wilde sein kostbares Scheunentor hinter mir zu, das man wie zerbrechliches Glas behandeln mußte, und packte meine paar Habseligkeiten.

Kurt stand wie betäubt da. Er hatte mich falsch eingeschätzt, er war einen Schritt zu weit gegangen. Der Dollarsegen verblaßte vor seinen Augen. Er hatte sowohl ein Goldkind als auch eine Sklavin verloren. Aber er war zu stolz, um sich zu entschuldigen. Früh am nächsten Morgen zog ich in die Kneipe um.

2

Die Kneipe hatte vier große Gasträume. Ich arbeitete in der *Saloon Bar*, die von den Stammgästen besucht wurde – Lkw-Fahrern und Farmarbeitern, einige von ihnen Mischlinge – und hin und wieder einer der schwarzen Gelegenheitsarbeiter, der gerade seinen zweihundert Dollar-Scheck bekommen hatte, um ihn in der Kneipe einzulösen. Er versoff seinen Lohn, und am nächsten Morgen war kaum noch etwas übrig. Obwohl man die Schwarzen leicht ausnehmen konnte, waren sie hier nur geduldet und kamen deshalb nicht oft. Wenn auch zwischen beiden Räumen ein reges Hin und Her herrschte, bevorzugten Touristen und viele Stammgäste der etwas besseren Schicht die *Lounge Bar*. Im *Billardroom* wurden Schwarze nur widerwillig zugelassen, und in der *Inner Bar*, gemütlich, aber geschmacklos eingerichtet, tranken Polizisten, Anwälte und die weiße Oberschicht: «Für Schwarze verboten.» Das war zwar nicht legal und stand auch nirgends geschrieben, wurde aber unter dem Vorwand praktiziert: «Gäste werden gebeten, angemessene Kleidung zu tragen.» Für die Unverbesserlichen im Saloon war sie die *Poofter's Bar*. Wenigstens gab es hier keine «Hundeklappe» ,wie in den meisten Kneipen im Norden. Durch diese Klappen zum Hof wurde Schnaps an die Schwarzen verkauft.

Ich wohnte nach hinten raus in einem zugigen Taubenschlag aus Beton. Die Einrichtung bestand aus einem Aluminiumbett mit einer fleckigen, scheußlich rosa Chenilleüberdecke. In meinen Briefen nach Hause erzählte ich fröhlich von meinem Training der riesigen Küchenschaben. Ich berichtete, es sei mir gelungen, sie wie ein Dompteur in die Unterwürfigkeit zu zwingen, hätte aber bisher Abstand davon genommen, meinen Kopf in ihre Mäuler zu stecken – aus Angst, daß sie sich irgendwann gegen mich zusammenrotten würden. Aber hinter diesen Witzen steckte eine wachsende Depression. Kamele, oder auch nur Informationen über Kamele zu erhalten, war viel schwieriger, als ich mir vorgestellt hatte. Inzwischen kannte beinahe jeder meinen Plan, was mir bei den Stammgästen viel höhnisches Gelächter einbrachte. Mit ihren nutzlosen und falschen Informationen hätte man eine ganze Bibliothek des Absurden einrichten können. Plötzlich schien jeder alles, aber auch alles über Kamele zu wissen.

Man muß nicht allzu tief schürfen, um dahinterzukommen, warum einige der zornigsten Feministinnen der Welt, die in ihrer Jugend die prickelnde, frische australische Luft geatmet haben, irgendwann ihre Känguruhfelltaschen packten und in Richtung London, New York oder wohin auch immer flohen, wo der antipodische Männlichkeitswahn und die Unterdrückung der Frau wie ein gräßlicher Alptraum langsam von ihrem angekratzten Selbstbewußtsein abfielen. Jeder, der einmal in einer reinen Männerbar in Alice Springs gearbeitet hat, wird wissen, was ich meine.

Einige Männer lungerten morgens schon vor der geschlossenen Tür und warteten darauf, daß die Kneipe öffnete. Im Lauf der nächsten zwölf Stunden pumpten sie sich mit Alkohol voll und verließen die Bar erst wieder zur Polizeistunde – oft auf allen vieren. Andere kamen immer zur selben Stunde, setzten sich auf denselben Platz, trafen sich mit denselben Freunden und erzählten erfundene Geschichten – immer dieselben und immer dieselben Reaktionen. Andere saßen allein in einer Ecke und träumten Gott weiß wovon. Manche waren verrückt, andere gemein, aber es gab auch ein paar richtige Prachtkerle, liebenswürdig, hilfsbereit und humorvoll. Manche vergossen um neun Uhr abends Schnapstränen über verpaßte Gelegenheiten, verlorene Frauen oder die verlorene Hoffnung. Während sie schluchzten, ich ihnen auf dem Tresen das Händchen streichelte und sie tröstete, pißten sie still und selbstvergessen an die Bartheke.

Will man sich ernsthaft mit dem australischen Kult des Weiberhasses auseinandersetzen, muß man zweihundert Jahre der weißen australischen Geschichte durchackern. Dann landet man bei einer Horde übel zugerichteter, jammernder Sträflinge an den Gestaden des «weiten braunen Kontinents». Der Platz an dem sie landeten, war relativ grün und einladend; die endlose braune Weite kam später. Man kann sich vorstellen, daß das Leben in der Kolonie nicht leicht war. Aber die Jungs lernten zusammenzuhalten. Wenn sie ihre Zeit abgebrummt hatten und immer noch bei Kräften waren, wagten sie sich in das abweisende Land vor, um dort ein erbärmliches Dasein zu fristen. Sie waren zäh und hatten absolut nichts zu verlieren ... und sie hatten Alkohol, um die Schicksalsschläge zu vernebeln. Etwa 1840 dämmerte ihnen, daß etwas fehlte: Schafe und Frauen. Die Schafe importierten sie aus Spanien – ein Geniestreich, durch den sie Australien wirtschaftliche Geltung verschafften. Die Frauen holten sie aus den Armen- und Waisenhäusern Englands und brachten sie auf Segelschiffen herüber. Da es hiervon (gemeint sind die Frauen) nie genug gab, kann man sich nur zu gut vorstellen, was für ein Wahnsinnsansturm auf Sydneys

Hafen einsetzte, als die Mädchen tapfer angesegelt kamen. Es ist schwer, im Verlauf eines einzigen Jahrhunderts eine derart traumatische Geschichte aus dem Gedächtnis eines Volkes zu löschen. Der Männerkult wird nach wie vor in jeder Kneipe des Landes gepflegt und am Leben gehalten – besonders im Hinterland, wo man noch sentimental am stereotypen Image des australischen Mannes festhält. Die moderne Ausgabe des *Aussie* ist fast ohne jeglichen Charme. Er ist voreingenommen, fanatisch, langweilig und vor allem brutal. Die Freuden seines Lebens beschränken sich auf Schießen, Raufen und Trinken. Für ihn ist jeder ein Kumpel, der nicht gerade ein Itaker, Araber, Polack, Neger, Affe, Nigger, Schlitzauge, Zigeuner, Chink, Türke, Japs, Froschfresser, Kraut, Kommunist, Angeber, Gauner, Polyp ... ach ja, eine Pute, Ziege oder ein dummes Huhn ist.

Eines Abends flüsterte mir einer der netteren Stammgäste zu: «Du solltest vorsichtiger sein, Mädchen! Du mußt wissen, ein paar von den Kerlen haben dich für die nächste Vergewaltigung vorgemerkt. Du darfst nicht so freundlich sein.»

Das war zuviel. Was hatte ich getan?

Ich hatte ihnen doch nur freundschaftlich auf die Schulter geklopft, den Blanken manchmal ausgeholfen und mir die herzzerreißenden Geschichten über ihr grausames Schicksal angehört. Zum erstenmal überkam mich richtige Angst. Ein zweiter Fall ereignete sich, als ich aushilfsweise in der *Inner Bar* arbeitete. Dort saßen etwa sechs Männer, inklusive zwei oder drei Polizisten, die still vor sich hin tranken. Plötzlich kam eine alte, heruntergekommene und betrunkene Eingeborene herein. Sie beschimpfte die Polizisten und warf ihnen alle möglichen Obszönitäten an den Kopf. Ein großer stämmiger Bulle stand auf, packte sie an den Haaren und schlug ihr den Kopf mehrmals gegen die Wand. «Halts Maul, du alte Schlampe, und mach, daß du wegkommst!» schrie er sie an. Ich hatte gerade meine Fassung wiedergewonnen, wollte über die Theke springen und ihn stoppen, als er sie schon an den Haaren zur Tür gezerrt hatte und auf die Straße stieß. Nicht ein Mensch hatte sich von seinem Hocker erhoben, und mit ein paar Witzen über die Dummheit der Nigger wendeten sie sich wieder ihren Drinks zu. An diesem Abend vergoß ich hinter der Bar Tränen, wenn mich niemand beobachtete, aber nicht aus Selbstmitleid, sondern aus hilfloser Wut und Verachtung. Kurt hatte inzwischen seinen verletzten Stolz überwunden und kam gelegentlich, um mich zur Rückkehr zu bewegen. Auch Gladdy besuchte mich von Zeit zu Zeit und erkundigte sich, wie es mir ging. Über ihre Besuche freute ich mich sehr, aber auch sie drängte mich auf ihre Weise, zurückzukommen. Nach zwei oder drei Monaten hatte ich genug gespart, und die Idee erschien mir durchführbar, wenn nicht sogar verlockend. Ich wußte, daß ich bei Kurt am meisten lernen würde ... auch wenn es bedeutete, sich mit seinem exzentrischen Wesen abfinden zu müssen. Vielleicht war es doch die beste Lösung. Außerdem zeigte er sich bei seinen Besuchen von der charmanten Seite, und ich redete mir ein, ich hätte vielleicht doch einen taktischen Fehler begangen.

Ich begann, meine freien Tage bei ihnen zu verbringen. Auf Gladdys Bestehen blieb ich auch über Nacht, schlief sogar im Haus und ging erst früh am Morgen wieder zur Arbeit zurück. An einem dieser Tage gab mir die Kneipe den Rest.

Ich kam in den frühen Morgenstunden in mein kleines Verlies und fand auf meinem Kissen einen großen, wohlgeformten Haufen Scheiße, der sich dort beinahe liebevoll ausgebreitet hatte, als gehöre er dahin und habe seinen letzten Ruheplatz gefunden. Mich überkam die äußerst absurde Lust, ihn anzureden, ihn wissen zu lassen, daß zweifellos ich die Unbefugte sei – in etwa: «Entschuldigen Sie, aber kann es sein, daß Sie im falschen Bett liegen?» Die Hand auf der Türklinke starrte ich ihn mindestens fünf Minuten mit offenem Mund an. Mein Sinn für Humor, mein Selbstvertrauen und mein Glaube an die Menschheit fielen in sich zusammen. Ich kündigte und floh auf die Ranch – in eine relativ gesunde geistige Umgebung.

Danach erschien mir sogar Kurts herrisches Benehmen erträglich. Mein Leben wurde durch schwere körperliche Arbeit an der frischen Luft und in der Sonne, durch die amüsanten Kamele und durch Gladdy wieder lebenswert. Kurt benahm sich zumindest zeitweilig zivil, aber ohne echte Herzlichkeit. Immerhin, er war ein großartiger Lehrmeister. Er zwang mich, mit den Tieren in einer Weise umzugehen, für die ich von mir aus viel zu feige gewesen wäre. Er übertrieb jedoch nie, damit ich mein Vertrauen nicht verlor. Das machte mich schließlich furchtlos. Die Kamele konnten tun, was sie wollten – ich hatte keine Angst vor ihnen. Es muß aber auch an Schutzengeln, guten Feen und Kurts Cleverness gelegen haben, daß ich während dieser ganzen Zeit ohne ernsten körperlichen Schaden davonkam. Kurt schien mit meinem Fortschritt im Umgang mit den Tieren zufrieden zu sein und begann, mich in die Geheimnisse ihrer Führung einzuweihen.

«Denk dran, immer die Tiere beobachten! Tag und Nacht beobachten. Du mußt sehen, *wie* sie denken. Immer, aber auch immer kommen die Kamele zuerst.»

Jedes der acht Kamele besaß eine ausgeprägte Persönlichkeit. Biddy war die würdige Grande Dame der Kamelheit und allem nur Menschlichen weit überlegen; Misch-Misch der nervige, eitle junge Aristokrat; Khartoum ein liebenswertes nervöses Wrack; Ali der traurige, unerschütterliche Clown; Fahani eine arme, senile alte Dame; Aba das zurückgebliebene Kind mit Pubertätsproblemen; Bubby ein unentwegter Spaßvogel und Dookie das zum König geborene Kamel. Für mich waren sie wie Menschen, und ich liebte sie mit Hingabe. Soviel ich auch lernte, es gab immer noch etwas Neues zu entdecken. Sie überraschten und faszinierten mich bis zu dem Tag, an dem ich meine eigenen Tiere an der Küste des Indischen Ozeans zurückließ. Stundenlang sah ich ihnen zu, lachte über ihre Späße, sprach mit ihnen und streichelte sie. Ich widmete ihnen jeden Gedanken und jede freie Minute. Anstatt abends mit Kurt und Gladdy fernzusehen, stand ich draußen auf der mondbeschienenen Koppel, lauschte den wiederkäuenden Kamelen und führte mit ihnen sentimentale einseitige Unterhaltungen. Solange diese Liebesaffäre dauerte, mußte ich über meinen geplanten Trip nicht allzu sehr nachdenken – er konnte ein heller Streif am Ende eines sehr langen Tunnels bleiben.

Kurt hörte nicht auf zu toben und mich zu beschimpfen, wenn ich etwas falsch gemacht hatte. Aber es war erträglich, und masochistischerweise schätzte ich es sogar, denn es hielt mich auf Trab und bekämpfte meine angeborene Faulheit. Ich lernte schnell. Wenn er tatsächlich einmal ein Wort des Lobes oder ein seltenes Lächeln hervorbrachte, kannten meine Erleichterung und mein Stolz keine Grenzen. Ein dem Meister abgerungenes Kompliment wog tausendmal mehr als das unaufgeforderte Lob eines anderen. Es hat viele glückliche Sklaven gegeben.

Die Ranch hier draußen inmitten der ältesten Felsen der Welt war phantastisch und geschickt plaziert. Wahrscheinlich lag es an der kalten, desolaten Lieblosigkeit der Umgebung, daß man die magischen, lebensbejahenden Qualitäten des Landes so deutlich wahrnahm. In diese Gegend zu kommen, heißt im Staub zu erstikken, in den Wellen flirrender Hitze umzukommen und von der allgegenwärtigen australischen Fliege zum Wahnsinn getrieben zu werden. Man wird von der Weite überwältigt und bescheiden angesichts dieser ältesten und kargen, ehrfurchtgebietenden Landschaft der Erde; man entdeckt den mythologischen Schmelztiegel des Kontinents, das riesige Hinterland, die Endlosigkeit, das ausgedörrte Wüstenland mit der unendlich blauen Luft und der grenzenlosen Macht. Heute erscheint es lächerlich, von meinem damals wachsenden Gefühl der Freiheit zu sprechen, wenn man bedenkt, in welcher Abhängigkeit ich lebte. Aber hier draußen, auf einem Gang durch das zeitlose Gestein oder an dem im Mondlicht schimmernden Fluß entlang, kam alles wieder ins Lot; alles schien vergessen, und jeder Zweifel ließ sich besänftigen.

Ich arbeitete sieben Tage in der Woche von Sonnenaufgang bis Sonnenuntergang und manchmal noch länger. Auch wenn wir die Ranch einen Tag lang geschlossen hielten, weil es regnete, oder Kurt einen Feiertag einlegen wollte, gab es genug in Ordnung zu bringen und sauberzumachen. Kurt verhielt sich mir gegenüber wie einem Kamel bei der Dressur. Er erlaubte mir zum Beispiel nicht, Schuhe zu tragen. Ich mußte so lange den äußerst schmerzhaften Prozeß der Abhärtung meiner Fußsohlen über mich ergehen lassen, bis sich die Haut an rasierklingenscharfe Steine gewöhnt hatte. Manche Nächte lang konnte ich vor Schmerzen in meinen durchlöcherten und infizierten Füßen nicht schlafen. Wenn ich mich dagegen wehrte, wurde das als Auflehnung betrachtet, und außerdem erlaubte mir mein Stolz nicht, mich allzu oft zu beklagen. Ich hatte mir mein eigenes Gefängnis geschaffen und mußte jetzt imstande sein, mit allem fertigzuwerden, was mir der Wärter vorsetzte. Als schließlich meine Füße blau-schwarz angeschwollen, rauh, aufgesprungen und schwielig waren, erlaubte mir Kurt ein Paar Sandalen.

Mit eigenartiger Wonne beobachtete er mich beim Essen. «Aufessen Mädchen! So ist es brav», sagte er jedesmal, wenn ich gierig eine Mahlzeit verschlang, «du brauchst deine Kräfte.» Und damit hatte er nicht unrecht.

Er beobachtete mich wie ein Habicht, tadelte mich für meine Fehler und tätschelte und fütterte mich, wenn ich gut gewesen war. Wie weiche Knetmasse formte er mich zu einem guten, sanften, verläßlichen Muli, das weder trat, biß, noch spuckte.

Durch unseren gemeinsamen Feind und unser Bündnis mit den Menschen unten am Fluß waren Gladdy und ich uns nähergekommen. Zwischen uns begann sich eine echte Freundschaft zu entwickeln. Ohne Gladdy hätte ich es nicht so lange bei Kurt aushalten können. Sie hatte in der Stadt einen Job angenommen, um sich ein paar Stunden von Kurt zu erholen, und weil er dauernd über ihre finanzielle Lage stöhnte und meckerte. Es lag an zwei Dingen, daß die Ranch nicht so gut lief, wie sie hätte laufen können: erstens an der alten Fehde zwischen Kurt und Fullarton, der Kurts Meinung nach alle Fahrer der Touristenbusse bestach, zweitens an Kurts unbeschreiblicher Verachtung und Grobheit gegenüber den Leuten, die kamen.

«Sie bekloppter Idiot! Was machen Sie da am Zaun? Können Sie nicht lesen, Sie blöder Tourist? Heute ist geschlossen! Schließlich müssen wir auch mal frei haben. Machen Sie, daß Sie verschwinden, verdammt nochmal!»

Dies war eines der wenigen Dinge, die ich an ihm mochte. Abgesehen von der Beschäftigung mit den Kamelen verstanden Kurt und ich uns nur dann, wenn wir über die schrecklichen «Terroristen», wie er sie nannte, herzogen und uns über sie lustig machten. Wenn Kurt eine seiner Launen überkam, ließ er seine Wut an allem aus; dann lehrte er selbst Brot und Butter das Fürchten. Seine Unberechenbarkeit war das einzige Zeichen einer gewissen Integrität. Wenn wir trotzdem in diesen Monaten so etwas Ähnliches wie eine Freundschaft entwickelten, lag das daran, daß ich mich immer noch mit der rührenden mittelständischen Verblendung abmühte, die da sagt: In jedem Menschen steckt ein guter Kern ... man muß ihn nur finden. Aber Kurt sollte es schließlich gelingen, mir auch diese Torheit auszutreiben. Sein Innenleben ließ man am besten unangetastet. Zu diesem Zeitpunkt meiner Entwicklung hatte ich den verhängnisvollen Wunsch, jemanden richtig zu verstehen, der mir total fremd war, und erst später kam ich zu der Erkenntnis, daß man so lange verstehen und entschuldigen kann, bis nichts Hassenswertes mehr übrigbleibt.

Jetzt kann ich einigermaßen gelassen auf diese Zeit zurückblikken, und es macht mich traurig, daß Kurt sich seine eigene Hölle schuf. Es gab wundervolle Momente mit ihm: lange friedliche Ausritte ins Hinterland, wo ich lernte, die Kamele im Flußbett um die Wette laufen zu lassen. Ohne einen Gedanken an den Erdboden, der unter den stampfenden Beinen dahinflog, galoppierte ich bei diesen Gelegenheiten ohne Sattel. Es verschaffte mir ein unbeschreibliches Hochgefühl. Gewöhnlich ritt ich den jungen Hengst Dookie. Er war mein Liebling, und ich vermute auch Kurts. Bei der Dressur entwickelt man eine besondere Zuneigung zu einem Tier. Man verfolgt, wie ein verstörtes, widerspenstiges tausendpfündiges Ärgernis unter Angst, Konzentration und Schwierigkeiten sich allmählich in ein perfektes Reittier verwandelt. Ich erlebte das besonders intensiv, da auch ich in der Ausbildung war. Dookie und ich waren ein Team und mußten gemeinsam Schlimmes durchmachen.

Kurt hatte im Umgang mit Tieren einen Fehler: Wenn er schlechtgelaunt war, konnte er brutal und grausam sein. Es ist zwar richtig, daß man mit einem Kamel nicht zu nachgiebig sein darf, daß schlechtes Benehmen immer mit einer strengen Rüge und einigen spürbaren Hieben bestraft werden muß, aber Kurt überspannte beinahe jedesmal den Bogen. Besonders die jungen Kamele hatten große Angst vor ihm. Kurz nach meiner Ankunft war ich zum erstenmal Zeuge seiner barbarischen Methoden. Dookie hatte Kurt einen Tritt versetzt, der ihm das bitter heimzahlte. Gut fünfzehn Minuten schlug er mit einer Kette auf sein Bein ein, bis ich schließlich glaubte, es müsse brechen. Ich ging zu Gladdy ins Haus, unfähig zu sprechen. Zwei Tage redete ich nicht mit Kurt – nicht um ihn zu bestrafen, ich konnte ihn einfach nicht ansehen. Zum ersten und einzigen Mal in unserer Beziehung zeigte Kurt Reue. Er wollte mich nicht noch einmal verlieren. Aber seine Ausbrüche sollten immer und immer wieder vorkommen. Sie erschienen allen, auch den Kamelen, unvermeidbar. Sie mußten ertragen werden ... wie alles andere auch.

Während dieser ersten Monate war ich oft so verzweifelt, daß ich daran dachte, meine Sachen zu packen und nach Hause zu fahren. Ich konnte nicht mehr. Aber durch ein einzigartig geschicktes Manöver hielt Kurt mich davon ab. Er gab mir einen freien Tag – eine Belohnung, die ich mit argwöhnischer Dankbarkeit annahm. Ich roch den Braten. Nachdem er meine Arbeit gelobt hatte, unterbreitete er mir eine neue finanzielle Abmachung, die er sich ausgedacht hatte. Ich sollte acht Monate für ihn arbeiten; in den folgenden zwei oder drei Monaten würde er mir helfen, Sättel und Ausrüstung zusammenzustellen, den Trip vorzubereiten, und mir unentgeltlich drei Kamele meiner Wahl zur Verfügung stellen, die ich nach Beendigung der Reise zurückgeben sollte. Das war natürlich zu schön, um wahr zu sein. Ich wußte sofort, daß er nur ein Spiel mit mir trieb. Ich wußte es genau, aber ich schob diesen Gedanken beiseite, weil ich einfach daran glauben wollte. Ich sah ihm in die vor Selbstsucht leuchtenden Augen und akzeptierte. Es war ein Gentlemen's Agreement; Kurt weigerte sich, etwas zu unterschreiben. Er sagte, das sei nicht seine Art, Geschäfte zu machen. Alle wußten – ich ganz besonders –, daß Kurt kein Gentleman war. Er würde mich reinlegen. Aber ich sah keinen anderen Weg, um meinen Traum zu verwirklichen.

Ich hatte Kurt oft erzählt, wie sehr ich Krähen liebte – sie waren für mich der Inbegriff ungezähmter Freiheit und intelligenten Überlebens. Ich wollte eine haben. Es klingt egoistischer, als es ist. Wenn man vorsichtig zu Werke geht, ist es leicht, eine junge Krähe aus dem Nest zu nehmen, ohne die anderen aufzuschrecken oder den Eltern sichtlichen Kummer zu bereiten. Man kann ihr das Fliegen beibringen, sie braucht keinen Käfig, die Flügel müssen nicht gestutzt werden, sie wird immer wieder zurückkommen, um sich Futter und Liebe zu holen. Nach einer verwöhnten Kindheit bringt sie ihre freilebenden, pubertierenden Freunde zum Nachmittagstee und zu Parties nach Hause. Irgendwann verläßt sie ihre Ziehmutter, um mit ihren Artgenossen unter freiem Himmel ein neues Leben zu beginnen. Eine gute Methode, nach der alle Beteiligten später glücklich weiterleben. Kurt versprach, mir eine Krähe zu beschaffen. Wir begannen, die Nester in den Bäumen am Fluß zu beobachten. Die Vogeleltern fütterten ihre piepsenden, hungrigen Sprößlinge zwölf Meter über der Erde in den Zweigen der Eukalyptusbäume.

An einem heißen Mittag, als alles zu dösen oder zu schlafen schien, flog ein grauer Kranich auf einen Ast, um dort sein Mittagsschläfchen zu halten. Direkt gegenüber befand sich ein Krähennest. Einer der beiden Kräheneltern gluckste gerade einsilbig vor sich hin und langweilte sich offensichtlich. Die Krähe flog auf den Nachbarast und landete nur wenig unterhalb des nichtsahnenden Kranichs. Dann hüpfte sie auf den Zweig, wo der Kranich saß, und schlich sich nonchalant an ihn heran. Direkt neben dem schlafenden Kranich stieß sie ein heiseres Krächzen aus und flatterte mit den Flügeln. In einem Wirbel von Federn schoß der Kranich senkrecht in die Höhe und bemerkte erst dann, daß er das Opfer eines dummen Streichs geworden war. Es gelang ihm nur mühsam, seine Fassung wiederzugewinnen. Nachdem wir uns von unserem hemmungslosen, schallenden Gelächter erholt hatten, entschieden wir uns für dieses Nest.

Das Fangen der Krähe wurde ein größeres Unternehmen mit Seilen, Kamelen und Lunchpaketen. Kurt versicherte mir, er sei ein ausgezeichneter Kletterer und könne das Nest erreichen. Nach mehreren Versuchen mußte er aber einsehen, daß er es nicht schaffte. Immerhin hatte er einen Blick in das Nest werfen können und vier junge Krähen gesehen. Er rutschte den glatten Baumstamm herunter und kündigte Plan B an.

«Aber Kurt, das geht doch nicht. Wir wollen doch nicht vier Krähen. . .und außerdem sind sie tot, wenn sie unten ankommen.»

«Unsinn. Das Nest ist leicht und wird schweben. Außerdem dämpft der Zweig den Aufprall. Es kann dir doch egal sein. Du willst doch eine Krähe, oder?»

Ich konnte ihn nicht davon abbringen. Er warf das Seil über den Ast, zog aus Leibeskräften daran, und alles stürzte herunter – der Ast, das Nest mit zwei toten Vögeln, der dritte starb in meinen Händen, und der vierte hatte ein gebrochenes Bein.

Ich legte Echnaton auf Nestfedern, steckte ihn mir ins Hemd, setzte mich auf Dookie und ritt vor Kurt nach Hause, damit er nicht sah, daß ich weinte.

Ich konnte zu diesem Zeitpunkt zwei größere Ereignisse verbuchen, die das Leben einen Hauch angenehmer machten. Meine Schwester schickte mir ein Zelt. Ich baute es auf dem Hügel gegenüber der Ranch auf und verschaffte mir dadurch einen gewissen Freiraum, wo ich ungestört war. Ich freundete mich auch mit unseren Nachbarn an. Es waren Töpfer und Sattler – typische gastfreundliche Hippies mit dem anziehenden Flair von Desperados. Wir unterhielten uns in einer Sprache, die ich inzwischen fast vergessen hatte. Sie lebten in dem einzigen Haus von Alice Springs, das nicht wie ein Fremdkörper wirkte – ein verfallenes altes Steinhaus, genannt Bassos Farm. Es kuschelte sich zwischen die Hügel, und ich liebte es ebenso, wie ich seine Bewohner liebte. Polly und Geoff lebten mit ihrem kleinen Kind in einem Teil, Dennis, Malina und die zwei kleinen Söhne von Dennis im anderen Teil des Hauses. Malina war eine hellhäutige Schottin, gepeinigt von Hautinfektionen, Insektenstichen und Hitzepickeln. Sie töpferte wunderschöne Sachen. Im Gegensatz zu uns konnte sie jedoch der Schönheit der Wüste nichts abgewinnen.

Ich verbrachte jede freie Minute bei ihnen. Ich lehnte in meinem Bäckeranzug im Türrahmen, klönte, beobachtete Polly bei ihren Lederarbeiten oder wenn sie die Windeln ihrer kleinen Tochter wechselte – und das mit einer wahren Engelsgeduld. Sie war eine ausgezeichnete Handwerkerin. Ihre verspielten Taschen hatten schöne Formen und waren mit anspruchsvoller Genauigkeit von Hand gefertigt. Sie bot an, es mir beizubringen, aber mir fehlten Geduld, Geschick und Talent. Mit viel Mühe gelangen mir zwei Ziegenledertaschen, die zwar sehr hübsch aussahen, sich aber auf dem Trip als völlig nutzlos erwiesen. Die Lektionen kamen mir jedoch zugute, als ich mich ein Jahr später daran machte, meine Transportausrüstung zusammenzustellen.

Mein gesellschaftliches Leben spielte sich jetzt auf Bassos Farm ab. Fast jeden Abend ging ich für eine oder zwei Stunden rüber. Wir saßen zusammen, tranken, bogen uns vor Lachen über Kurt und wischten die Insekten vom Tisch, die an den Gaslampen Selbstmord begingen. Einige wenige sympathische und nette Leute aus Alice Springs gesellten sich zu uns. Zu diesem Zeitpunkt hatte ich die Kontaktfähigkeit zu Fremden verloren. Ich hatte mich in mich selbst zurückgezogen, und es fiel mir schwer, mich zu entspannen, besonders wenn ich erleben mußte, daß man mir beim Vorstellen ein Etikett aufdrückte – etwas, was unweigerlich zu einer Identitätskrise führt. «Ich möchte dir Robyn Davidson vorstellen. Sie will mit Kamelen Australien durchqueren.» Ich wußte nicht, was ich dagegen tun sollte, und so ging ich darauf ein. Wieder eine Falle. Das war der unglückselige Beginn des «Kamellady»-Images. Ich hätte es sofort im Keim ersticken sollen.

Hier hatte ich auch an einem kühlen, frischen Abend meine erste und einzige Vision – alkoholbedingt. Im Verlauf des Abends hatte ich eine halbe Flasche Tequila geleert, und weil ich mal mußte, torkelte ich nach draußen. Vor mir sah ich drei Geisterkamele mit wunderschönem Beduinenzaumzeug. Sie standen unter den Zitronenbäumen und sahen mich an. Eines, das weiße, kam gemächlich auf mich zu. Prophetisch hin, prophetisch her, für meine schwankenden Sinne war es zuviel. Mit zitternden Fingern riß ich mir die Hose hoch und floh in Richtung Zelt. Auf dem Weg stolperte ich in einen Graben und blieb dort halb bewußtlos die restliche Nacht wie ein gefällter Baum liegen. Am nächsten Morgen hatten meine Kopfschmerzen das Ausmaß und die Kraft eines Kenworth-Lasters, der unter meiner Schädeldecke pausenlos die Gänge wechselte ... den ganzen Tag lang. Während dieser endlosen Monate merkte ich, daß ich auf alles, was ich länger als drei Sekunden betrachtete, die Ebenbilder von Kamelen projizierte. Zweige, die sich bewegten, wurden zu kauenden Kamelköpfen, Staubfahnen zu galoppierenden Kamelen und schwebende Wolken zu sitzenden Kamelen. Das war ein sicheres Zeichen, daß mein gefährdeter Geist langsam dem Irrsinn verfiel. Das beunruhigte mich nicht wenig. Ich weiß nicht, ob meine neuen Freunde sich dessen bewußt waren, aber sie halfen mir, diese Zeit ohne größere geistige Schäden durchzustehen, da sie mich zum Lachen brachten und ein schwaches Verbindungsglied zu meinem früheren Leben darstellten.

Mein Zelt unter der Wüstensonne war alles andere als komfortabel. Aber es war mein – meine Welt. Noch vor Sonnenaufgang stolzierte Echnaton herein und ärgerte Diggity so lange, bis sie protestierend aus dem Bett kroch. Dann zog er mir die Decken vom Gesicht, pickte sanft an Ohren und Nase und krächzte, bis ich aufstand und ihn fütterte. Er war unersättlich. Nur Gott weiß, wo er all das Fleisch ließ. Wenn es Zeit war, an die Arbeit zu gehen, setzte er sich mir auf die Schulter oder auf den Hut, bis wir drei oben auf dem Hügel anlangten und die Ranch wie ein unechter Smaragd unter uns lag. Echnaton konzentrierte sich auf sein Flugvorhaben, hob ab und segelte auf das Dach. Ein spannenderes Flugerlebnis aus zweiter Hand konnte es für mich nicht geben, und das wog die Unberechenbarkeiten seiner gebieterischen Natur und chronischen Kleptomanie auf.

Jedesmal, wenn ich mit einem Eimer frischer Milch für die jungen Kamele kam, sprang Diggity in die Luft und schnappte nach jedem langen Hals, der versuchte, von dem zu stehlen, was sie als ihr Frühstück betrachtete. Und von ganz oben schoß die Krähe im Sturzflug auf alle herab. Echnaton war eine unberechenbare Plage, und Diggity hätte ihn am liebsten zerfleischt, aber das war strengstens verboten. Allmählich lernte sie, ihn hinzunehmen. Auch wenn sie ihn nicht mochte, erlaubte sie ihm sogar, auf ihrem Rükken spazierenzureiten. Das liebte er besonders. Er sang und redete die ganze Zeit mit sich selbst, putzte sich eitel das schwarzblau glänzende Gefieder und pickte ab und zu in Diggitys Ohren, um sie anzutreiben. Das erste Mal in meinem Leben merkte ich, daß mir die Gesellschaft von Tieren viel lieber war als die von Menschen. Meinen Artgenossen gegenüber war ich schüchtern, unsicher und mißtrauisch; ich glaubte, alle wollten etwas von mir. Diese Veränderung begriff ich nicht. Ich erkannte nicht, daß ich isoliert, defensiv und humorlos geworden war. Ich merkte nicht, daß ich einsam war.

Das Ableben meines Zeltes war eine traurige Affäre. Ich schlief bereits, als eines Nachts ein ungeheurer Hagelsturm losbrach. Die Hagelkörner sammelten sich auf dem Dach, bis es riß; eine Tonne Eiswasser ergoß sich über die Zeltbewohner. Wir mußten in Kurts Haus zurück, und nach und nach bauten sich die alten Zwänge wieder auf. Er klagte pausenlos, daß kein Geld mehr da sei, und so beschloß ich, mir für ein paar Abende in der Woche einen Job in einem Restaurant in der Stadt zu suchen. Trotz der widerwärtigen Arbeit tat es mir gut. Ich kam wieder mit mehr Leuten zusammen, und ich lachte in der Küche mit ganz normalen Menschen über harmlose Witze. Aber es bedeutete auch, daß ich am nächsten Morgen übermüdet zur Arbeit kam. Kurt war in zunehmendem

Maße gehässig und faul geworden. Er überließ mir die meiste Arbeit auf der Ranch, wozu ich mich inzwischen voll und ganz imstande fühlte. Es paßte mir sogar gut, denn so hatte ich ihn nicht mehr pausenlos im Nacken.

Eines Morgens erklärte er, ich müsse zwei Stunden früher aufstehen, um die Kamele einzufangen. Ich starrte ihn ungläubig an. Das zweite und letzte Mal in meinem Leben wehrte ich mich gegen ihn.

«Du Bastard!» zischte ich. «Du widerlicher und gemeiner Bastard. Wie kannst du das wagen?!»

Ich war jetzt beinahe acht Monate bei ihm gewesen, und der Tag der Abrechnung rückte drohend näher. Bald würde er mir helfen müssen. Deshalb hatte er in letzter Zeit die Schlinge immer enger gezogen, und gehofft, ich würde zusammenbrechen und freiwillig gehen. Er dachte sich unzählige kleine Grausamkeiten aus, die mich aber nur in dem Vorsatz bestärkten, mich von ihm nicht kleinkriegen zu lassen. Müde wie ich war, konnte ich jetzt meine Gefühle nicht zurückhalten. Kurt erstarrte zu einem Eisberg. Als ich eine Stunde später zurückkam, war er leichenblaß und zischte mit zusammengepreßten Lippen: «Du wirst genau das tun, was ich dir sage, oder du verschwindest!» Er packte mich und schüttelte mich so lange, bis mir die Zähne klapperten.

Wie betäubt verließ ich am nächsten Tag die Ranch. Ich würde weder Kamele noch sonst etwas bekommen. Ich fragte mich, mit welcher Blindheit ich geschlagen gewesen sein mußte, daß ich so lange auf seine Bauernfängerei hereingefallen war. Ich blies einige Tage Trübsal bei meinen Freunden auf Bassos Farm, weinte und haderte mit dem Schicksal und mir. Dann bot mir der cholerische alte Herr Sallay Mahomet einen Job an. Er sollte mein Freund, Kamel-Guru und Retter werden. Er sagte, jeder, der es so lange bei Kurt ausgehalten habe, verdiene eine Pause. Er unterschrieb ohne weiteres eine Zusage, daß er mir zwei seiner wilden Kamele geben würde, wenn ich einige Monate für ihn arbeitete. Ich wäre ihm am liebsten um den Hals gefallen und hätte ihm die Füße geküßt, um danke, danke, danke zu sagen. Da dies aber nicht Sallays Art entsprach, besiegelten wir die Abmachung mit einem Händedruck, und für mich begann eine neue Ära.

Sein Angebot war außerordentlich großzügig, denn er wußte,

daß ich ihm bei seiner Arbeit kaum behilflich sein konnte. Er hatte von meiner Misere durch einen Bekannten gehört, der aus Brisbane gekommen war – auch ein Kamelliebhaber. Er hatte zweimal mit drei Kamelen Zentralaustralien durchquert – als erster seit der Erforschung des Landes. In diesem fürchterlichen Sommer arbeiteten wir beide für Sallay. Vielleicht lag es an der unerträglichen Hitze im Arbeitszelt, vielleicht an den Giftschlangen, die immer wieder unter den Planen ins Zelt krochen, vielleicht aber auch an den riesigen Moskitos, die einen während der Nacht bis zur Blutarmut aussaugten, vielleicht drehen aber auch alle Menschen allmählich durch, die zu lange mit Kamelen zu tun haben – woran es auch lag, es gelang mir, auch Dennis gegen mich zu haben, der vorher so großzügig gewillt war, mir zu helfen. Unsere Streitereien erfüllten tagaus tagein die feuchte, heiße Luft. Ich konnte mir diese neue Fähigkeit nicht erklären, in den Herzen der Männer Feindschaft hervorzurufen.

Bei Kurt hatte ich die Finessen im Umgang mit Kamelen gelernt; Dennis und Sallay machten mich mit der harten Seite bekannt. Kamele können töten, und sie tun es auch, wenn man ihnen die Gelegenheit dazu gibt. Dennis tyrannisierte mich ständig mit nervösem: «Paß auf!» und: «Sei vorsichtig!» Sallay wollte instinktiv beschützen, was er als das schwache Geschlecht ansah. Und so lebte ich bald in einem permanenten Zustand der Angst. Meine Hemmungen, etwas unter den Augen der beiden Männer selbst zu tun, verbesserten die Lage auch nicht gerade. In dieser Zeit wurde ich von den Kamelen getreten, gestoßen und überrannt. Ich fiel von einem bockenden, wilden Kamel und zerquetschte mir das Schienbein zwischen dem Eisenstab am Sattel und einem Baum. Das war ein alter Kameltrick, um unliebsame Menschen von ihrem Rücken herunterzuholen: «Zerquetsch sie! Schab sie an einem Ast ab! Setz dich und roll dich über sie!» Ich war als Reiterin nicht gut genug und besaß auch nicht die Kraft, um mich gegen ihre Tricks zu wehren. Ich fühlte mich nutzlos und unbeholfen.

Von Sallay lernte ich die wichtigsten Dinge – die unzähligen kleinen Weisheiten, die für mein Überleben im Busch so notwendig sein würden. Ich lernte, mit Stricken umzugehen, an denen man die Kamele führt, wie man aus Holz oder Mulga Nasenpflökke schnitzt, wie man spleißt und wie man Sättel festzurrt. Er war eine unerschöpfliche Quelle der Informationen. Er hatte sein ganzes Leben mit Kamelen zugebracht und war der beste Mann für Kamele in der Stadt, obwohl seine Beziehung zu den Tieren alles andere als sentimental war und er sie für meinen weichherzigen Geschmack zu grob behandelte. Er kannte die Tiere wie seine Westentasche. Etwas von seinem Wissen setzte sich in mir fest und machte sich auf der Reise dann bemerkbar, wenn ich es am allerwenigsten erwartete. Ich lernte seine Frau Iris kenne, die einen unerhörten und wundervollen Sinn für Humor besaß und mir half, über meine mißliche Lage zu lachen. Sie war der perfekte Gegensatz und die ideale Ergänzung zu Sallay. Die beiden waren die nettesten Menschen, die ich in diesem gottverdammten Nest kennenlernte. Ich mag sie, bewundere sie und respektiere sie noch heute. Und vor allem bin ich ihnen unendlich dankbar.

Eines Nachmittags, als ich schweißgebadet auf meinem Feldbett schlief, wachte ich mit dem unheimlichen Gefühl auf, daß mich jemand beobachtete. Ich dachte, vielleicht seien Leute aus der Stadt gekommen, und suchte schnell meine Kleider zusammen ... aber es war niemand da. Ich legte mich wieder hin, aber das Gefühl hielt an. Ich schaute nach oben und sah durch ein winziges Loch im Zelt erst das rechte und dann das linke glänzende blaue Auge von Echnaton, der wie gebannt auf meinen nackten Körper starrte. Ich warf einen Stiefel nach ihm.

Mit seiner Stehlerei war er zu einer unerträglichen Plage geworden. Wenn ich mir die Zähne putzen wollte, flog er mit der Zahnbürste im Schnabel auf einen Baum und ließ sie nicht eher fallen, bis ich aufhörte, ihn anzuschreien und mit der Faust zu drohen. Das gleiche passierte mit Teelöffeln, wenn ich mich gerade mit Teetasse und Zuckerdose gesetzt hatte.

Mein kleines altmodisches kegelförmiges Schlafzelt stand festgezurrt unter einem Baum. Wegen der unerträglichen Hitze schlief ich halb im Zelt und halb draußen. Direkt über mir – etwa in zwei Meter Höhe – war der erste Ast. Eines Morgens weckte mich Echnaton wie üblich vor Sonnenaufgang, aber ich hatte zu dieser Prozedur keine Lust mehr. Er war jetzt imstande, sich selbst zu versorgen und Futter zu suchen. Er sollte sich nicht mehr auf seine Ersatzmutter verlassen. Nachdem es ihm nicht gelungen war, mich aus dem Bett zu locken, und ich ihn anschrie, er solle sich gefälligst selber sein Frühstück suchen, hüpfte er auf den Ast, trippelte auf ihm entlang, zielte haarscharf und schoß mir einen nassen, weißen Fleck mitten ins Gesicht.

Inzwischen war etwa ein Jahr vergangen, und aus mir war eine andere Frau geworden. Es schien, als sei ich schon immer in Alice Springs gewesen. Das Leben davor war wie ein Traum, der nicht zu mir gehörte. Mein Gefühl für die Wirklichkeit war ein wenig durcheinander. Ich wollte meine Freunde wiedersehen, weil ich allmählich bemerkte, wie sehr ich mich von allem, außer Kamelen und Verrückten, entfernt hatte. Die Zeit bei Kurt hatte ihre Wirkung nicht verfehlt. Ich war ängstlich, argwöhnisch und defensiv geworden, aber auch aggressiv genug und jederzeit bereit, jeden anzugehen, der aussah, als ob er mir an den Kragen wollte. Das alles mag negativ klingen, aber es war lebenswichtig, um mich über die archetypische weibliche Kreatur hinauszuentwickeln und das süße, fügsame, versöhnliche, mitleidige und unterwürfige Wesen abzulegen, zu dem ich vom Tag der Geburt an erzogen wurde. Dafür konnte ich Kurt dankbar sein, wenn auch für nichts anderes. Außerdem hatte ich mein Selbstbewußtsein wiedergefunden und konnte dahinter so einiges erfolgreich verbergen. Ich hatte nicht so sehr Stärke gewonnen, sondern Hartnäckigkeit – die Hartnäckigkeit einer Bulldogge.

Ich beschloß, nach Queensland zurückzufliegen, um meine beste Freundin Nancy zu sehen. Wir kannten uns seit Jahren. Gemeinsam hatten wir die langweiligen und trübsinnigen sechziger Jahre in Brisbane verbracht, woraus sich eine enge, tolerante und liebevolle Freundschaft entwickelte, wie sie nur zwischen zwei Frauen möglich ist, die hart daran gearbeitet haben. Nancy war der Maßstab für mich, an dem ich messen konnte, was ich gelernt und mir ertastet hatte. Sie war zehn Jahre älter und weiser als ich. Ich konnte mich darauf verlassen, daß sie mich immer durchschauen und mir helfen würde, die richtige Perspektive zu finden. Ich schätzte ihren Scharfblick und ihre Wärme über alles. Und gerade jetzt brauchte ich ein gutes Gespräch mit ihr am Küchentisch.

Ich flog in einem kleinen Flugzeug über die endlose Öde der Simpson Wüste nach Hause und dachte dabei noch einmal ernsthaft über die Tollkühnheit meines Trips nach. Nancy und Robin lebten auf einer Obstplantage in den Granithügeln im Süden von Queensland. Oh, diese saftige, grüne Feuchtigkeit des Küstenlandes. Ich war lange nicht hiergewesen, und jetzt erschien es mir eng, eingezäunt und vollgestopft.

Nancy bemerkte die Veränderung in mir sofort. Bei Kaffee, Whisky und Zigaretten klönten wir jeden Tag bis in die frühen Morgenstunden. Ich traf viele meiner Freunde, und es tat unbeschreiblich gut, wieder einmal in einer freundlichen, liebenswerten Atmosphäre zu sein. Ich erzählte ihnen alle möglichen Märchen und Wahrheiten über den legendären Westen. Einmal wieder richtig lachen zu können, war wie Medizin. Am Nachmittag vor meiner Abreise machten Nancy und ich einen Spaziergang in den Busch. Wir sprachen nicht viel, aber schließlich sagte sie: «Rob, was du tust, finde ich wirklich gut. Es ist für uns alle wichtig, sich einen Tritt in den Hintern zu geben und etwas für sich selbst zu tun. Obwohl ich nicht behaupten kann, daß ich dich nicht unheimlich vermissen und mir Sorgen um dich machen werde, weiß ich mit Sicherheit, daß das, was du machen willst, großartig ist. Und dafür liebe ich dich. Es ist wichtig, daß jeder seinen eigenen Weg geht, auch wenn es manchmal schwerfällt, auf das fröhliche Zusammensein zu verzichten, damit wir zurückkommen und unsere Erfahrungen austauschen und über alles sprechen können, was wir gelernt haben. ... sogar auf die Gefahr hin, daß wir uns verändert haben und uns bei der Rückkehr nicht mehr wiedererkennen.»

An diesem Abend hatten wir eine Abschiedsparty in der Scheune. Wir tanzten, lachten, tranken und erzählten bis Sonnenaufgang.

Ich habe nirgends die Freundschaft erlebt, wie ich sie in gewissen kleinen Kreisen der australischen Gesellschaft gefunden habe. Es hat etwas mit dem alten Ehrenkodex der Kameradschaft zu tun, mit der Tatsache, daß die Menschen Zeit für einander haben; Dissidenten müssen zusammenhalten. Es hat auch damit zu tun, daß Wettbewerb und Erfolg keine besonders wichtigen Aspekte der Kultur sind und daß die Großzügigkeit des Geistes in einem einzigartigen Gefühl von traditionslosem Raum und Potential gedeihen kann. Was auch immer es sein mag, sie ist außerordentlich kostbar.

Die Reise nach Hause ließ meinen Glauben an mich und an das, was ich tat, wiederaufleben. Ich fühlte mich ruhig, positiv und stark. Anstatt darüber nachzudenken, ob dieser Trip nicht allzu sehr von der Normalität abwich, und zu grübeln, ob er nicht völlig sinnlos sei, erkannte ich jetzt viel klarer die Gründe und Notwendigkeiten, die dahinterstanden.

Vor ein paar Jahren hatte mir jemand die Frage gestellt: «Was ist für dich das Wesentliche in der Welt, in der du lebst?» Ich hatte damals gerade drei oder vier Tage lang weder gegessen noch geschlafen, und die Frage berührte mich sehr tief. Ich brauchte wohl eine Stunde für die Antwort. Und während ich antwortete, merkte ich, wie es tief aus meinem Unterbewußtsein sprach: «Wüste, Reinheit, Feuer, Luft, heißer Wind, Raum, Sonne, Wüste, Wüste, Wüste.» Ich war selbst überrascht, denn ich hatte nie gewußt, daß diese Symbole derart heftig in mir wirkten.

Ich hatte eine Menge über die Aborigines gelesen, und das war ein zweiter Grund, weshalb ich in die Wüste gehen wollte – ein Weg, sie direkt und unverfälscht kennenzulernen.

Außerdem hatte mich mein Leben mit seinen ewigen Wiederholungen irgendwie gelangweilt – die abgebrochenen, halbherzigen Anläufe zu verschiedenen Jobs und mehreren Studien; es hatte mich krank gemacht, die selbst auferlegte Negativität mit mir herumzuschleppen, dieses Unbehagen meiner Generation, meines Geschlechts und meiner Klasse.

So war ich zu einem Entschluß gekommen, der etwas in sich barg, was ich zu der Zeit nicht artikulieren konnte. Ich hatte die Wahl instinktiv getroffen, aber ihr erst später eine Bedeutung gegeben. Der Trip war mir nie als eine Art Abenteuer in den Sinn gekommen, durch das etwas bewiesen werden sollte. Es ging mir auf, daß die größte Schwierigkeit die Entscheidung zum Handeln gewesen war; alles andere war nur noch Hartnäckigkeit – und die Ängste waren Papiertiger. Man konnte alles tun, wozu man sich entschieden hatte – ein neuer Job, ein Umzug, eine Scheidung oder sonst was. Man mußte nur handeln, um die Veränderung herbeizuführen, und sein Leben selbst in die Hand nehmen. Der Verlauf, der Prozeß selbst war dann die Belohnung.

3

Die Zeit war gekommen, um mir die beiden Kamele auszusuchen. Ich entschied mich für eine störrische, aber ruhige alte Matrone mit dem Namen Alcoota Kate und ein schönes, junges Ding – Zeleika. Sallay billigte meine Wahl und wünschte mir Hals- und Beinbruch. Meine Freunde von Bassos Farm waren in die Stadt gezogen und überließen mir das Haus bis zum Verkauf. Das war ein Glückstreffer. Zu diesem Zeitpunkt gab es für mich nichts Wünschenswerteres. Es bedeutete, daß ich meine Kamele im weiten wilden Hinterland frei laufenlassen konnte, wo sie genug Futter finden würden, und ich hatte ein Haus für mich. Ganz allein für mich.

Der letzte Tag im Zelt war eine Katastrophe. Während meiner Abwesenheit war Echnaton davongeflogen und ward nie mehr gesehen. Ich mußte mir einfallen lassen, wie ich zwei nervöse Kamele zehn Kilometer über einen großen Highway führen sollte, ohne mich oder sie umzubringen. Kate hatte sich vor einigen Wochen auf Glasscherben gesetzt und sich dabei die Brust aufgeschnitten. Aber niemand hatte sich so richtig darum gekümmert. Die Wunde war nur gelegentlich mit Stockholmteer behandelt worden. Zeleika hatte eine große entzündete Wunde am Kopf, und Dennis und ich ließen unseren feindseligen Regungen zum letztenmal freien Lauf.

Ohne größere Katastrophen, aber einem Nervenzusammenbruch nahe, erreichten wir schließlich Bassos Farm. Nun konnte ich mich nur noch auf mich selbst verlassen. Es gab keinen Kurt, keinen Sallay oder Dennis mehr, um mir zu helfen oder Schwierigkeiten zu machen. Ich reinigte die Wunden, fesselte den beiden die Vorderbeine, ließ sie laufen und beobachtete glücklich, wie sie auf dem Weg nach Osten mampften: Meine Kamele. Mein Zuhause.

Es war einer dieser glasklaren, strahlenden Tage, wie man sie nur zur milden Jahreszeit in der Wüste erleben kann. Kristallklares Wasser brauste im breiten Lauf des Charles River. An manchen Stellen, wo es um den gigantischen Stamm eines Eukalyptusbaum wirbelte, war es einen halben bis einen Meter tief. Schwarz gefiederte Falken schwebten über ihrem Jagdgrund im Garten. Das

Licht fing sich in ihren schimmernden Flügeln und den blutroten, räuberischen Augen. Schwarze Kakadus mit üppigen orangefarbenen Schwanzfedern kreischten in den hohen Bäumen. Sonnenlicht explodierte und überflutete alles mit seiner scharfen, brennenden Energie. Grillen zirpten unter den blühenden Granatapfelbäumen und stimmten mit den Drohnen der Schmeißfliegen in der Küche eine Hymne auf die heißen australischen Nachmittage an.

Ich hatte noch nie ein eigenes Zuhause gehabt. Ich tauschte die vergitterten Fenster und kontrollierten Schlafsäle des Internats gegen das Gemeinschaftsleben ein, wo man sich mit vielen Freunden eine billige Miete teilte. Hier hatte ich nun ein ganzes Schloß, in dem ich Königin sein konnte. Dieser plötzliche Umschwung von zuviel schlechter Gesellschaft zur Aussicht auf das Alleinsein war ein angenehmer Schock. Ich empfand es wie den Übergang vom Getöse einer belebten Straße in die tiefe Stille eines abgeschirmten Raums. Ich stolzierte und wanderte durch meine Domäne, meinen eigenen Lebensraum, roch seine Atmosphäre und akzeptierte seinen Anspruch auf mich. Jedes Staubkörnchen und jedes Spinnennetz bezog ich in meine überschwengliche, besitzgierige Glückseligkeit ein. Diese große, zerfallene alte Steinruine, die anmutig wieder in den Boden sank, aus dem sie gekommen war, diese herrliche, dachlose Anhäufung von Steinen mit wild wachsenden Feigenbäumen und alles überwucherndem Gras; die permanenten Gäste wie Schlangen, Eidechsen, Insekten und Vögel, das aufregende Schauspiel von Licht und Schatten, die geheimen Räume und Schlupfwinkel, die aus den Angeln gehobenen Türen und die Anschmiegsamkeit des Ganzen an die felsigen Aruntahügel: All dies war mein erstes Zuhause. Ich empfand eine so tiefe Erleichterung und Zugehörigkeit, daß ich niemanden und nichts mehr brauchte.

Früher glaubte ich immer, die Einsamkeit sei mein Feind und ich könne ohne Menschen nicht leben. Aber jetzt begriff ich, daß ich immer eine Einzelgängerin gewesen war, und ich empfand dies eher als Geschenk und nicht als etwas, vor dem ich mich fürchten mußte. Allein in meinem Schloß konnte ich viel klarer sehen, was Einsamkeit war. Zum erstenmal erkannte ich, daß meine bisherige Lebensweise mir immer eine gewisse Zurückgezogenheit gestattet

hatte. Ich verteidigte meinen Freiraum und hätte ihn nicht teilen können, ohne das Risiko der Zerstörung heraufzubeschwören. Ich bezahlte diesen Freiraum immer wieder mit Momenten krankhafter Verzweiflung, aber es lohnte sich trotzdem durchzuhalten. Irgendwie bekämpfte ich immer den Wunsch nach einem Märchenprinzen und ging Beziehungen zu Männern ein, die ich nicht mochte oder die so weit weg waren, daß es keine Hoffnung auf eine permanente Beziehung gab. Ich konnte es nicht abstreiten: Die clevere Selbstbestimmung, die jahrelang auf diese Erkenntnis hingearbeitet hatte, lag kristallklar unter dem Gefühl der Unzulänglichkeit und der Niederlage. Ich glaube, das Unterbewußtsein weiß immer, was für einen am besten ist. Es ist unser konditionierter, gewaltig überbewerteter, rationaler Kopf, der alles vermasselt.

Jetzt, zum erstenmal in meinem Leben, empfand ich meine Einsamkeit als etwas Kostbares und hütete sie wie ein Juwel. Wenn ich Leute ankommen sah, die mich besuchen wollten, versteckte ich mich meistens. Diese kostbare, glückliche Zeit dauerte einen oder zwei Monate und mußte sich dann, wie alles auf der Welt, dem Gesetz der Veränderung unterwerfen.

Meine Nachbarin war Ada Baxter, eine gutaussehende Eingeborene mit einer wilden, leidenschaftlichen Natur und einem warmen, großzügigen Herzen. Sie war lebenslustig und trank den Wein gleich flaschenweise. Ihre Hütte hinter der Farm unterschied sich sehr von den heruntergekommenen Behausungen ihrer Verwandten auf der anderen Seite des Flusses. Einer ihrer vielen weißen Liebhaber hatte sie für Ada gebaut. (Ein Verhältnis mit einem weißen Mann war für sie ein Statussymbol.) Sie hortete dort Schnickschnack und unzählige Utensilien der Konsumgesellschaft, von der sie einiges angenommen hatte, was aber überhaupt nicht zu ihr paßte. Sie kam oft mit einer Flasche zu mir herüber, um nicht allein trinken zu müssen, oder kampierte auf dem Fußboden, wenn sie glaubte, ich brauche Schutz. Sie verstand mein Verlangen nach dem Alleinsein nicht, aber ich empfand ihre Gesellschaft nie als Eindringen in meine Privatsphäre. Es war wohltuend und entspannend, mit ihr zusammenzusein, denn sie besaß wie viele Aborigines die Gabe, einen offen und herzlich zu akzeptieren, und nicht pausenlos reden zu müssen, um sich wohlzufühlen. Ich liebte Ada. Sie nannte mich immer «meine Tochter», und sie war eine gute und verständnisvolle Mutter, wie ich sie mir besser nicht hätte wünschen können.

Einer der Töpfer, der früher hier gelebt hatte, erzählte mir eine lustige Geschichte über diese bemerkenswerte Frau: Eines Abends saßen alle zu Hause, als von Adas Hütte betrunkenes Kriegsgeschrei herüberdröhnte. Als die Schreie plötzlich lauter und heftiger wurden, ging mein Freund hinüber, um nachzusehen. Er sah gerade noch, wie Adas Freund um die Hütte torkelte, auf dem Weg einen Kanister Benzin ausschüttete, sich bückte und mit zittrigen Händen versuchte, das Zeug anzustecken. Es bestand keine wirkliche Gefahr mehr, denn es war alles im Staub versickert, aber Ada wußte das nicht. Sie war zum Holzstoß gegangen, hatte die Axt ergriffen und fällte den Mann mit einem Hieb. Er fiel auf den Rücken, und das Blut floß in Strömen. Mein Freund war überzeugt, Ada habe ihn getötet und rief den anderen zu, sie sollten die Ambulanz holen. Er war sicher, daß er für den Erschlagenen nichts mehr tun konnte und kümmerte sich mit allen Kräften um Ada, die einen Schock erlitten hatte. Mit zitternden Fingern wikkelte er sie in eine Wolldecke und gab ihr einen Schluck Tequila.

Plötzlich hörte er hinter sich ein Stöhnen. Der Mann hatte sich wieder aufgerappelt, auf seine Ellbogen gestützt, starrte meinen Freund mit glasigen Augen an und sagte: «Mein Gott, siehst du denn nicht, daß sie voll ist?»

Kurz bevor ich mich in Bassos Farm einquartierte, hatte ich eine Gruppe junger Weißer kennengelernt, die für die Rechte der Eingeborenen eintraten. Sie waren wie ich mit dem Idealismus und der empfindsamen Moral einer guten Erziehung hierher gekommen. Viele der Ansässigen waren gegen die kleine Gruppe und wollten sie mit dem Schlagwort unmöglich machen: «Besserwisser aus der Stadt, die nur Ärger machen!» Anfangs war das vielleicht der Fall, aber wie so oft blieb es auch bei ihnen nicht so, denn durch das Leben in Alice Springs verloren sie sehr schnell jede politische und persönliche Naivität und lernten dazu. Ich mochte diese Leute, stimmte mit ihnen überein und unterstützte sie. Aber ich wollte sie nicht um mich haben. Ich hatte so viel gewonnen und mir eine Eigenständigkeit erworben, daß ich mir, zumindest in vieler Hinsicht, selbst genügte. Ich wollte keine eventuellen Freundschaften, die alles komplizierten. Außerdem verbrauchten sie Energie, die ich für meine Kamele benötigte. Zwei von ihnen – Jenny Green und Toly Sawenko – ließen nicht locker und gewannen mich schließlich durch ihren Witz, ihre Wärme und ihre Intelligenz. Ich fing sogar an, mich insgeheim nach ihren Besuchen zu sehnen – nach dem Käse und dem Wein, womit sie Luxus in mein dürftiges, klösterliches Leben brachten. Langsam und taktvoll durchbrachen sie meine Abwehr, und Monate später war ich hoffnungslos auf ihre Unterstützung und Ermutigung angewiesen. Sie sind so unlösbar mit diesem Abschnitt verbunden, daß ich mich bei jedem Gedanken an diese Zeit an sie erinnere.

Die verzerrten Erinnerungen an die nächsten Monate gleichen dem Wirrwar eines Schlangennestes. Ich weiß nur noch, daß das Leben nach den wunderschönen Anfängen auf Bassos Farm in eine böse negative Farce ausartete, daß ich allmählich begann, an Schicksal zu glauben – und das Schicksal war gegen mich.

Ich verbrachte immer noch einige Zeit bei Kurt und Gladdy – aus dem einfachen Grund, weil ich Kurts Gehege, die Einrichtungen und sein Wissen nutzen wollte. Dafür war ich lieb und unterwürfig. Ich tat alles, was Kurt von einem Lakaien erwartete. Aber ich zahlte auch dafür. Und wie er mich zahlen ließ. Zwischen uns herrschte nicht mehr die geringste Spur der früheren zaghaften Kumpelei; sie war unverhohlener Feindseligkeit gewichen. Aber es gab noch Gladdy. Ich wollte die Freundschaft zu ihr aufrechterhalten, denn sie brauchte mich. Sie sprach davon, Kurt zu verlassen, der sich lustlos darum bemühte, die Ranch zu einem astronomischen Preis zu verkaufen. Gladdy wollte wenigstens noch bis zum Verkauf durchhalten, damit sie ein bißchen Geld hätte – mehr als Symbol des Unbesiegtseins und weniger aus dem Wunsch nach Geld. Außerdem waren da Frankie und Joanie, zwei Eingeborenenkinder vom Mount Nancy-Lager, um die Gladdy und ich uns gekümmert hatten.

Joanie war ein hübsches vierzehnjähriges Mädchen mit der Anmut und den Bewegungen eines geborenen Models. Außerdem war sie höchst intelligent und gelehrig, aber auch mit der Verzweiflung schon gut vertraut. Ich verstand ihre Depression, die aus dem tiefen Gefühl der Hoffnungslosigkeit angesichts der vielen unüberwindlichen Hindernisse kam. Joanie wollte etwas vom Leben – Dinge, die sie auf Grund ihrer Hautfarbe und Armut niemals erreichen würde.

«Was gibt es denn, worauf ich mich freuen könnte? Alkohol, oder einen Mann zu heiraten, der mich jede Nacht schlägt?»

Für Frankie sah es ein wenig besser aus. Er hatte die Hoffnung auf eine akzeptable Identität als Viehtreiber oder Handlanger – wenn auch nur als Hilfsarbeiter – aber das würde ihm ein gewisses Maß an Selbstwert verschaffen. Frankie war ein echter Clown. Liebevoll beobachteten wir seine Wandlung vom Kind zum jungen Mann – mit zu großen Stiefeln und nachgeahmter Großtuerei. Er kam und besuchte mich auf der Farm. Er redete und benahm sich wie ein richtiger Kerl. Wenn es dann aber dunkel wurde, verkroch er sich schnell wieder in die Rolle des kleinen Jungen und fragte: «Sag mal, es macht dir doch nichts aus, mich eben über den Fluß zu bringen? Ich habe nämlich Angst, wenn es dunkel ist.»

Einige Männer aus dem Eingeborenenlager verstanden zunächst nicht, daß eine Frau allein leben konnte. Manchmal kamen sie mitten in der Nacht mit ein oder zwei Desperados aus der Stadt und erhofften sich eine alkoholisierte Schäkerei. Ich hatte mir ein Gewehr gekauft, eine doppelläufige Savage 222, ein 20-Millimeter-Kaliber Schießeisen, ein tolles Instrument! Aber ich wußte nur, daß die Kugel an einem Ende rauskommt und man das andere Ende festhält. Es war nie, nicht ein einziges Mal, geladen. Ich hielt es aus der Tür, und in Verbindung mit ein paar scharfen Worten verfehlte es nicht seine Wirkung. Meine Freunde waren entsetzt, als ich ihnen erzählte, ich hätte tatsächlich auf jemanden angelegt ... na ja, nicht so direkt, eher ziellos durch die Tür und in die Dunkelheit ... versicherte ich ihnen schnell. Ich sah ihnen an, daß sie glaubten, ich würde meinen Verstand verlieren. Aber ich rechtfertigte meine wachsende hinterwäldlerische Mentalität, denn unter den gegebenen Umständen und bei meinem hochentwickelten Sinn für Aggressivität und Eigentum erschien sie mir völlig normal. Später erfuhr ich, daß meine Gewehrepisoden im Lager Anfälle von Heiterkeit mit einem Hauch von Respekt hervorriefen. Aber ich hatte nie wieder Schwierigkeiten. Die Haltung der Aborigines mir gegenüber änderte sich sogar im Verlauf der Monate. Sie beschützten mich vor allem, paßten auf und kümmerten sich um mich; wenn sie mich auch für ein bißchen bekloppt hielten, ließen sie es mich nicht merken, sie taten es mit Humor. Durch Joanie, Frankie, Gladdy und Ada lernte ich sie alle näher kennen. Ich verlor meine Schüchternheit und mein weißes Schuldbewußtsein und erfuhr mehr und mehr über die unglaublich verwickelten Probleme – physischer, politischer und emotionaler Art –, mit denen sich die Aborigines herumschlagen müssen.

Es gab etwa dreißig Lager in und um Alice Springs. Entweder hatten sich die Aborigines auf regierungseigenem Boden angesiedelt oder in Lagerreservaten in den Außenbezirken. Die Lager waren im Lauf der Jahre zu traditionellen Territorien für die Angehörigen der verschiedenen Stämme geworden. Sie kamen über Hunderte von Kilometern aus ihren Siedlungen im *Northern Territory* und in Südaustralien hierher. Eine der großen Attraktionen der Stadt war der Alkohol, aber es gab hier auch wichtige regionale Institutionen. Zum Beispiel Rechtshilfe für Aborigines, einen Gesundheitsdienst, Kunst- und Handwerkszentren, Büros des *Department of Aboriginal Affairs* und Gebrauchtwagenverkaufsplätze, die nur dazu dienten, die Aborigines auszunehmen. Daneben gab es noch andere Glanzlichter. Es bestand ein reges Hin und Her zwischen den Alice Springs-Lagern und den Siedlungen. Manche Eingeborene waren inzwischen permanente Bewohner geworden. Sie hatten im Busch Holz gesammelt und Hütten gebaut, die sie mit rostigem Wellblech und allen möglichen Zutaten vom öffentlichen Müllplatz ausstatteten. Für dreißig Lager gab es fünf Wasserhähne. Viele dieser Leute waren so arm, daß sie aus Mülltonnen lebten, von weggeworfenen Lebensmitteln oder von Almosen, die sie auf der Straße erbettelten. Viele waren Alkoholiker, und jeder Pfennig, den sie in die Hände bekamen, wurde sofort in billigen Wein umgesetzt. Kinder und Frauen hatten am meisten unter Gewalttätigkeit, Unterernährung und Krankheiten zu leiden.

Mount Nancy war das wirtschaftlich erfolgreichste Lager der Stadt – gut organisiert und mit einem sozialen Zusammengehörigkeitsgefühl. Kleine Häuser (finanziert vom D.A.A.) ersetzten allmählich die schäbigen Hütten, und ein Waschhaus war gerade im Bau. Die vergleichsweise schlimmsten Lager befanden sich im trockenen Flußbett des Todd, mitten in der Stadt. Hier hatten die Menschen weder Wasser noch sanitäre Anlagen, noch Unterkünfte. Nur der Alkohol hielt sie aufrecht. Bedingt durch den unterschiedlichen Wasserstand des Flusses konnten hier nur durchziehende Aborigines kampieren. Sie lebten unter dem Druck des Stadtrats, der versuchte, das Flußbett den Pächtern der Ufergrundstücke zuzusprechen – ein sauberer Weg, die Lager zu beseitigen und alles ordentlich und nett für die Touristen herzurichten, die schließlich für imitierte Eingeborenenartefakte eine Menge Geld in den Geschäften ließen.

Soweit ich es in Mount Nancy übersehen konnte, überlebten die Menschen nur, weil sie alles Geld teilten, das sie durch Viehtreiben, Kindergeld, Witwen- und Waisenrenten oder durch eine seltene, sehr seltene Arbeitslosenunterstützung bekamen. Das Glücksspiel war ein Weg, den Wohlstand neu zu verteilen, weniger, um ihn zu erwerben. Es gehört zu den Märchen über die Eingeborenen, daß sie chronische «Alu-Totschläger» sind. In Wirklichkeit beziehen trotz zehnmal höherer Arbeitslosenzahl weniger Schwarze Sozialleistungen als Weiße.

Sogar die wenigen Halb-Aborigines, die wie die Weißen in der Stadt leben, bekommen die unterschwelligen Arten des Rassismus zu spüren. Für Schwarze ist der Rassenhaß in Alice Springs eine tägliche Erfahrung. Er verstärkt ihr Gefühl der Wertlosigkeit und des Selbsthasses. Die konstante Verzweiflung, nicht in der Lage zu sein, das Leben zu verändern, läßt viele die Hoffnung aufgeben. Sie werden zu Alkoholikern und verschaffen sich auf diese Weise in einer unerträglichen Situation Erleichterung. Der Alkohol garantiert ihnen zumindest ein zeitweiliges Vergessen.

Kevin Gilbert schreibt darüber in *Because a White Man'll Never Do It*:

> Nach meiner Ansicht wurde Aboriginal-Australien so nachhaltig seiner Seele beraubt, daß der Fluch noch heute im Denken der meisten Schwarzen weiterlebt. Mehr als alles andere verursacht dieser psychologische Fluch die Verhältnisse, die wir aus den Reservaten und Missionen kennen, und das wiederholt sich von Generation zu Generation.

Erziehung war immer ein Problem. Es gab nur gemischte Schulen; Weiß mit Schwarz, Stamm mit Stamm. Nicht nur, daß die Eingeborenenkinder Bücher über Dick, Dora und ihre Katze Fluff lesen und Geschichtsbücher studieren mußten, in denen stand, Captain Cook sei der erste Mensch in Australien gewesen, oder die «Australneger gehören zu den niedrigsten Rassen der Menschheit, die durch den Vormarsch der Weißen bald aussterben werden». Nicht genug damit, daß sie in die Schule in braunes Papier eingewickelte Ziegelsteine mitnehmen mußten, weil für Butterbrot das Geld und die Mittel fehlten; daß sie angeschnauzt wurden, weil sie keine Schularbeiten gemacht hatten (ist es vielleicht möglich, bei Feuerschein in einer verrosteten Autokarosserie Schularbeiten zu machen?). Nicht genug damit, daß sie durchlöcherte Trommelfelle und infizierte Augen hatten, an Entzündungen litten und unterernährt waren; nicht genug damit, daß sie mit dem angeborenen Rassenhaß vieler Lehrer leben mußten – möglicherweise zwang man sie auch noch, neben einem Kind zu sitzen, dessen Stamm ein traditioneller Feind des eigenen war.

Es ist kein Wunder, daß die Kinder sich vor diesen exotischen und furchterregenden Schulen drückten. Sie lernten dort nichts, was sie wissen mußten. Für den einzigen Job, den sie einmal bekommen würden – irgendeine Hilfsarbeit –, mußten sie nicht Lesen und Schreiben lernen. Kein Wunder, daß man sie als hoffnungslos, lernunfähig und als Dummköpfe bezeichnete. «Ja natürlich», sagten die Weißen mit traurigem Kopfschütteln, «es liegt im Blut. Sie werden sich niemals assimilieren.»

Bevor die großen Montanindustrien die Finger nach den Aboriginal-Reservaten ausstreckten, war «Assimilation» nicht erwünscht, was das Leben der Aborigines nicht sonderlich beeinflußte. Aber heute ist Assimilation ein Mittel, die Eingeborenen von ihrem Land zu verjagen, dem Einzigen, was ihnen einen Hauch von Selbstwert vermittelt. Man lockt sie in die Stadt, wo sie keine Arbeit finden und mehr und mehr auf die Institutionen der Weißen angewiesen sind, um zu überleben. Für die Regierung ist es ein geschickter Public Relations-Schachzug. Der Premierminister kann sich gegen die Apartheid in Südafrika aussprechen, kann seinen sauberen, internationalen Ruf aufrechterhalten und eine Politik betreiben, die nach außen die Apartheid verdammt, bei näherem Hinsehen aber zum selben Ergebnis führt. Es ist eine Politik, die dafür sorgt, daß das Land der Aborigines wieder in die Hände der Weißen gelangt (diesmal in die Hände der Multis). Durch Ausmerzung der schwarzen Ethik und Kultur schafft man eine Quelle billiger Arbeitskräfte – und die weiße Rasse bleibt unter sich. Um das zu erreichen, wurde in Südafrika die Apartheid eingeführt. Assimilation bedeutet Landberaubung und ist gegen Selbstbestimmung. Die Schwarzen wollen sie nicht. Kevin Gilbert schreibt darüber:

> Jeder ... Eingeborene, der gefragt wird, bestätigt immer wieder aufs neue, daß es nur eine Lösung gibt. Weißaustralien muß den Schwarzen ein angemessenes Stück Land und die finanziellen Mittel zubilligen, damit die Gemeinden anfangen können, sich selbst zu helfen.

Die Regierung hätte dem Schulproblem, wie so vielen anderen Problemen, mit geringem Kostenaufwand abhelfen können – zum Beispiel durch die Einführung einer mobilen Schule. Anstatt aber das Budget für die Beseitigung dieser Probleme aufzustocken, wurden von der Regierung die Ausgaben für Aborigines drastisch gekürzt. Das *Department of Aboriginal Affairs* hat kürzlich eine Umfrage über die Eingeborenen durchführen lassen. In der Rubrik «Wohnen» wurde gefragt: «Wieviel Eingeborene sind obdachlos?» In einer anderen Rubrik wurden Menschen, die in

Schuppen, Bretterbuden, Blechhütten oder Autokarosserien leben, ausdrücklich als «nicht obdachlos» bezeichnet.

Frankies Freund Clivie war jünger, aber wesentlich welterfahrener. Er war ein unverbesserlicher und ausgebuffter Dieb. Ich hatte nichts dagegen – im Gegenteil. Angesichts seiner Lebensbedingungen empfand ich es sogar als völlig vernünftig. Außer – au wei – er bestahl mich, mich arme Mittellose, die jede Woche fünfzig Cents sparte, um Nieten, Nägel, Schraubenzieher, Leder und Messer kaufen zu können; diesen für kleine Jungs verlockenden Schnickschnack. Es war schwierig für mich, damit fertigzuwerden. Ich wußte, daß sich ihre Einstellung gegenüber Besitz von meiner unterschied. Für sie waren Gebrauchsgegenstände Allgemeingut und konnten deshalb nicht nur einer Person gehören. Wenn aber etwas von Bassos Farm verschwand, verschwand es meist auf Nimmerwiedersehen – es sei denn, eine Mutter brachte es kaputt und unbrauchbar unter Entschuldigungen zurück. Ich schimpfte oft mit Clivie und Frankie wegen ihrer langen Finger. Sie entschuldigten sich tausendmal, aber es nützte nichts.

Als ich eines Tages aus der Stadt zurückkam, ging ich leise durch die Küche in mein Zimmer. Ich hielt es verschlossen, weil ich dort meine Habseligkeiten aufbewahrte. Frankie und Clivie waren gerade dabei, durchs Fenster zu klettern. Sie flüsterten wie Juwelendiebe. Ich hätte am liebsten laut losgelacht, riß mich aber zusammen und fragte mit finsterer Miene: «Was habt ihr beiden denn hier zu suchen?»

Ich habe noch nie in meinem Leben jemanden so entsetzt gesehen. Sie fuhren zusammen, als hätten sie einen elektrischen Schlag bekommen. Es hatte ihnen die Sprache verschlagen. Frankie fielen die Augen fast aus dem Kopf, und Clivie starrte schuldbewußt zu Boden. Für eine Weile wurde nicht mehr geklaut.

Einige Monate später heckte Clivie ein größeres Ding aus. Ich weiß nicht, was ihn dazu trieb, aber er machte ein paar wirklich dumme Sachen. Ich glaube, er stahl Messer, ein Gewehr und zu allem Überfluß eine Flasche Whisky aus der Polizeiwache. Dann verschwand er einige Wochen im Busch. Er hatte natürlich Angst vor den möglichen Folgen. Schließlich wagte er sich wieder nach Hause und wurde von Wohlfahrtsbehörde und Polizei zum Verbrecher gestempelt. Man nahm ihn seiner körperbehinderten

Mutter und seinen Verwandten weg, die nach Ansicht der Obrigkeit nicht in der Lage waren, ihn richtig zu erziehen. Man brachte ihn in eine Erziehungsanstalt im Süden. Clivie war elf Jahre alt.

In dieser Zeit breitete sich in mir beinahe unmerklich eine Art Elendsgefühl aus – ein Gefühl der Niederlage. Alles verlor seinen Reiz: die Freude am Alleinsein, der Spaß an meinem Traumhaus, die Gedanken an meine Reise. Es dämmerte mir, daß ich mir selbst Theater vorspielte, Dinge hinauszögerte und vortäuschte. Das war die Ursache meines Verdrusses. Alle glaubten, daß ich irgendwann mit den Kamelen in die Wüste gehen würde, nur ich glaubte nicht mehr daran. Ich verstaute die Idee in der äußersten Ecke meines Gehirns und holte sie wieder hervor, um damit zu spielen, wenn ich nichts Besseres zu tun hatte. Sie verlieh mir eine künstliche Identität, in die ich wie in ein Kleid schlüpfen konnte, wenn ich niedergeschlagen war.

Das tägliche Durcheinander von Nebensächlichkeiten und kleinen Problemen nahm kein Ende, und dies hielt mein Unbehagen in der Schwebe. Beide Kamele waren krank und brauchten meine ganze Aufmerksamkeit. Abends brachte ich sie zu den Futterplätzen, stand morgens um sieben auf, um sie wieder einzufangen (das konnte Stunden dauern) und nach Hause zu bringen; ich behandelte ihre Wunden, dressierte Zelly und machte halbherzige Versuche, ihr Geschirr fertigzubekommen. So verbrachte ich den lieben langen Tag, bis es abends an der Zeit war, die fünf Kilometer in die Stadt zu radeln und um Mitternacht wieder zurück.

Zeleika war erschreckend dünn – sie hatte auf dem Zug, auf dem sie nach ihrer Gefangennahme verfrachtet worden war, ihre Kräfte verloren. Man hatte sie mit einem Dutzend oder mehr verängstigter Tiere zusammengepfercht, auf einen eingezäunten Platz gebracht, auf die Knie gezwungen, ihr die Vorderbeine gefesselt und dann für einige Tage sich selbst überlassen. Man hatte sie eingeschüchtert und bös herumgestoßen und ihr als i-Tüpfelchen Nasenpflöcke angelegt. Wilde Kamele einzufangen ist bestenfalls nur grausam. Manchmal stirbt die Hälfte der Herde an Erschöpfung, Stürzen oder Knochenbrüchen.

Kate hatte diese Erfahrung nicht machen müssen. Man benutzte sie jahrelang als Packtier und behandelte sie abscheulich, was sie nie vergaß. Dann ließ man sie mit einer Freundin auf ihre alten Tage auf der Alcota-Farm.

Sallay hatte sie dort aufgetrieben, aber ihre Freundin zurückgelassen. Kate kannte die Menschen und haßte sie. Als Reitkamel war sie hoffnungslos. Sie wehrte sich gegen die Nasenzügel, und für eine Umgewöhnung war sie zu alt und unflexibel. Aber sie war ein gutes, starkes und geduldiges Packtier. Ich wollte Zelly zum Reitkamel ausbilden und Kate als Arbeitstier benutzen. Obwohl sie nicht im Traum daran dachte zu treten, schnappte sie mit ihren häßlichen gelben Zähnen in alle Himmelsrichtungen, wenn ihr etwas nicht paßte – was meistens der Fall war. Ich mußte ihr diesen Unsinn mit ein paar energischen Klapsen übers Maul austreiben. Arme Kate. Sie gab so leicht nach. Wie freundlich und liebevoll ich anschließend auch sein mochte, sie traute mir nicht und mochte mich nicht. Sie hielt sich ihren persönlichen Freiraum von drei Metern, und wenn irgendein Homo sapiens wagte, in diesen Kreis einzudringen, brüllte sie wie eine Besessene, bis er ihn wieder verließ. Das große Maul weitgeöffnet, stand sie seelenruhig da und brüllte, brüllte wie ein Löwe und nahm sich kaum Zeit zum Luftholen. Wäre man zwei Stunden stehengeblieben, sie hätte zwei Stunden lang gebrüllt. Außerdem hatte sie ein unanständiges Übergewicht. Ich stellte sie einmal auf die Lkw-Waage, und sie war mit tausend Kilo dabei – nicht schlecht für eine kurzbeinige alte Kuh. Ihr Höcker war ein unförmiger großer Knorpelberg; ihre massiven Oberschenkel rieben aneinander und schwabbelten beim Gehen. Alles in allem war sie ein ehrfurchtgebietendes Tier.

Ich holte in der ersten Woche den Tierarzt, damit er sich meine beiden Mädchen ansah. Es war der Anfang einer langen Verbindung mit den Tierärzten von Alice Springs, und als ich schließlich zu meiner Reise aufbrach, hatte ich Hunderte von Dollars auf ihren Konten gelassen. Dabei berechneten viele aus Mitleid ihre Besuche nicht einmal. Der Tag sollte kommen, an dem diese wundervollen Männer davonliefen und sich versteckten, wenn ich ihre Klinik betrat. Oder falls ich sie erwischte, erkundigten sie sich seufzend: «Wer stirbt denn heute, Rob?» Wenn ich ihnen von den letzten Entwicklungen der Kamelprobleme berichtete, zuckten sie nur mit den Schultern. Aber sie zeigten mir eine Menge in dieser Zeit – zum Beispiel wie man Spritzen in die Muskeln stößt, wie man die Nadel in die Halsader sticht, wie man Geschwüre aufschneidet und auswäscht, wie man Wunden vernäht und desinfiziert, wie man kastriert, Pflaster anlegt und bandagiert und das alles mit der kühlen Leidenschaftslosigkeit eines abgebrühten Profis.

Der Tierarzt untersuchte die Kamele gründlich. Er sagte, Zeleika habe eine gebrochene Rippe. Als er meinen entsetzten Gesichtsausdruck bemerkte, versicherte er mir schnell, daß der Bruch bereits verwachsen sei und nur bei einem weiteren Sturz Ärger verursachen werde. Ihre Infektionen könnten leicht mit antibiotischem Puder behoben werden. Dann holte ich die große, wabbelnde Masse von Kate und zeigte dem Arzt ihr Bruststück, aus dem inzwischen jede Menge Eiter tropfte. Das Bruststück oder Postament ist ein knorpeliges Gebilde auf der Brust direkt hinter den Vorderbeinen. Solche Polster befinden sich auch an den Hinterbeinen; es sind die Druckpunkte, auf denen das Kamel sitzt. Die Haut darüber ist hart wie Baumrinde. Ich hatte die Wunde ausgewaschen, mit desinfizierendem antibiotischem Puder betupft und mit Stockholm-Teer behandelt. Der Tierarzt inspizierte die Wunde genauer, hielt die Luft an, steckte die Hand noch tiefer hinein und stieß einen Pfiff aus. Das sagte alles.

«Es sieht schlecht aus», erklärte er, «die Infektion hat sich schon weit ausgedehnt. Es könnten Glassplitter in der Wunde sein. Ich werde ihr Terramycin spritzen, und wir werden sehen, wie sie darauf reagiert.»

Er holte eine riesige Spritze mit einer Nadel von der Größe eines Trinkhalms hervor und gab sie mir in die Hand. Ich stand etwa einen Meter von Kates Hals entfernt und mußte die Nadel wie einen Wurfpfeil auf sie zielen. Ich hatte nicht fest genug geworfen, und Kates Gebrüll stieg um eine Oktave höher. Ich trat wieder zurück, zielte und warf mit aller Kraft. Die Nadel drang bis zum Schaft ein, und ich wunderte mich, daß sie nicht auf der anderen Seite wie die Bolzen bei Frankensteins Monster wieder hervorkam. Dann befestigte ich die Spritze und injizierte zehn Kubikzentimeter dieses zähflüssigen Zeugs, das eine große, eiförmige Beule hervorrief.

«Gut gemacht», sagte der Arzt, «das müssen Sie in Abständen von drei Tagen noch zweimal machen. Dann rufen Sie mich an. O.K.?»

Ich schluckte und konnte mit zitternden Lippen nur ein gehauchtes O.K. hervorbringen. Mein Haß gegen Spritzen sollte für alle Zeiten geheilt werden.

Meine Hoffnung, Kates Zutrauen zu gewinnen, verflog. Ich behandelte die Wunde jeden Tag mindestens zweimal, gab ihr Spritzen, peinigte sie und verstärkte ihren Haß gegen meine Spezies. Für mich dehnte sie ihren persönlichen Raum auf sechs Meter aus, für alle anderen blieb es bei drei Metern. Es stellte sich keine Besserung ein. Beim nächsten Arztbesuch beschlossen wir, dem alten Mädchen unter Narkose die Wunde aufzuschneiden und zu dränieren. Hätte ich mir nicht so große Sorgen um Kate gemacht (keiner kannte die genaue Dosis für Kamele, so daß wir experimentieren mußten), hätte ich über ihre urkomische Reaktion auf die Spritze lachen können. Ihre Lippen wurden schlaff, sie ging langsam in die Knie, und ihre Augen verdrehten sich beim Anblick der Grashalme, Ameisen und anderen Dinge, Sabber lief aus ihrem großen, frechen Maul – sie wußte nicht mehr, wie ihr geschah.

Die Operation war alles andere als lustig. Obwohl wir keine Glassplitter fanden, war die Infektion viel weiter vorgedrungen, als der Arzt angenommen hatte. Ein radikales Schneiden war nicht mehr zu vermeiden. Nachdem wir das hinter uns hatten und weitere Spritzen verordnet waren, glaubte ich fest daran, daß alles gut werden würde. Aber Kates Zustand besserte sich nicht. Während der nächsten Monate war ihre Krankheit meine einzige Sorge – das Geld floß wie Wasser in riesige Mengen Antibiotika, Kräuterheilmittel und die Behandlung nach afghanischer Methode aus dem Buch. Ich versuchte es mit jeder Therapie, die mir die Ärzte in der Stadt vorschlugen. Kate reagierte auf keine.

Ich mußte aber auch beginnen, Zeleika für das Reiten und Tragen auszubilden. Das war nicht einfach – ich hatte kein Geld für ihr Geschirr und keinen Sattel, der verhindert hätte, daß ich bei jedem Aufbocken herunterfiel. Außerdem hatte ich fast meinen ganzen Mut bei Sallay verloren. Also ritt ich sie ganz ruhig ohne Sattel im weichen Sand des Flußbetts. Ich wollte sie nicht zu sehr beanspruchen und versuchte, ihr Vertrauen zu gewinnen, sie ruhig zu halten und meine eigene Haut nicht zu riskieren. Zeleika war in sehr schlechter Verfassung. Damit sie sich nicht wieder zu einem Skelett ängstigte, mußte ich das notwendige Training genau dosieren, denn während der Ausbildung verlieren Kamele immer an Gewicht. Anstatt zu fressen verbringen sie den ganzen Tag damit, darüber nachzugrübeln, was man ihnen als nächstes antun wird.

Zeleika hatte ein wundervoll sanftes Wesen, das ich nicht verderben wollte. Ob sie an den Vorderbeinen gefesselt war oder nicht, ich konnte immer auf sie zugehen und sie einfangen, obwohl ich spürte, wie sich ihre Muskeln vor Angst und Spannung zu Klumpen verhärteten. Ihr einziger, aber gefährlicher Fehler war ihre Neigung auszuschlagen. Kamele schlagen mit den Vorderbeinen nach vorne aus und mit den Hinterbeinen seitlich oder rückwärts. Ein solcher Tritt kann einen Menschen wie einen dünnen Zweig zerbrechen; und das in einem Radius von einem Meter achtzig. Es war nicht leicht, Zeleika beizubringen, die Fußfesseln und Seitenzügel zu akzeptieren. Das führte bei mir nicht nur zu Magengeschwüren, es war auch lebensgefährlich und erforderte ein unendliches Maß an Geduld und Mut. Mit beidem war ich nicht überreichlich gesegnet, aber mir blieb keine andere Wahl. Um Zelly zu beruhigen, mußte ich sie mit dem Halfter am Baum festbinden und ihr gut zureden, während sie saftiges, kostspieliges Futter aus meiner Hand fraß. Ich striegelte sie, nahm ihre Beine hoch und spielte mit dem Kassettenrecorder laute Musik. Sie sollte sich daran gewöhnen, Dinge um ihre Füße und auf dem Rücken zu haben. Und dabei redete ich, redete und redete. Wenn sie einmal eines ihrer beängstigenden Beine fliegen ließ, bekam sie sofort einen Hieb mit der Peitsche. Sie lernte bald, daß Ausschlagen zu nichts führte; es war viel einfacher freundlich zu sein, auch wenn die Freundlichkeit nicht von Herzen kam.

Ich hatte sie einmal in der Nähe von Bassos Farm an einem Baum festgebunden und war mit Kate zu Kurt gegangen, um ihre Wunde auszuwaschen. Als ich zurückkam, waren weder Zeleika noch der Baum da. Sie hatte den vier Meter fünfzig hohen Eukalyptusbaum mit einem dreißig Zentimeter dicken Stamm samt Wurzeln aus der Erde gerissen. Der Grund: Zelly wollte nicht von Kate getrennt sein.

Es ist sehr schwer, Kamelen diese merkwürdige Anhänglichkeit abzugewöhnen. Kamele hassen es, ihre Gefährten zu verlassen und wenden jede List, jeden faulen Trick, jede Menge abscheulicher Gemeinheiten an, um wieder nach Hause zu kommen. Es ist leicht, sie in der Gruppe irgendwohin zu bringen; der Versuch, ein Tier von der Herde trennen, wird zur Kraftprobe und zu einem Duell, bei dem der Klügere siegt. Dieses Verhalten ist verständlich, denn das Kamel ist ein Herdentier und Gesellschaft bedeutet Sicherheit. Es ist für ein Kamel beängstigend allein zu sein und dazu noch mit einem Verrückten auf dem Rücken.

Die Nasenzügel sind bei einem Reittier unentbehrlich, da die Kamele außerordentlich kräftige Hälse haben. Es ist fast unmöglich, sie nur mit dem Halfter zu reiten, denn das verlangt übermenschliche Kräfte. Man kann ihnen nicht wie einem Pferd eine Gebißstange geben, da sie Widerkäuer sind. Die einzige Alternative ist ein Maulzügel. Ich benutzte ihn manchmal beim Training, bis die Nasenpflockwunde verheilt war, aber er schnitt zu sehr in ihre weichen Unterlippen ein. Die Nasenpflockmethode bleibt die beste. Gewöhnlich verpaßte man ihnen nur in eine der Nüstern einen Pflock, der seitlich herausragt. Am Pflock ist eine Leine befestigt, die stark genug ist, um beim Zügeln Schmerzen hervorzurufen. Aber sie darf nicht zu schwer sein, damit der Pflock nicht schon ins Fleisch schneidet, bevor man an der Leine zieht. Die Leine ist an den Enden des Pflocks befestigt, teilt sich unterhalb des Kiefers, und man benutzt sie wie Zügel. Ist die Pflockwunde erst einmal verheilt, verursacht sie kein größeres Unbehagen als die Gebißstange beim Pferd.

Ich hatte von Kurt und Sallay gelernt, wie man einen Nasenpflock anbringt – beide hatten unterschiedliche Methoden. Sallay durchstach das Fleisch mit einem angespitzten Mulgastab von innen, schob den hölzernen Pflock in das Loch und behandelte die Wunde mit Kerosin und Öl. Kurts Methode war raffinierter, aber nicht besser. Er markierte mit einem Stift den Punkt auf der Nase, stanzte ein kleines Loch ins Fleisch, vergrößerte es mit einem Fleischspieß von innen nach außen und schob dann den Pflock hinein, der übrigens aussieht wie ein kleiner hölzerner Penis. Die Wunde behandelte er täglich, bis zu zwei Monate lang, mit verdünntem Antiseptikum und antibiotischem Puder. Ich hatte eine solche brutale Operation an einem von Kurts jungen Bullen durchgeführt und haßte die Prozedur. Sie machte mich krank. Zellys Nase war jetzt schlimm infiziert, obwohl ich die Wunde immer reinigte. Ich dachte, es könnten Holzsplitter drin sein, die eine

Heilung verhinderten. Zu unserem beiderseitigen Horror mußte sie auf die Knie, damit ich sie fesseln konnte. Dann schnitt ich den Pflock mit einem Bolzenschneider durch. Ich untersuchte die Wunde gründlich und entdeckte, daß der Pflock tatsächlich gesplittert war und die Wunde bei jeder Bewegung wieder aufriß. Ich schnitzte einen neuen Pflock und steckte ihn durch das gepeinigte Fleisch. Ich werde nie verstehen, wie Tiere uns jemals verzeihen, was wir ihnen antun.

Sallay besuchte mich einmal auf der Farm, um zu sehen, wie alles lief. Ich brachte ihn zu Zelly. Während er sie betrachtete und sich freute, wie gut sie aussah und wie ruhig sie war, trat er plötzlich einen Schritt zurück, rieb sich nachdenklich das Kinn und zwinkerte mich von der Seite an.

«Soll ich dir was sagen, Mädchen?»

«Was ist, Sallay?»

Er strich mit seinen Expertenhänden noch einmal über ihren Bauch. «Ich glaube, du hast dir ein trächtiges Kamel ausgesucht.»

«Was? Trächtig?» rief ich. «Das ist ja phantastisch. Nein ... Augenblick, das ist überhaupt nicht phantastisch. Was ist, wenn sie gerade auf dem Trip das Füllen bekommt?»

Sallay lachte und klopfte mir auf die Schulter. «Glaub mir, auf dem Trip ein Kamelbaby zu bekommen ist überhaupt kein Problem. Wenn es da ist, steckst du es in einen Sack, hievst es auf den Rücken der Mutter, und nach ein paar Tagen wird es hinter den anderen hertrotten, als sei es schon immer dabei. So ein Kamelbaby wäre sogar sehr gut für dich. Du kannst nachts das Baby festbinden und sicher sein, daß die Mutter sich nicht allzuweit entfernt. Das könnte doch eines deiner Hauptprobleme lösen, oder? Ich hoffe jedenfalls, daß sie trächtig ist – deinetwegen. Könnte ein hübsches kleines Kerlchen werden, wenn der wilde schwarze Hengst, mit dem ich sie herumlaufen sah, der Vater ist.»

Inzwischen war mir klar, daß ich mir mit Kate etwas einfallen lassen mußte. Die Infektion war jetzt bis zum Knie vorgedrungen. Sie hatte die Hälfte ihres Gewichts verloren, und ihr Gebrüll klang nur noch wie der Protest einer alten wehleidigen Dame. Ich behandelte sie jeden Tag drei- oder viermal, spritzte mit einem Schlauch die Wunde aus und sah, wie auf der anderen Seite des Knies ekelhaftes rosa Zeugs aus dem Loch kam. Ich zögerte aus zwei Gründen, sie zu töten – ich glaubte einfach nicht, daß eine simple Schnittwunde ein Kamel umbringen konnte, und ohne Kate bestand für meinen Trip keine Hoffnung mehr. Ich würde wieder von vorne anfangen müssen. Schließlich entschloß ich mich aber doch, das alte Mädchen nicht länger leiden zu lassen. Ich fühlte mich schrecklich schuldig. Sie war zu alt gewesen, um all die Qualen mit den Ärzten, die Sättel und die Trennung von ihrer Freundin in Alcoota zu verkraften. Ich glaube, sie grämte sich zu Tode – sie besaß keinen Lebenswillen mehr. Ich hatte oft daran gedacht, sie zurückzuschicken, aber jetzt war es zu spät. Ich hatte mich entschlossen, nicht weich zu werden. Ich mußte es einfach tun. Ich war sogar praktisch genug, die Messer zu schärfen, um das wunderschöne Fell abzuziehen, das ich gerben wollte. Ich hatte das Gewehr noch nie benutzt. Erfolgreich redete ich mir ein, meine Angst, die ganze Sache zu vermasseln, sei viel größer als die Angst, sie wirklich zu töten. Jenny, die inzwischen zu meiner unentbehrlichen Freundin geworden war und immer mehr Zeit bei mir auf der Farm verbrachte, bot an, an diesem Tag bei mir zu bleiben.

«Mach dir keine Sorgen, Jen. Es ist wirklich alles in Ordnung. Ich schaffe das schon allein. Aber wenn du kommen willst, habe ich nichts dagegen.»

Sie kam. Ich war in kalten Angstschweiß gebadet. Der Tag erschien unwirklich und diffus, als wir zusammen über die Hügel gingen. Erst als wir bei Kate ankamen merkte ich, wie verkrampft ich Jennys Hand umklammerte. Ich setzte Kate in das ausgewaschene Flußbett, zielte auf ihren Kopf und fragte mich, ob die göttliche Vergeltung die Kugel abprallen und auf mich lenken würde. Dann drückte ich ab. Ich höre noch den dumpfen Aufprall, mit dem Kate in den Staub fiel. Ich hatte die Augen geschlossen. Mit dem einsetzenden Anfall von Hysterie hatte ich nicht gerechnet. Jenny mußte mich fast nach Hause tragen. Bevor sie zur Arbeit ging, kochte sie mir noch einen Tee. Ich war am Boden zerstört. So etwas hatte ich in meinem ganzen Leben noch nicht getan. Ich hatte noch nie ein Wesen getötet, das eine Persönlichkeit besaß. Ich fühlte mich wie eine Mörderin. Der Gedanke, ihr das Fell abzuziehen, erschien mir absurd. Ich konnte nur zurückgehen, den Leichnam anstarren und darüber staunen, daß ich das getan hatte.

Das war es also. Keine Katie, kein Trip. Wieder einmal Schicksal. All die Zeit, all das Geld, all die Energie, Hingabe und Zuneigung – umsonst. Achtzehn Monate waren dahin – und alles umsonst.

4

Meine Depression über Kates Tod verstärkte sich durch die zunehmende Angst vor Kurt. Er schien die Kontrolle verloren zu haben, dem Wahnsinn nahe zu sein, und ich fürchtete, er könne jederzeit jemanden umbringen – wenn nicht mich oder Gladdy, dann zumindest meine Tiere. Ich mußte auf sein Spiel eingehen, ihn in dem Glauben wiegen, daß ich keine Gefahr für ihn bedeute – daß es sich nicht lohne, über mich überhaupt nachzudenken. Er vermutete, daß Gladdy und ich gegen ihn intrigierten, aber er ließ sich nichts anmerken. Sein Gehirn arbeitete wie eine Windmühle, um Wege und Mittel auszuhecken, mit denen er unsere möglichen Pläne hintertreiben wollte.

Diese zersetzende Angst, die Erkenntnis, wie sehr Kurt mich haßte, und das Wissen, daß nicht viel fehlte und er würde mir etwas antun, wirkten wie ein Katalysator, der mein unbestimmtes Gefühl des Elends und der Niederlage überwältigend real werden ließ. Die Kurts auf dieser Welt würden immer gewinnen – man konnte sich nicht gegen sie wehren, sich nicht vor ihnen schützen. Mit dieser Erkenntnis kam der Zusammenbruch. Angesichts von Kurts Existenz war alles, was ich getan oder gedacht hatte, bedeutungslos und trivial.

Die Angst breitete sich wie eine schleichende Infektion aus und gewann in den folgenden Wochen langsam die Oberhand. Es ging nur noch bergab mit mir, immer nur bergab... bis ich einen Zustand erreichte, den ich seit langem vergessen hatte. Ich stierte stundenlang aus dem Küchenfenster, unfähig etwas zu tun. Ich nahm etwas in die Hand, starrte es an, drehte es hin und her, legte es zurück und setzte mich wieder ans Fenster. Ich schlief zuviel und aß zuviel. Die Müdigkeit überwältigte mich. Ich sehnte mich nach dem Geräusch eines Autos, nach einer Stimme – alles wäre mir willkommen gewesen. Ich schimpfte mit mir, ich schlug mich, aber die Energie und Stärke, die ich für so selbstverständlich gehalten hatte, waren von der Angst aufgezehrt.

Merkwürdigerweise fiel die Melancholie in dem Moment von mir ab, in dem Freunde kamen. Ich versuchte ihnen von meinem Zustand zu erzählen, aber ich konnte es nicht. Denn die Worte, die nötig gewesen wären, um ein solches Gefühl zu beschreiben, gehörten zu diesem Gefühl. Also machte ich mich über mich selbst lustig. Aber ich wünschte verzweifelt, sie würden mich verstehen. Sie waren ein Beweis dafür, daß Vernunft und Zurechnungsfähigkeit noch existierten. Ich klammerte mich wie eine Ertrinkende an sie.

Kurt fuhr in Urlaub; Gladdy war entschlossen, die Chance wahrzunehmen und ihn zu verlassen. Bei dem Gedanken ging es ihr schon besser. Ich freute mich für sie. Aber ich wußte auch, wie sehr ich sie vermissen würde. Außerdem hatte ich Angst, mit ihrem Mann allein zu bleiben. In Kurts Abwesenheit blieb ich öfter nachts bei Gladdy, da Kates Geist immer noch nicht aus meinem Zimmer auf Bassos Farm gewichen war. Eines Abends waren wir früher zu Bett gegangen, aber ich konnte lange nicht einschlafen. Wieder überkam mich das Gefühl des Versagens ... nicht nur wegen des Trips. Es war mehr eine Art persönlichen Versagens – die absolute Unfähigkeit, jemals gegen brutale Gewalt und Willkür zu gewinnen. Ich grübelte immer wieder über mein Versagen nach und versuchte, eine Lösung zu finden. Aber in meiner Geistesverfassung war das natürlich unmöglich. Und dann kam mir der Gedanke: Natürlich war der beste Weg aus dem Schlamassel – Selbstmord. Es war nicht die gewöhnliche Klage, das «Warum-sind-wir-zum-Leiden-und-Sterben-geboren-Syndrom» – es war etwas Neues. Es war kalt, berechnend und gefühllos. Heute frage ich mich, ob es gewöhnlich auf diese Weise geschieht: Kalt. Es war so einfach. Ich mußte nur in den Busch gehen, mich irgendwo hinsetzen und mir ganz ruhig eine Kugel in den Kopf jagen. Ja, kein großer Umstand, keine große Schweinerei, keine Aufregung. Ein netter, sauberer, einfacher Exitus. Kein Leben war besser, als nur halb zu leben. Ich dachte über alles nach, den besten Ort, die beste Zeit, als Gladdy im gegenüberliegenden Bett plötzlich aufrecht in den Kissen saß und fragte: «Rob, ist alles in Ordnung? Soll ich dir eine Tasse Kaffee machen?» Das wirkte wie der Eimer eiskalten Wassers, den man einem Hysteriker über den Kopf schüttet. Blitzartig erkannte ich das Ungeheuere und Entsetzliche meiner Gedanken. Diesen Punkt hatte ich bisher noch nicht erreicht, und ich glaube auch nicht, daß es jemals wieder dazu kommt. In dieser Nacht ging etwas in mir vor – etwas Unbestimmtes – etwas, das für mich so charakteristisch ist.

Gladdy ging ein paar Tage später fort. Sie hinterließ mir ihren alten Hund Blue, den sie vor ein paar Wochen vor dem sicheren Tod im Tierasyl bewahrt hatte. Als wir uns zum Abschied umarmten, sagte sie: «Weißt du, als ich dich zum erstenmal sah, wußte ich sofort, daß du in meinem Leben eine wichtige Rolle spielen würdest. Merkwürdig, nicht wahr?»

Kurt kam bald darauf zurück. Sein Rachedurst kannte keine Grenzen. Ich lebte jetzt in solcher Angst vor ihm, daß ich mir nachts ein Beil unter das Kopfkissen legte. Er wollte immer noch die Ranch verkaufen oder tat wenigstens so. Mein Schwager, der mehr Geld als Verstand und mehr Herz als Geld besitzt, hörte davon. Er rief Kurt an, und zu meiner Verblüffung wollte er mir die Ranch kaufen. Zuerst glaubte ich, daß damit alle meine Probleme gelöst wären, dann realisierte ich, daß die Idee verrückt war. Möglicherweise konnten wir sie nicht wieder verkaufen, und dann hätte ich sie jahrelang am Hals. Es wäre aber eine gute Sache, Kurt so lange hinzuhalten, bis Gladdy genug Geld für einen Anwalt zusammen hatte. Es folgte ein Katz-und-Maus-Spiel mit meinem Peiniger. Um ihn von meinen Kaufabsichten zu überzeugen, mußte ich die meiste Zeit dort verbringen und vortäuschen, alles für die Übernahme zu organisieren. Jetzt gab es für Kurt kein Tabu mehr, er ließ alle Schranken fallen. Ich erinnere mich, daß er eines Morgens um sechs in mein Zimmer auf Bassos Farm stürmte, mir die Decken wegzog und mich aus dem Bett jagte. Er schrie mich an, das Ganze sei witzlos; als Besitzerin der Ranch könne ich nicht verschlafen. In diesen Wochen verschwand das mörderische Flakkern nie aus seinen Augen. Wir führten einen kalten Krieg. Wir spielten beide, und wir beide wollten verzweifelt gewinnen. Er zwang mich, den jungen weißen Hengst Bubby beim Training ohne Nasenzügel und Sattel zu reiten. Das hätte er früher nie getan. Das bedeutete, daß ich mindestens dreimal am Tag abgeworfen wurde; ich war nur noch ein Nervenbündel. Die Anspannung beim Training und mein gefährliches Spiel gingen über meine Kräfte.

Eines Morgens wachte ich auf und entdeckte, daß er wie ein Dämon in einer Staubwolke über Nacht verschwunden war. Er hatte die Ranch insgeheim zum halben Preis an Farmer verkauft und hatte sich mit dem ganzen Geld davongemacht. Den Käufern hatte er gesagt, ich gehöre zur Ranch und würde ihnen alles beibringen, was sie über Kamele wissen müßten. Sie hatten nicht die geringste Ahnung. Ich ging zu ihnen. «Hören Sie», erklärte ich, «ich bin nicht im Kaufpreis eingeschlossen. Wenn ich mir aber zwei Kamele aussuchen kann, werde ich Ihnen alles beibringen, was ich weiß.»

Sie waren völlig durcheinander. Sie konnten einem leidtun. Sie wußten nicht, wer hier wen ausnahm und wem sie trauen konnten. Widerwillig akzeptierten sie meinen Vorschlag, wollten aber den Vertrag noch nicht unterschreiben. Ich wußte genau, welche Kamele ich haben wollte: Biddy und Misch-Misch – zwei weibliche Kamele, denn die Hengste sind während der Paarungszeit im Winter gefährlich und unberechenbar. Wieder einmal war ich an die Ranch gefesselt und begann zu glauben, daß das Ringen um die Kamele mit unkooperativen Menschen nie enden würde. Dummerweise brachte ich ihnen so viel über Kamele bei, daß sie schließlich glaubten, mich nicht mehr zu brauchen. Wie vorauszusehen, stiegen sie aus dem Vertrag aus, boten mir Geld für meine Arbeit und entließen mich. «O. K.», dachte ich, «wartet nur, ihr Bastarde, bis irgend etwas passiert. Dann werden wir sehen, wer angekrochen kommt und was will!» Und als dieser einmalige Glücksfall eintraf, das Schicksal sich wendete, ließ er mich alle früheren Tiefs vergessen. Der liebe Dookie, das sanftmütigste aller Wesen, zeigte, was in ihm steckte und lehrte seine neuen Besitzer das Fürchten.

Glücklicherweise war ich dabei. Ich hatte fast den ganzen Tag auf der Farm verbracht, um Papieren, Geld und sonst was nachzulaufen. Selbstgefällig beobachtete ich die Fehler des Mannes. «Ha, ha», sagte ich hämisch zu mir, «leide oder unterschreibe.»

Als es an der Zeit war, den Kamelen die Vorderbeine zu fesseln und sie für die Nacht freizulassen, mußte ich ihm zeigen, wie man das macht – der Kamele wegen. Wenn er den Fesselriemen nicht fest genug anzog, würde er über das Sprunggelenk rutschen, und das konnte zu schlimmen Verletzungen führen. Zuerst kam der liebe, ruhige Dookie an die Reihe.

«Hier, sehen Sie, in dieses Loch. Und Sie müssen aufpassen, daß der Riemen nie so locker ist, daß er über das Gelenk rutschen kann. Verstanden?»

«Hmmmm, ja, ja.»

Ich ließ den Hengst los, drehte mich um und wollte die anderen Kamele holen. Plötzlich hörte ich ein merkwürdiges Poltern hinter mir. Was ich bei einem kurzen Blick über die Schulter sah, ließ mich erstarren. Ich hatte auch das Gesicht des Mannes gesehen. Er war leichenblaß geworden. Dookie war nicht mehr wiederzuerkennen. Mit einem eindeutig kurt'schen Blick kam er hinter mir her. Die Augen rollten wie Murmeln in seinem Kopf. Dookie gurgelte und hatte Schaum vorm Maul. Dookie wollte Felsen bespringen. Dookie raste. Ich hatte ihn von seinen Freundinnen getrennt, und er spürte zum erstenmal die unkontrollierbaren Triebe eines Hengstes. Er schleuderte Hals und Kopf wie eine Peitsche durch die Luft. Mit gefesselten Vorderbeinen wollte er auf mich zu galoppieren. Er würde versuchen, mich umzurennen; er würde sich auf mich werfen und Blut und Leben aus mir herausquetschen.

«Dookie?» entfuhr es mir, und ich ging rückwärts. «Hey Dook, ich bin es!» keuchte ich, als ich Hals über Kopf auf das Gatter zurannte. Ich nahm die ein Meter fünfzig wie ein Hindernisläufer. Der Mann stand noch immer wie erstarrt an die Felsen innerhalb der Einzäunung gepreßt. Aber Dookie beachtete ihn nicht. Mich wollte er haben, nur mich.

«Mach daß du da raus kommst!» schrie ich dem Mann zu, während Dookie versuchte, mir den Hals durchzubeißen. «Verdammt noch mal, hol die Peitsche, die Fesselkette und den Spieß!» Ich schrie ihn wie wahnsinnig an, Dookie hatte Kopf und Hals über das Gatter gestreckt und versuchte, mich an dem Holz zu Mus zu zerquetschen. Dann stemmte er sich gegen den Zaun, wollte ihn niederwalzen, um auch dieses Hindernis zu beseitigen. Das konnte alles gar nicht wahr sein. Es war ein Alptraum, aus dem ich jeden Moment schreiend aufwachen mußte. Aus meinem Dookie war ein Jekyll und Hyde geworden – ein Killer, ein durch und durch verrückter Hengst. In den Mann kam wieder Leben. Er holte alle

Folterinstrumente. Ich preßte Dookie den elektrisch geladenen Spieß zwischen die schnappenden Lippen und schlug ihm die Fesselkette mit aller Kraft über den Schädel. Mein eigenes Gewimmer ging in dem Aufruhr unter. Dookie spürte nichts. Er war wie eine Windmühle mit Zähnen. Ich trat zum Luftholen eine Sekunde vom Gatter zurück und konnte wieder klar denken. Ich rannte zum Haus und holte ein paar Seile, eine Holzplanke und eine fünfzehnpfündige Eisenstange. Auf Dookies Seite stand etwa ein Meter fünfzig vom Zaun entfernt ein Eukalyptusbaum. Ich ging am Gatter entlang, bis ich ungefähr auf der Höhe des Baums war. Dookie folgte mir brüllend, stampfend und schnaubend. Ich beugte mich hinunter, warf das Seil um die Fessel, sprang über den Zaun und rannte so schnell, mein Gott wie schnell, zum Baum, wickelte das Seil darum und zog mit aller Kraft. Jetzt hatte ich ihn wenigstens mit den Vorderbeinen am Baum festgebunden und konnte nur beten, daß es hielt. Ich schlug mit dem Holz so lange auf Dookies Hals, bis es zersplitterte, und nahm dann die Eisenstange. Halb bewußtlos ging er in die Knie, kam aber zur nächsten Attacke sofort wieder hoch. Ich entwickelte übermenschliche Kräfte, wie man sie nur in Panik nach einem Adrenalinstoß besitzt, und wenn man um sein Leben kämpft. Dookie setzte sich plötzlich mit einem Plumps hin, schüttelte ein paarmal den Kopf und blieb ruhig mit malmenden Zähnen sitzten.

Ich wußte nicht, was los war, und wartete einen Augenblick mit erhobener Stange. «Alles in Ordnung?» flüsterte ich. Ich näherte mich seinem Kopf. Keine Reaktion. «Dookie, ich leg dir jetzt den Nasenzügel an, und ich schwöre dir, wenn du noch einmal durchdrehst, bringe ich dich um.» Dookie sah mich durch seine langen, anmutigen Wimpern an, als könne er kein Wässerchen trüben. Ganz ruhig legte ich den Nasenzügel an und befahl ihm aufzustehen. Ich beugte mich hinunter, nahm ihm das Seil und die Fußfesseln ab und brachte ihn zurück ins Gehege. Er trottete lammfromm hinter mir her und humpelte nur ein bißchen.

Ich ging zu dem Mann. «Naja, soviel zu Kamelhengsten», sagte ich zu ihm und versuchte, Gelassenheit vorzutäuschen. Ich war in Schweiß gebadet und zitterte wie Espenlaub. Sein Mund stand immer noch offen und er rang nach Luft. Wir schleppten uns beide ins Haus und genehmigten uns einen ordentlichen Schluck Brandy.

«Passiert das ... äh, hm ... kann das bei Hengsten öfter passieren?» fragte er.

«Oft genuuug», antwortete ich und sah das Licht am Ende des Tunnels, «bei Hengsten muß man immer damit rechnen, daß sie angreifen.» Jetzt hatte ich ihn da, wo ich ihn haben wollte. Ich wußte, was kommen würde. Ich konnte die Schadenfreude kaum verbergen und bemühte mich um einen Ausdruck fürsorglicher Teilnahme. «Ihre Kinder müssen Sie von den Hengsten fernhalten, das ist wohl klar ...»

Gegen neun rannte ich unter Freudengeheul am Fluß entlang nach Hause. Ich schrie, hüpfte und lachte hysterisch. Er hatte mir die beiden Hengste für siebenhundert Dollar verkauft – das Geld hatte ich nicht, konnte es mir aber borgen. Es waren zwar nicht die beiden, die ich mir ausgesucht hätte, aber – einem geschenkten Kamel blickt man nicht ins Maul. Dookie, der König der Könige unter den Kamelen und Bub, der unverbesserliche kleine Clown, gehörten mir. Ich hatte meine drei Kamele.

Diese wunderbare Veränderung der Lage schuf eine völlig neue Perspektive der ... Schwierigkeiten. Wie weit ich Dookie auch in der Busch brachte, er strebte immer wieder zur Ranch zurück und terrorisierte alle bis zur Verzweiflung, obwohl er mit gefesselten Vorderbeinen und Seitenzügel harmlos war. Ich wußte und bedauerte, daß er den Leuten Schwierigkeiten machte, aber sie hatten keine gesetzliche Handhabe gegen ihn. Tagsüber band ich meinen Jungen fest und abends brachte ich ihn mit Bub und Zelly kilometerweit in die Hügel hinaus und ließ ihn mit grausam eng zusammengebundenen Vorderbeinen laufen. Morgens um sechs fing ich ihn ein, um seinen Vorbesitzern Ärger zu ersparen. Der Mann wollte keine Vernunft annehmen. Zweimal erwischte ich ihn dabei, wie er mit seinem Wagen Dookie mit Vollgas ins Hinterteil fuhr, ihn erschreckte und aggressiver denn je machte. Durch die Fesseln hätte er sich unheilbar verletzen können. Eines Tages schrie der Mann mich wütend an.

«Ich muß mit diesen verdammten Biestern meinen Lebensunterhalt verdienen, und Sie gammeln hier nur rum und machen Ferien. Ich sag Ihnen, wenn der Hengst noch einmal in die Nähe der Ranch kommt, lege ich ihn um!»

Ich sah rot. Ich hatte diesem Idioten schließlich alles beigebracht, was er wußte, und wäre sogar bereit gewesen, ihm noch mehr zu zeigen, wenn er vernünftig geblieben wäre. Außerdem hatte er durch unsere Abmachung auch Vorteile. «Wenn meinem Dookie auch nur ein Haar gekrümmt wird, lieber Freund, wachen Sie eines Morgens auf und können Ihre Kamele suchen ... die machen dann im Busch Ferien!» Drohungen ausstoßen konnten ich auch schon ganz gut, obwohl ich insgeheim schuldbewußt glaubte, daß er recht hatte.

Diese Grenzkriegsmentalität hatte sich im Lauf der Monate, sogar Jahre entwickelt, bis sie schließlich meine Haltung gegenüber der ganzen Welt bestimmte. Ich war zu einem alten Drachen geworden – ein Produkt der Grenze. Dafür gab es genügend gute Gründe.

Fullarton hatte mir einen kurzen Besuch abgestattet und angedeutet, die Stadt sei für zwei Kamelattraktionen zu klein, falls ich auf die Idee kommen sollte, ein Geschäft aufzuziehen

Irgendwann kamen ein paar Leute aus der Stadt, um sich Bassos Farm anzusehen. Sie wollten sie kaufen, ehe das *Aboriginal Lands Council* seine schwarzen Hände danach ausstecken würde. Sie marschierten durch mein Schlafzimmer, als sei ich Luft, ohne auch nur guten Tag zu sagen und um Erlaubnis zu bitten. Wütend schrie ich sie an zu verschwinden und das nächste Mal wenigstens die Höflichkeit aufzubringen, um Erlaubnis zu bitten, ehe sie durch das Haus stürmten und fotografierten. Sie bliesen sich auf und schrien zurück, sie würden mich vom Gesundheitsamt rausschmeißen lassen.

Außerdem gab es die gelegentlichen Polizeibesuche, mit denen ich mich abfinden mußte. «Wir wollen nur mal sehen, wie es Ihnen geht», sagten sie, fühlten sich wie zu Hause und suchten in den dachlosen Zimmern nach Gott weiß was. Molotow Cocktails? Heroin? Ich weiß es nicht. Einige drohten sogar, meinen Trip zu verhindern. «Sie wissen, daß Sie nicht die geringste Chance haben. Sogar Männer sind da draußen umgekommen. Und Sie wollen sich darauf verlassen, daß die Farmer und wir kommen und Sie retten?!»

Zu der Zeit wohnte meine Freundin Julie bei mir. Wir hatten ein

Fensterreinigungsunternehmen aufgemacht und radelten mit Mops, Gummischrubbern und Spiritus in die Stadt. Jenny wollte auch bald zu uns ziehen. Da Kurt weg war, mußte ich mir um die Sicherheit meiner Freunde keine Sorgen mehr machen. Ich merkte auch, daß das ewige Alleinsein manchmal schrecklich langweilig sein konnte, und ich brauchte Menschen und wollte sie um mich haben.

Mein Leben veränderte sich. Meine Freunde besänftigten mich und brachten mich auf einen anderen Pfad. Alles war so schön bequem, und ich hatte meinen Trip schon fast vergessen. Zuvor hatte ich auf Bassos Farm das Leben einer Geizigen und einer Wilden geführt. Ich lebte von dem mir so verhaßten braunen Reis und Gemüse aus dem jämmerlichen Garten. Nachts, wenn ich von der Arbeit nach Hause kam, brachte ich kaltes Fleisch mit, das ich von den Köchen des Restaurants bekommen hatte. Diggity, Blue und ich fielen wie Wölfe darüber her, fraßen zusammen und kämpften um die besten Stücke. Die Anwesenheit meiner Freunde war ein Grund, zivilisierter, anständiger und freundlicher zu sein. Jen war eine vorzügliche Gärtnerin, Toly ein perfekter Alleskönner und Julie eine Traumköchin. Wir lebten richtig luxuriös. Sie liebten die Farm genauso wie ich, und da jeder eine andere Dimension hineintrug, wurde sie fast zu einem Zuhause. Anfangs hatte ich einige Schwierigkeiten. Wenn man gewohnt ist, als Königin zu herrschen, fällt es einem schwer zu akzeptieren, daß die Alleinherrschaft durch Demokratie ersetzt wird.

Eines Nachmittags, als wir alle im Garten saßen und Tee tranken, wurde mir klar, wie sehr ich mich gegen die Veränderung wehrte. Ein paar durchreisende Hippies hatten sich eingefunden. Sie hatten von einem Platz unten im Süden gehört und wollten hier ein paar Tage bleiben. Mir sträubten sich die Haare, und ich sagte, das sei unmöglich. Als sie gegangen waren, wendete ich mich den anderen zu: «Wie können die es wagen, einfach in ein fremdes Haus zu marschieren und zu glauben, dort Ferien machen zu können? Diese abgeschmackten Langweiler mit ihren Kassettenrecordern und der *Möve Jonathan* im Rucksack. Diese Körner fressenden Bubis. Mein Gott!»

Jenny und Toly sahen mich mit leicht erhobenen Augenbrauen von der Seite an, ohne etwas zu sagen. Aber Blicke sind oft deutlicher als Worte, und ich wußte, was sie dachten: «Du intolerante, scheinheilige alte Schreckschraube, du bist genau das geworden, was dir am meisten zuwider ist.»

Ich grübelte eine Weile darüber nach. Ich wollte meiner Kleinlichkeit auf den Grund gehen. Es konnte nicht nur an den äußerlichen Dingen liegen, wie zum Beispiel mein erbarmungsloser Kampf in Alice Springs, wo die Parole galt: Auge um Auge, Zahn um Zahn. Alle Menschen fühlten sich hier aus irgendeinem Grund durch meine Anwesenheit bedroht. Wäre es mir nicht gelungen, mich mit ihren eigenen Waffen gegen sie zu wehren, säße ich schon längst wieder mit eingezogenem Schwanz irgendwo an der Ostküste. Aber da war noch mehr. Bei vielen Menschen im Busch führt die beinahe totale Isolation in Verbindung mit dem unbarmherzigen Ringen mit der Erde dazu, daß sie glauben, ihr Wissen und ihren Besitz hinter einem psychologischen Wall verschanzen zu müssen, um die Belohnung nicht aufs Spiel zu setzen, für die sie so hart gekämpft haben. Dieser leidenschaftliche Individualismus war meinen damaligen Gefühlen sehr ähnlich – die Starrheit und Unfähigkeit, sich mit neuen Leuten zusammenzuschließen, die nicht dieselben Erfahrungen gemacht hatten. Ich verstand jetzt eine Seite von Alice Springs, und von diesem Moment an beurteilte ich es milder.

In den Wochen nach Gladdys Abreise war es Blue gelungen, sich nicht nur in mein Herz, sondern auch in Diggitys Herz einzuschleichen. Er war ein charmanter alter Kauz, der Inbegriff eines Hundes. Seine Hauptbeschäftigung waren Fressen und Schlafen, an dritter Stelle rangierte das Werben um willige Hündinnen aus dem Lager und schließlich der Kampf mit den Rüden. Anfangs bestanden Dig und ich darauf, daß er draußen schlief, aber allmählich wurden wir weich, bis er in den kalten Wüstennächten bei uns im Bett schnarchte, kratzte und schnüffelte. *Er* verstand zu leben. Er wußte, was wichtig war und was nicht. Sein Kampftrieb erlosch abrupt, nachdem er eines Tages von einer Horde wütender Lagerhunde beinahe gelyncht worden wäre. Eine Woche lang leckte er sich die Wunden und begab sich dann mit der bewundernswerten Weisheit eines Hundes, der ein langes Leben und viele Erfahrungen hinter sich hat, nobel und würdevoll in den Ruhestand.

Eines Morgens wachte ich früh auf und fand ihn sterbend auf der hinteren Terrasse. Er war mit Strychnin vergiftet worden. Als ich begriff, was geschah, war er schon tot. Ich weinte, als ich ihn begrub. Armer alter Blue, ein so grausames Ende hatte er nicht verdient. Zwei Gedanken gingen mir nicht aus dem Kopf: Wer konnte so gemein sein, so etwas zu tun? und: Gott sei Dank, es war nicht Diggity. Ich fand heraus, daß es in Alice Springs nicht unüblich war, Hunde auf diese Weise zu vergiften. Ein Unbekannter trieb dieses Spiel schon seit zwanzig Jahren, und die Polizei hatte immer noch keine Spuren. Wenn ich nicht schon so lange in der Stadt gelebt hätte, wäre ich wahrscheinlich überrascht gewesen. So seufzte ich nur und dachte: «Was kann man in einem solchen Ort schon anderes erwarten?»

Es war wieder Hochsommer – das Jahr ging zu Ende. Mein Zimmer, das im Winter eiskalt war, glühte jetzt wie ein Backofen. Das Haus war eigentlich eine Ansammlung höhlenähnlicher Räume aus massivem Stein und mit bogenförmigen Fenster- und Türöffnungen. Auf dem Zementfußboden lag Stroh, und es gab praktisch keine Möbel. Es war ein Paradies für die gigantischsten Küchenschaben, mit denen ich je gekämpft habe. Sie hatten einfach keine Angst. Sie stellten sich auf die Hinterbeine, wenn man ihnen zu nahe kam. Sie schüchterten mich ein. Wenn ich nachts mit einer Kerze ins Haus ging, flitzten und scharrten sie sich mit einem Krach ihren Weg in die verschiedensten Löcher, daß ich eine Gänsehaut bekam und sich mir der Magen umdrehte. Neben Blutegeln sind es die einzigen Wesen, die ich nicht ausstehen kann. Ich verstreute riesige Mengen Gift, was ich normalerweise nie tun würde, aber sie gediehen bei dieser Behandlung prächtig. Sie fraßen das Zeug, knack, knack, zum Frühstück, zum Mittag und zur Teestunde und wuchsen weiterhin wie mutierte Monster.

Und dann gab es die Schlangen. Die Farm war das Heim dieser erlesenen Wesen – sie paarten und vermehrten sich und starben hier. Sie wollten nicht von Menschen gestört werden. Obwohl sie lebensgefährlich waren, ängstigten sie mich weniger als die Schaben. Auf eine respektvolle, distanzierte Weise mochte ich sie sogar. Ich glaubte immer, wenn ich sie in Ruhe lasse, tun sie mir auch nichts. Aber Diggity haßte sie leidenschaftlich. Ich machte mir Sorgen um sie, denn sie jagte Schlangen und versuchte, sie zu töten. Obwohl sie bisher Glück gehabt hatte, würde ein Schlangenbiß genügen, und sie wäre tot. Eines Abends, als ich schweißgebadet in meiner Höhle lag und bei Kerzenlicht ein Buch las, begann Diggity ihr Schlagenvibrato – ein unmißverständliches Signal. Unter meinem Bett kam eine kleine *Western Brown* hervor, um ihre weltlichen Angelegenheiten zu erledigen. Es störte mich nicht sonderlich, und ich blies bald meine Kerze aus und schlief ein. Irgendwann in der Nacht weckte Diggity mich noch eimal. Mit gefletschten Zähnen, das Fell gesträubt wie ein Warzenschwein, saß sie kerzengerade neben mir und knurrte. Ich zündete die Kerze an. Auf dem Bettlaken am Fußende döste eine Schlange vor sich hin. Dig jagte sie davon. Ich spürte, wie mir die Gänsehaut den Rücken herunterlief und wollte nicht aufstehen, um die Tür zu verrammeln, weil ich Angst hatte, auf eine Schlange zu treten. Ungefähr um zehn Uhr morgens wachte ich auf und sah, wie Diggity auf eine riesige Schlange losging, die sich gerade unter das Bett verkroch. Drei in einer Nacht waren einfach zuviel. Ich verstopfte alle Löcher, durch die sie hereinkommen konnten, aber es dauerte einige Wochen, bis ich wieder ruhig schlief.

Man lernt im Leben immer wieder Dinge, die man sofort vergißt. Ich hätte inzwischen wissen sollen, daß Hochmut vor dem Fall kommt. Ich begann, übermütig zu werden. Ich beglückwünschte mich und war zufrieden, denn ich glaubte, ich hätte alles unter Kontrolle. Das Leben war schön und vielversprechend. Nichts konnte schiefgehen, die Fakten sprachen für mich. Ich hatte meine diversen Pechsträhnen hinter mich gebracht. Ich hatte Freunde um mich, und es bestand keine Gefahr. Zwar konnte ich die Farm noch nicht einmal für einen Tag verlassen, aber nach all dem, was ich bisher durchgemacht hatte, war das ein sehr geringer Preis. Toly verbrachte das Wochenende meist bei uns, und wir beteten ihn alle an. Er war Lehrer in Utopia – eine zweihundertdreißig Kilometer nördlich gelegene Rinderfarm, die Eingeborenen gehörte. Ich versuchte, nicht neidisch zu sein, wenn er Jen für ein paar Tage entführte und ich nicht mitgehen konnte, weil ich an die Kamele «gebunden» war. Wenn sie gingen, hinterließen sie jedesmal eine große Leere. Wir hatten unzählige Male Pläne geschmiedet, die ermöglichen sollten, daß ich ebenfalls mitfahren konnte, aber jedesmal kam irgend etwas dazwischen.

So passierte es öfter, daß ich den ganzen Tag damit verbrachte, die Kamele zu suchen. Ihre Spuren hinterließen ein einziges Durcheinander, und es war schwierig, die heutigen von den gestrigen zu unterscheiden. Um Futter zu finden, wanderten sie in sechs oder sieben verschiedene Richtungen ... meist auf felsigem Untergrund, und das erschwerte das Spurenlesen erheblich. Sie stahlen sich in die verstecktesten Täler oder in das dichteste Dickicht, wo ich sie nicht sehen konnte – und sie fügten sich perfekt in das Khaki und Rot der Landschaft ein. Sie hatten zwar Glocken am Hals, aber ich wette, daß sie steif und unbeweglich stehenblieben, wenn sie mich witterten. Hatte ich sie endlich gefunden, taten sie natürlich, als sei nichts gewesen. «Schön, daß du da bist» ... kling, klang ... oder: «Warum kommst du jetzt erst?» und: «Na endlich, Rob! Was für Leckerbissen hast du uns denn heute mitgebracht?» Ich mußte sie bald nicht mehr einfangen. Ich nahm ihnen nur die Fesseln ab und sah, wie sie den Weg nach Hause galoppierten. Oder ich setzte mich auf einen Höcker und ließ mich tragen. Mit dem heißen Wetter hatte Dookie seine dummen Verrücktheiten abgelegt, und die drei waren jetzt unzertrennlich. Zelly war an den richtigen Stellen dicker geworden, und das Euter wurde ständig größer. Kamele haben eine Tragzeit von zwölf Monaten, aber ich hatte keine Ahnung, wann es soweit sein würde. Ihre Rangordnung war genau festgelegt. Zeleika war die gewitzte, geschickte, selbstsichere Anführerin, die nichts aus der Ruhe bringen konnte. In ihrem tierischen Verhalten war sie klüger als die beiden anderen zusammen. Dookie war der nominelle König, aber sie Premierministerin. Geschah etwas Unvorhergesehenes, versteckte er sich hinter ihren Rockschößen. Bub liebte Dookie. Dookie war sein Held, und solange er ihn vor der Nase hatte, war auch er mutig. Er spürte nicht den leisesten Wunsch voranzugehen, und ihm fehlte auch das Zeug dazu. Sie kamen mir vor wie Dick und Doof.

An einem solchen Morgen geschah etwas so Schreckliches, daß ich glaubte, die Welt ginge unter. Ich hatte die Kamele irgendwo am Flußlauf aufgespürt; Bub lag auf der Seite. Ich nahm an, er würde sich sonnen, setzte mich neben ihn und sagt: «Arra (steh auf) du kleiner fauler Kerl, wir wollen nach Hause gehn.» Ich steckte ihm einen Lolly ins Maul. (Sie liebten Gummibärchen und Lakritze.) Aber anstatt aufzuspringen und nachzusehen, was ich noch dabei hatte, blieb er liegen und kaute lustlos auf seinem Lolly herum. Ich wußte sofort, daß etwas nicht stimmte. Ich brachte ihn dazu aufzustehen und sah, daß er nur auf drei Beinen stand. Ich nahm seinen Fuß hoch und prüfte den weichen Fußballen. Ich sah eine klaffende Wunde mit einem Glassplitter darin. Wegen einer solchen Wunde mußte Kurt einmal eines seiner Tiere erschießen. Die Fußballen sind die empfindlichsten Stellen des Kamels; sie sind für das Gehen im weichen Sand gedacht und nicht, um auf scharfe Gegenstände zu treten. In diesem Ballen befindet sich eine Art wabblige elastische Blase, und ein Loch in dieser Blase vergrößert sich natürlich, wenn der Fuß belastet wird. Da die gleichmäßige Belastung für die Blutzirkulation wichtig ist, kann ein Kamel nicht auf drei Beinen laufen. Der Schnitt ging durch den Fuß bis zur behaarten Oberseite. Ich glaubte, dies sei Bubs Ende. Mindestens eine halbe Stunde saß ich am Ufer und weinte. Ich heulte und heulte. Kamele sind so robuste Tiere, dachte ich; nur ein perverses und grausames Schicksal konnte zulassen, daß so etwas passierte. Wer dort oben haßte mich? Ich drohte mit der Faust und heulte weiter. Diggity leckte mir über das Gesicht, und Zelly und Dookie beugten sich zu mir herunter, um mich zu trösten. Bubs großer häßlicher Kopf lag in meinem Schoß. Er lutschte weiter an seinen Gummibärchen, genoß unsere Aufmerksamkeit und spielte bewundernswert gekonnt die Kameliendame. Ich riß mich zusammen, zog so vorsichtig wie möglich den Glassplitter aus dem Fuß und führte ihn langsam nach Hause. Als ich mit dem Fahrrad in der Tierklinik ankam, erfuhr ich, daß die mir bekannten Ärzte nicht in der Stadt waren. Ein neuer, unerfahrener Junge vertrat sie. Er kam mit auf die Farm und sah sich Bubby an. Er blieb zwei Meter vor dem Kamel stehen und sagt: «Hmm. Er hat sich den Fuß aufgeschnitten», und reichte mir ein paar Tetanusspritzen. Das war keine große Hilfe. Im Restaurant hatte ich Kippy und Cherie kennengelernt, für die es nur Tiere gab. Sie hatten eine Tierarztpraxis in Perth. Ich radelte an diesem Abend zur Arbeit und erzählte ihnen, was geschehen war. Am nächsten Tag kamen sie auf die Farm. Es war ihr letzter Tag in der Stadt. Sie durchstachen das Loch von oben, um den Eiter abzuziehen, verschrieben Bäder mit heißem Wasser und Condy-Salz. Die Wunde mußte massiert und peinlich sauber gehalten werden. Diese wundervollen Frauen gaben mir wieder Hoffnung.

Toly und Jenny bauten ein großes Gehege auf der Rückseite der Farm. Sie verarbeiteten alte Zaunlatten, Draht und Netze, einfach alles, was wir auftreiben konnten. Es wurde ein ausgezeichnetes Gehege. Bubby mußte dort bleiben; ich behandelte seinen Fuß dreimal täglich und betete. Auf Anraten eines Arztes aus der Stadt veränderte ich die Behandlung; ich steckte einen Nasenschlauch, wie man ihn zur künstlichen Ernährung von Babies benutzt, von oben in die Wunde und spülte sie mit einem starken Antiseptikum aus. Es dauerte wochenlang. Ich wußte nie, ob der Fuß heilte, oder ob wildes Fleisch in der Wunde wucherte. Manchmal war ich zuversichtlich, dann wieder der Verzweiflung nahe, jammerte nach Jenny, Toly, Julie oder dem Arzt, die mir helfen sollten. Weder Bub noch ich mochten die Behandlung. «O du kleiner Bastard, halt den Fuß still, oder ich hack ihn dir am Knie ab.» Allmählich ging es ihm besser. Bald schien die Wunde soweit verheilt zu sein, daß ich es wagen konnte, ihn wieder mit den anderen laufen zu lassen. Die beiden hatten die ganze Zeit über wie Tagediebe ums Haus herumgelungert, streckten die langen Hälse in die Küche und verdrehten jedesmal gierig die Augen, wenn wir uns mit einer Tasse Tee in den Garten setzten. Meine Freunde liebten die Kamele ebensosehr wie ich, aber sie warfen mir vor, daß ich menschliche Züge auf sie projiziere. Wir lachten stundenlang über sie. Sie waren komischer als die Marx Brothers.

An einem wunderschönen, sonnigen Tag passierte es dann. Sie waren verschwunden, verschwunden in das wilde blaue Nichts. Ganz einfach, pffft! Keine Kamele, keine liebenswerten Unschuldsengelchen. Diese undankbaren, listigen, launischen, falschen, betrügerischen Verräter hatten mich verlassen – sie waren einfach abgehauen, waren so schnell sie mit gefesselten Vorderbeinen konnten in die Hügel gelaufen. Es war durchaus üblich, daß sie kürzere Strecken zurücklegten, aber diesmal schien es ernst zu sein. Vielleicht hatten sie sich gelangweilt und sehnten sich nach einem Abenteuer. Ich hielt Zeleika für die Missetäterin. Man konnte sie nicht so leicht mit Leckereien und Streicheln hereinlegen und bestechen wie die anderen. Sie war nicht so verwöhnt und hatte den Geschmack der Freiheit nicht eine Minute vergessen.

Ich ging an diesem Morgen wie gewöhnlich mit Diggity los, um ihre Spuren zu suchen. Es dauerte ungefähr eine Stunde, bis ich sie aufnehmen konnte – sie führten nach Osten, hinein in das wilde Hügelland. Ich folgte ihnen einige Kilometer und glaubte, sie jeden Moment hinter der nächsten Biegung finden zu müssen. Ich bildete mir sogar ein, manchmal ihre Glocken zu hören. Es gibt in dieser Gegend einen kleinen Vogel, dessen Ruf wie eine Kamelglocke klingt, und er hatte mich oft genug zum Narren gehalten. Weil es sehr heiß wurde, zog ich die Bluse aus, legte sie unter einen Busch und befahl Diggity, dort auf meine Rückkehr zu warten. Ich hatte nur mit einem ungefähr halbstündigen Ausflug gerechnet. Diggity japste schon und hatte Durst. Sie blieb nicht gern allein, aber sie verstand, daß es besser für sie war, und deshalb gehorchte sie. Mein Weg führte jetzt durch unwirtliches, unbelebtes Land. Kilometerweit gab es niemanden und nichts. Ich wußte einfach nicht, was die Kamele dazu getrieben haben konnte, so schnell und so weit zu laufen. Noch machte ich mir keine Sorgen. Ich war ihnen auf der Spur; ihr Kot war noch feucht. An den Spuren konnte ich erkennen, daß bei einem der Fesselriemen gerissen war und die Kette nachschleifte. Ich ging und ging und ging. Ich überquerte den Todd River, tauchte mit meinem dampfenden Körper in das kühle Wasser und trank, soviel ich konnte. Ich legte die Hose ins Wasser und band sie mir um den Kopf. Und ich wanderte weiter. Als ich in felsigeres Gebiet kam, wurde mein Tempo langsamer. Jetzt machte ich mir Gedanken. «Was ist los? Hat sie jemand gejagt? Um Himmels willen! Was ist passiert?» Getrieben von dem Gedanken, daß sie nur eine Minute voraus sein konnten, lief ich an diesem Tag fünfzig Kilometer. Ich sah kein Kamel, hörte aber die ganze Zeit nichts anderes als die bimmelnden Phantomglocken. Spät abends kam ich zurück. Die arme Diggity saß immer noch unter dem Busch und hatte sich fast zu Tode gegrämt. Ihre rosa Zunge hing ihr wie ein trockener Knochen aus dem Maul, und Spuren verrieten, daß sie immer wieder besorgt hundert Meter in Richtung nach Hause und hundert Meter in meine Richtung gelaufen war. Aber das treue Geschöpf hatte ausgeharrt, trotz der unerträglichen Ängste und des ebenso unerträglichen Durstes. Als sie mich sah, war sie so erleichtert, daß sie sie sich vor Freude beinahe in den Schwanz biß.

Am nächsten Morgen bereitete ich mich besser vor. Verhältnismäßig schnell erreichte ich den Punkt, an dem ich am Vortag umgekehrt war – etwa zehn Kilometer Luftlinie entfernt. Ich sah, daß sich die Spuren zwei oder drei Kilometer weiter in den felsigen Steilhängen verloren. Ich ging nach Hause und rief bei allen Farmern der Umgebung an. Nein, sie hatten kein einziges Kamel gesehen. Normalerweise würden sie Kamele durch Schüsse vertreiben. Aber sie wollten die Augen offenhalten.

In der Stadt fand ich ein paar großherzige Leute, die sich anboten, mich in einem kleinen Flugzeug rauszufliegen, damit ich aus der Luft suchen konnte. Julie kam mit. Ich dachte, ich wüßte ungefähr, wo sie sein könnten. Als ich mir aber ausrechnete, wie weit sie in einem Tag gelaufen waren, konnten sie in den sieben inzwischen vergangenen Tagen siebenmal soweit gelaufen sein – in welche Richtung auch immer. Ich war verzweifelt. Ungefähr eine Stunde flogen wir ein gitterförmiges Muster ab, viel tiefer, als die Flugregeln es erlaubten. Keine einzige Spur.

«Da sind sie!» schrie ich und erwürgte den Kopiloten beinahe von hinten.

«Nein, das sind nur Esel.»

«Oh!»

Als ich dort im Flugzeug saß und aus dem Fenster starrte, stieg ein Gedanke in mir auf, der seit der Entscheidung zu diesem Trip vor mehr als zwei Jahren tief in mir geschlummert hatte. Ich mußte das Ganze nicht mehr tun. Die Kamele verlieren, war eine perfekte Entschuldigung. Ich konnte meine Sachen packen und sagen: «Tut mir leid, ich habe alles versucht», und nach Hause fahren. Ich war befreit von der fixen Idee, befreit von der Besessenheit. Natürlich hatte ich den Plan niemals richtig ernstgenommen. Mit dem Glauben an den Trip hatte ich mir selbst etwas vorgemacht. Wer wäre denn schon so verrückt, so etwas zu tun? Es war doch schließlich gefährlich. Meine Kamele würden glücklich sein, und damit hatte es sich.

Ich erkannte auch meine Art, an schwierige Dinge heranzugehen. Ich hatte mir nie erlaubt, über die Konsequenzen meiner Handlungen nachzudenken. Ich hatte immer die Augen geschlossen und war in die Sache hineingesprungen. Bevor ich dann wußte, wie mir geschah, konnte ich mich schon nicht mehr drücken. Eines wußte ich: Im Grunde war ich ein schrecklicher Feigling. Ich konnte meine Feigheit nur auf eine Weise überwinden. Das feige

Ich mußte durch das andere Ich, das in einer Traum- und Phantasiewelt lebte, das unverbesserlich überspannt und unpraktisch war, ausgetrickst werden. Dieses Ich kannte nur Leidenschaft, keine Vernunft, keinen Sinn für Ordnung, keinen Instinkt zur Selbsterhaltung. So hatte ich bisher gelebt. Und jetzt entdeckte das feige Ich eine Möglichkeit, in das alte, gesicherte Leben zurückzukehren. Renata Adler schreibt in *Rennboot:*.

> Ich glaube, wenn man wirklich nicht weiter weiß und zu lange auf einem Punkt verharrte, wirft man eine Handgranate auf genau diesen Punkt, springt und betet. Das ist der einzige Ausweg.

Und jetzt, nach all dieser Zeit entpuppte sich die Granate als Blindgänger. Ich konnte sofort auf meinen alten Punkt in die Sicherheit zurückspringen. Was mich quälte, war der Kampf meiner widerstreitenden Ichs. Einerseits wollte ich unbedingt meine Kamele wiederfinden, andererseits hoffte ich, sie nicht zu finden.

Der Pilot führte mir plötzlich mein Dilemma vor Augen. Er stellte die entscheidende Frage: «Was soll ich machen? Wollen wir es dabei lassen?»

Ich hätte ja gesagt, aber Julie überredete uns, noch eine Runde zu drehen.

Und auf dieser letzten Runde sahen wir die Kamele. Julie entdeckte sie. Wir nahmen die Position und flogen zurück. Und dies war der Moment, an dem sich meine widerstreitenden Ichs darauf einigten, den Trip zu machen.

5

Aus der Luft schien es sehr einfach, die Position der Kamele zu bestimmen, aber die vielen kleinen Gräben, Hügel und ausgewaschenen Flußläufe, die ich vom Flugzeug aus nicht gesehen hatte, erschwerten an Ort und Stelle sehr, die Tiere zu finden. Jenny und Toly begleiteten mich. Soweit es ging, fuhren wir mit dem alten, ächzenden Toyota in den felsigen Busch, dann marschierten wir mit den Hunden weiter, die sofort Phantomleoparden und Mondtigern nachjagten. Diggitys Drang, mit Ausnahme von Kamelen alles zu jagen, gab ständig Anlaß zu Streit zwischen uns. Ich hatte versucht, sie abzurichten, um mir beim Aufspüren der Kamele zu helfen. Aber das interessierte sie nicht im geringsten. Ihre unstillbare Leidenschaft galt Känguruhs und Kaninchen. Sie jagte stundenlang hinter ihnen her, sprang über das stachelige Wüstengras und drehte in der Luft den Kopf hierhin und dorthin wie Nurejew. Sie fing zwar nie etwas, aber es machte Spaß, ihr zuzusehen.

Ich wollte mir möglichst viele sandige Gräben und ausgetrocknete Flußläufe ansehen, da ich hoffte, dort auf die Spuren der Kamele zu stoßen. Wir stiegen aber auch auf einen Hügel, um sie vielleicht von oben zu entdecken. Wir sahen nichts als die unbewegten olivgrünen stachligen Büsche und kilometerweit Felsen und roten Sand. Ich wollte auf der anderen Seite des Hügels nach unten, in der Hoffnung, dort auf ein anderes Bachbett zu stoßen. Wir schlidderten hinunter und stolperten um die Felsausläufer, wo man noch am besten gehen konnte. Die Sonne stand inzwischen fast senkrecht über uns. Als wir unten ankamen und das Bachbett erreichten, von dem ich glaubte, es würde uns in das flachere Land führen, entdeckte ich etwas Seltsames. In die entgegengesetzte Richtung führten frische Fußabdrücke von Menschen. Wir hielten den Atem an. Im ersten Moment dachte ich: «Wer um Himmels willen wandert in der Mittagshitze ausgerechnet durch dieses einsame Flußbett?» Aber die Erkenntnis, daß es unsere eigenen Spuren waren, versetzte mir einen Tiefschlag. Wir waren nicht nur im Kreis gelaufen, sondern hatten auch noch die Richtung geändert und kamen trotzdem an diesen Punkt zurück, der nach unseren Berechnungen und Vorstellungen neunzig Grad rechts liegen sollte. Ich setzte mich. In meinem Kopf drehte sich alles, und ich glaubte, mir müßten im nächsten Augenblick Computerbänder, Qualm und Sterne aus den Ohren kommen. Was war mit Norden, Süden, Osten und Westen los? Wo waren sie? Noch vor wenigen Sekunden wußte ich doch so genau, wo es langgeht. Hinter mir hörte ich nur schlecht unterdrücktes Kichern und unüberhörbare Kommentare.

Es war vielleicht eine gute Lektion, aber mir lief es eiskalt den Rücken herunter. Ich sah mich schon als knusprigbraun gebratenen Kadaver irgendwo in einem Graben in der Wüste liegen, oder nach monatelangem Umherirren nach Alice Springs zurückkommen – im Glauben, es sei Wiluna. Jemand hatte mir vor einigen Tagen eine medizinische Broschüre gegeben, in der die Symptome beim Tod durch Verdursten beschrieben wurden (ein sinnvolles, wohlüberlegtes Geschenk, dachte ich, und so gut zu gebrauchen). Verdursten schien das schrecklichste Ende zu sein, das man sich vorstellen konnte, Folterungen in mittelalterlichen Kerkern nicht ausgenommen. So wollte ich auf keinen Fall sterben. Ich erkannte, wie sehr ich mich in der Vergangenheit auf Spurenlesen verlassen hatte oder darauf, daß Diggity mich nach Hause bringen würde, anstatt meinen Orientierungssinn zu trainieren. Daran und an anderen Überlebensmechanismen mußte ich sicher noch hart arbeiten.

Als wir die Kamele schließlich fanden, waren sie vor Schuld- und Schamgefühlen ganz geknickt und wollten nichts anderes als nach Hause. Sie hatten zwei ihrer Glocken und die meisten Fesselriemen verloren. Zwei oder drei Tage lang waren sie an einem Zaun entlanggeirrt, der zwischen ihnen und der Farm stand. Kamele fühlen sich an einen Ort gebunden. Wenn sie auf ein Haus oder eine Umgebung fixiert sind, kann man mit neunundneunzigprozentiger Sicherheit annehmen, daß sie versuchen, dorthin zurückzukommen. Dookie und Bub hatten Zelly offensichtlich zu diesem Abenteuer verführt, die allein nicht fortgelaufen wäre. Sie hingen wie die Kletten an mir, scharrten nervös mit den Füßen und blickten verlegen zu Boden. Sie klimperten schüchtern mit den eleganten Wimpern, waren lieb und sanft und spielten Gewissensbisse und Reue. Ich ritt sie nach Hause. Bubs Fuß war fast geheilt.

Jetzt stand dem Trip prinzipiell nichts mehr im Wege, und bei dem Gedanken, daß es wirklich losgehen würde, dachte ich mit Schrecken an den Berg Arbeit, der bewältigt werden mußte, um alles vorzubereiten. Ich hatte nicht die geringste Ahnung, wie ich zu dem Geld kommen sollte, um die Ausrüstung zu bezahlen. Ich konnte unmöglich noch mehr Arbeit in der Stadt annehmen, da die Kamele meine Zeit beanspruchten. Zwar hätte ich von meiner Familie oder von Freunden Geld leihen können, aber das wollte ich nicht. Ich war immer arm gewesen und hatte von der Hand in den Mund gelebt. Wenn ich mir Geld lieh, konnte es vielleicht

Jahre dauern, bis ich in der Lage war, es zurückzuzahlen. Außerdem machte ich nicht gerne Schulden. Meine Familie zu bitten, ein Unternehmen finanziell zu unterstützen, über das sie sich ohnedies schon fast zu Tode grämte, wäre unfair gewesen. Und das Wichtigste, ich wollte die Reise allein und ohne die Einmischung oder Hilfe anderer durchführen. Ich wollte damit versuchen, mir meine Unabhängigkeit zu beweisen.

Voller Verdruß und Sorgen saß ich auf der Farm und kaute mir die Fingernägel bis zum Ellbogen ab, als mich ein Freund besuchte, der einen jungen Fotografen mitbrachte. Er machte ein paar Fotos von uns und den Kamelen. Obwohl das Treffen zu einem ungünstigen Zeitpunkt stattfand und ich es am nächsten Tag schon wieder vergessen hatte, sollte es beträchtliche Auswirkungen haben.

Rick kam wieder, diesmal mit ein paar Leuten aus der Stadt zum Abendessen. Und wieder war ich so beschäftigt, daß mir nur wenige Dinge im Gedächtnis geblieben sind. Ein netter Junge, dachte ich – eine Art Jimmy Olsen –, einer der skrupellosen, unreifen Fotojournalisten, die von einem Krisenherd der Welt zum anderen fliegen, ohne sich je die Zeit zu nehmen, sich etwas richtig anzusehen oder in sich eindringen zu lassen. Er besaß die schönsten Hände, die ich je an einem Menschen gesehen hatte – lange, schlanke Finger, die sich wie Froschbeine um die Kamera legten. Ich erinnere mich nur schwach an einige lauwarme Argumente über die moralische Berechtigung, für *Time Magazine* Klischeeaufnahmen von Aborigines im Flußbett zu machen, ohne etwas über sie zu wissen oder wissen zu wollen. Ach ja, ich erinnere mich auch, daß er mich anstarrte, als sei ich nicht ganz bei Trost. Viel mehr weiß ich heute nicht mehr.

Er redete mir auch ein, an *National Geographic* zu schreiben und sie um die Finanzierung meines Trips zu bitten. Ich hatte das bereits vor Jahren versucht und eine höfliche Absage erhalten. Als meine Freunde an diesem Abend gegangen waren, schrieb ich einen Brief, den ich in meinem beschwipsten Zustand für äußerst brillant hielt, und vergaß ihn.

Bevor ich nach Alice Springs kam, hatte ich noch nie einen Hammer in der Hand gehabt; ich konnte keine Glühbirne wechseln und kein Kleid nähen, hatte nie Socken gestopft, einen Reifen gewechselt oder mit einem Schraubenzieher gearbeitet. Ich hatte nie etwas gemacht, wozu manuelles Geschick, Geduld oder das Gespür für Funktionalität notwendig war. Jetzt stand ich vor dem Problem, eine vollständige Transportausrüstung zu entwerfen und herzustellen – von den Sätteln ganz zu schweigen. Ich hatte von Kurt, Sallay und Dennis eine Menge gelernt, aber das reichte nicht. Ich erkannte bald, daß die Methode, durch die eigenen Fehler zu lernen, in höchstem Maße überbewertet wird. Ich konnte mir weder Materialvergeudung und Zeitverlust leisten, noch konnte ich meine geistige Gesundheit aufs Spiel setzen. Ich hatte immer noch kein Geld; ich knauserte und sparte für das Notwendigste, und jede verbogene Niete traf mich da, wo es am meisten schmerzte, im Portemonnaie. Ich mußte einen Sattelrahmen für Zeleika schweißen, der genau paßte, dann drei Lederpolster mit Gerstenstroh füllen und am Rahmen befestigen; ich brauchte Gurte, Brustplatten, Schwanzriemen, diverse Stangen und Haken, um die verschiedenen Dinge daran zu hängen. Die beiden anderen Sättel mußten geändert werden; außerdem waren da sechs Segeltuchtaschen, vier Ledertaschen, Wasserbehälter, Bettzeug, speziell genähte Planen, mit denen alles abgedeckt werden sollte, ein Kartenbehälter und vieles mehr, das nicht vergessen werden durfte. Mich trieb das Ganze zur Raserei und Verzweiflung. Glücklicherweise gab es Toly, der mich rettete. Er besaß die natürliche Gabe, mit allem fertigzuwerden. Wie ich ihn darum beneidete. Stunde um Stunde saß ich vor dem Haus, plagte mich jammernd mit Segeltuch, Netzen, Leder, Kupfer- und Plastiknieten ab und tobte oft aus Verzweiflung. In blinder Wut über meine Unfähigkeit und Ungeduld warf ich alles durch die Gegend. Als ich mich nach einem solchen Wutausbruch mal wieder an Tolys Schulter ausweinte, sagte er zu mir: «Rob, das ganze Geheimnis besteht darin, daß du lernen mußt, eine Niete zu lieben.»

Lernen etwas herzustellen und zu reparieren, war für mich das Schwierigste aller Dinge, mit denen ich mich vor und nach meiner Reise auseinandersetzen mußte. Es war ein langsamer und zermürbender Prozeß, aber allmählich lichteten sich die Nebel der Unwissenheit und Ungeschicklichkeit. Ich konnte Maschinen ansehen und mir klarmachen, wie sie funktionierten, ohne dabei sofort durchzudrehen. Die reine Männerwelt der Werkzeuge und Maschinen erschloß sich mir langsam. Es war noch immer zeitraubend, mühsam, langweilig und lag mir schwer im Magen, aber nicht mehr so unverständlich. Meine Fortschritte habe ich nur Toly zu verdanken. Zwar lernte ich nie eine Niete zu lieben, aber inzwischen kann ich sie wenigstens tolerieren.

Die vielen unterschiedlichen Aufgaben, die auf mir lasteten, führten immer öfter zu schlechter Laune, Verzweiflungsausbrüchen, Jammern und Wehklagen. Jen und Toly glaubten, ich würde zusammenbrechen, wenn ich nicht ein paar Tage ausspannte. Sie überredeten mich schließlich, eine Woche Ferien zu machen. Es dauerte ein paar Tage, bis sie mich davon überzeugen konnten, daß die Kamele nicht unbedingt sterben würden, wenn nicht ich sie verwöhnte. Wir brachten Zeleika in das Gehege. Jen und Toly wollten während meiner Abwesenheit jeden Tag rauskommen und Futter für sie sammeln. Sie nahmen mir die Angst, daß etwas passieren würde. Aber es kam, wie es kommen sollte. Ich hatte Zeleika keinen einzigen Tag alleingelassen, aber ausgerechnet in dieser Woche entschied sie sich zu werfen. Ich erhielt das Telegramm und raste nach Alice Springs zurück, als sei ein Wespenschwarm hinter mir her. Dort fand ich das süßeste, schönste, prächtigste, schwärzeste, magerste und liebenswerteste kleine Fohlen, das hinter seiner Mami hertrottete, die sich eigensinnig weigerte, irgendeinen Menschen in seine Nähe zu lassen. Ich brauchte einen oder zwei Tage, um Zelly davon zu überzeugen, daß ich ihrem Erstgeborenen nichts antun würde. Bei Goliath dauerte es etwas länger. Er besaß die Intelligenz seiner Mutter und das gute Aussehen seines Vaters. Er war der geborene kleine Kämpfer – frech, wild, selbstbewußt, fordernd, ungeduldig, arrogant, verwöhnt und entzückend. Schließlich wurde er ruhig genug, damit ich ihm das Halfter über den Kopf streifen konnte, das Jenny für ihn gemacht hatte. Von diesem Moment an hob ich ihm die Beine hoch, kitzelte ihn, packte ihm Sachen auf den Rükken und band ihn an einem Baum im Gehege fest – jeweils für zehn Minuten. Zelly ließ ich raus, und das Fohlen blieb drin – ein perfektes Arrangement für alle Betroffenen, nur nicht für Goliath, der sich so lange die Lunge aus dem Leib schrie, bis seine Mutter zurückkam, um ihn zu füttern.

In einem wahnwitzigen, atemberaubenden Tempo schien jetzt alles zusammenzukommen. Da ich im Winter reisen wollte, mußten die beiden Hengste kastriert werden, denn ich konnte nicht noch einmal eine Kraftprobe mit Dookie oder Bub riskieren. Ich hatte beschlossen, Anfang Herbst, im März aufzubrechen. Es sah so aus, als würde das *Lands Council* Bassos Farm schließlich doch übernehmen, und Jenny und Toly mußten nach Utopia zurück. Deshalb planten wir im Januar einen Probetrip mit den Kamelen und der Ausrüstung dorthin. Das war in weniger als einem Monat. Sallay kastrierte die Hengste für mich. Er tat es ohne Betäubung. Zitternd und händeringend litt ich mit ihnen. Die Hengste wurden gefesselt wie gerupfte Hühner, auf den Rücken gerollt und dann... schnipp schnapp... brüll brüll, und die grausame Arbeit war getan. Zwei Wochen später stellte sich heraus, daß Dookie mit einer Infektion fast im Sterben lag. Ich rief einen befreundeten Tierarzt, der sofort kam und die riesigen Schwellungen beseitigte, die durch Samenstau entstanden waren. Wir narkotisierten Dookie, wie wir es damals mit Kate getan hatten, und dann zeigte mir der Arzt, was zu tun war. Er zog die Samenstränge heraus, die inzwischen so groß wie Kartoffeln waren, und durchtrennte sie so weit oben wie möglich. Durch den Schmerz kam Dookie sofort wieder zu sich. Es folgten die riesigen Terramycin-Injektionen. Der Arzt riet mir ebenfalls zu der Reise nach Utopia, da die Wunden durch das Laufen schneller heilen würden, und so mußte ich mich ernsthaft an die Vorbereitungen machen.

Die Kamele hatten ebensowenig Erfahrung im Packen und langen Reisen wie ich. Meine Panik und Reizbarkeit erreichte ungeahnte Höhen. Das Wetter tat das Seinige dazu – fünfundfünfzig Grad in der Sonne. Die Ausrüstung, auf die ich soviel fetischistische Sorgfalt verwendet hatte, erwies sich im grausamen Licht der Praxis als völlig lächerlich. Als wir beschlossen loszuziehen, konnte ich nur noch lallen. Wir wollten morgens um sechs aufbrechen, weil dann die Luft unsere Lungen noch nicht verbrennen würde wie glühende Zigarettenstummel. Frühmorgens konnte man noch richtig durchatmen. Aber um elf rannte ich immer noch wie ein kopfloses Huhn herum. Toly und Jenny versuchten, mich zu beruhigen oder mir aus dem Weg zu gehen. Endlich schien alles in Ordnung zu sein. Die Sättel waren aufgelegt, ordentlich mit

Schaffellen und Wolldecken gepolstert, die Gepäckstücke gleichmäßig verteilt, und alles sah recht brauchbar aus.

Ich band die Kamele zusammen, die inzwischen äußerst gereizt waren, und ging zu einer letzten Tasse Tee und einem letzten liebevollen Blick auf Bassos Farm ins Haus. Ada war bei uns und natürlich in Tränen aufgelöst, was mein Selbstvertrauen auch nicht gerade stärkte. «O meine Tochter, geh nicht. Bleib bei uns, ich bitte dich. Da draußen wirst du bestimmt umkommen, ich weiß es.» Draußen entstand ein Aufruhr unter den Kamelen. Ich wand mich aus Adas Armen und sah zu meinem Entsetzen, daß die drei sich total ineinander verheddert hatten und sich zu Tode fürchteten. Es war ein wüstes Durcheinander. Seile, Kamelköpfe und herunterhängende Gepäckstücke bildeten einen gordischen Knoten. Nach einer halben Stunde hatten wir alles wieder in Ordnung gebracht und waren endlich zum Aufbruch bereit. Wir umarmten Ada noch einmal und winkten zuversichtlich zurück, als wir in die blendende Sonne hinauszogen.

Innerhalb von drei Stunden waren wir wieder zurück. Zeleika war gestolpert und hatte Dookie, der vor ihr ging, den Sattel fast heruntergerissen. Außerdem waren zwei Segeltuchtaschen aufgeplatzt, weil ich nicht daran gedacht hatte, die Schlaufen mit Leder zu verstärken. Ich verbrachte einen ganzen Tag damit, auszuklügeln, wie ich die Tiere am besten aneinander leinen konnte. Das Ergebnis: Ich zog eine Leine vom Hals des ersten Kamels durch den Gurt zum Halfter des zweiten und befestigte den Nasenzügel jeweils am Sattel des vorangehenden, damit keines zu weit zurückbleiben konnte. Damit war das Problem gelöst. Toly half mir, die Segeltuchtaschen zu reparieren. Wir winkten der wieder in Tränen aufgelösten Ada noch einmal zu und machten uns zum zweiten Mal auf den Weg.

Es dauerte acht Tage, bis wir Utopia erreichten – zweihundertdreißig Kilometer unbeschreibliche Hölle in einem bösen, mörderischen Sommer. Der erste Tag war in seiner Absurdität fast komisch. Die Straße, die aus Alice Springs hinausführt, ist eng, gewunden und gefährlich. Riesige Lkws rasten an uns vorbei, und Kamele hassen nichts mehr als alles, was größer ist als sie selbst und sich bewegt. Ich entschied mich für eine Abkürzung querfeldein, um erst wieder auf die Straße zu stoßen, wenn sie nicht mehr so verteufelt gefährlich war. Schön. Allerdings mußten wir durch dichtes Gestrüpp, stolperten über Felsen und kraxelten schwitzend über riesige Geröllhalden. Toly und Jenny blieben unbeschreiblich gelassen. Sie ahnten nicht, daß wir kaum eine Chance hatten, unser Ziel zu erreichen und daß Katastrophen sich meist ohne Vorwarnungen ereignen. Zu meinem großen Erstaunen und zu ihrem Triumph schafften wir an diesem Tag fünfundzwanzig Kilometer – unverletzt. Dieser kleine Sieg dämpfte meinen Pessimismus aber nicht – vor uns lag noch ein langer Weg.

Am nächsten Tag stellte sich heraus, daß zwei Sättel drastisch geändert werden mußten. Dookies Schulter war aufgescheuert, und ein Polster unter Zellys Sattel verrutschte immer wieder. Sie war inzwischen nur noch Haut und Knochen – sie grämte sich zu einem Skelett. Ich ahnte nicht, daß unsere Reisemethode für die Kamele sehr strapaziös war. Wir brachen morgens um vier Uhr auf, marschierten bis um zehn und ruhten bis nachmittags um vier im Schatten. Bis abends um acht liefen wir dann weiter. Das ermüdete die Kamele nicht nur, sondern durchbrach ihre liebsten Futterzeiten. Sie waren auch nicht daran gewöhnt, ohne Wasser zu gehen. Sie tranken jeden Tag zwanzig Liter und mehr, wenn man es ihnen gab. Ich fing an, die Geschichten über Wüstentiere für groteske Märchen zu halten. Jenny und Toly bildeten abwechselnd mit dem Toyota die Nachhut. Ohne das Auto hätten wir es nicht geschafft. Ich verstaute dort Dookies Sattel, und er war für den Rest der Reise davon befreit.

In Hochspannung zu leben und jeden Moment mit einer Katastrophe zu rechnen, die man selbst ausgelöst hat, ist eine Sache – das bei fünfundfünfzig Grad zu tun, ist eine andere. Ungefähr so stelle ich mir die Hölle vor. Um neun Uhr morgens wurde die Hitze so unerträglich und überwältigend, daß man nicht mehr ganz klar im Kopf war, aber wir marschierten brav bis zehn Uhr weiter, denn wir wußten, was wir um neun erlebten, war noch relativ kühl. Dann suchten wir uns einen Rastplatz – gewöhnlich ein großes Betonrohr neben der geschmolzenen, schimmernden Teerstraße – und rangen dort in den nächsten Stunden nach Luft. Wir legten nasse Handtücher auf unsere glühenden Körper, lutschten an Orangen und tranken lauwarmes Wasser aus den Wasserkanistern. Das vergißt man nicht so schnell. Toly und Jenny waren wunderbar. Sie beklagten

sich nicht ein einziges Mal (wahrscheinlich waren sie gar nicht in der Lage, eine Beschwerde hervorzubringen), und zu meinem immer neuen Erstaunen schien es ihnen sogar Spaß zu machen.

Bei unserer Ankunft in Utopia begrüßte uns das Geschrei der Kinder und das Geheul zahlloser ausgemergelter, räudiger Lagerhunde. Der letzte Teil der Reise war fast angenehm gewesen. Wir wanderten. Wir wanderten in breiten ausgetrockneten Wasserläufen über weißen Sand unter riesigen schattigen Eukalyptusbäumen und konnten unsere dampfenden Körper in Wasserlöchern kühlen. Es machte alles wett, was mit den Sätteln, der Ausrüstung und mir schiefgelaufen war – wenn auch auf die harte Weise, aber es war ein Geschenk des Himmels. Ich wußte jetzt, das Umorganisieren und Abändern war eine Riesenarbeit, aber zu bewältigen.

Ich verbrachte einige Wochen in Utopia. Es ist ein schönes, reiches, vierhundertfünfzig Quadratkilometer großes Rinderzuchtgebiet, das die großzügigere Labourregierung den Aborigines überlassen hatte. Entgegen aller negativen Presseberichte verwalteten sie ihr Gebiet sehr gut, obwohl keiner von ihnen darauf hoffen konnte, reich zu werden, da die Einkünfte unter etwa vierhundert Menschen aufgeteilt werden mußten. Ein halbes Dutzend Weiße lebten dort, die Unterricht gaben und sich um die medizinische Versorgung kümmerten. Es war eine der erfolgreichsten Aboriginal-Gemeinden im ganzen Territorium. Es war eine grasbewachsene Ebene mit hohem Buschwerk, verstreuten Seen und dem Sandover River, in dessen breitem weißen Sandbett sich in der Regenzeit ein reißender Strom wälzte.

Ich lebte mit Jenny und Toly in zwei glühenden, silbernen Backöfen, die wir nur mit einem Lachen als Wohnwagen bezeichnen konnten. Das Fiasko der vergangenen Wochen wiederholte sich, allerdings auf einer höheren, subtileren Ebene, die an Panik grenzte. Ich quälte und zappelte mich mit den Sätteln ab, bis ich sie entweder für perfekt oder nutzlos hielt. Die Kamele liefen weg, ich suchte und fand sie wieder. Wenn niemand zusah, übte ich mit meinem protzigen Kompaß. Verwirrt studierte ich topographische Karten und versuchte, nicht an bestimmte medizinische Broschüren zu denken. Ich stellte Listen von Listen von Listen zusammen, die ich immer wieder umschrieb. Und wenn ich etwas tat, was nicht auf einer Liste stand, schrieb ich es sofort auf und hakte es in dem Gefühl ab, wieder etwas erledigt zu haben. Eines Nachts schlafwandelte ich zu Jenny und Toly und fragte, ob ihrer Meinung nach alles gutgehen würde.

Ein mieser Linker kam nach Utopia und beschimpfte mich als bourgeoise Individualistin. «O Gott, nur das nicht ... nur keine bourgeoise Individualistin», dachte ich, als ich mich in meinen Wohnwagen schlich und grübelnd vor dem Spiegel Fingernägel kaute. Für jemand, der sich seit Jahren zu den Linken zählte, war dieser Vorwurf das politische Äquivalent zu einer Geschlechtskrankheit. Ich gehörte nicht zu den politisch Engagierten, auch nicht auf dem Höhepunkt der sechziger Jahre. Ich hatte es zwar versucht, aber mir fehlten zwei fundamentale Eigenschaften: Mut und Überzeugung. Dies hinterließ in mir ein undefinierbares Schuldgefühl – ein Überbleibsel aus der Zeit, als Demonstranten (mich eingeschlossen) mit Transparenten durch die Straßen zogen, auf denen stand, man gehöre selbst zum Problem, wenn man nicht zu seiner Lösung beitrage.

An diesem Nachmittag hatte ich eine lange Sitzung vor dem

Spiegel. Ich versuchte herauszufinden, ob ich wirklich eine bourgeoise Individualistin sei. Wäre mein Vorhaben vielleicht gebilligt worden, wenn ich eine ganze Kompanie mitgenommen und einen Gemeinschaftstrip daraus gemacht hätte? Nein, das wäre nichts anderes als Liberalismus gewesen. Bestenfalls Revisionismus. O mein Gott, man kann es niemandem recht machen.

Na gut, aber was ist eine Individualistin? Bin ich Individualistin, weil ich glaube, mein Leben selbst in die Hand nehmen zu können? Wenn ja, dann war ich tatsächlich eine. Gut ... und bourgeois? «Ein Mensch, der Sicherheit, Bequemlichkeit und Illusion den Risiken und Abenteuern einer Revolution vorzieht.» Ich vermutete, es hing davon ab, wie man Revolution definiert ... und was man unter Sicherheit und Bequemlichkeit verstand. Zumindest war inzwischen ein Teil der Revolution das Bemühen, den wahren Grund für unsere kollektive Verrücktheit herauszufinden. Aber das grenzte schon wieder an Neurose und Paranoia. Und wie jeder wußte, war das bourgeois.

Meine ständige Beschäftigung mit der Frage, ob ich nun zu den Guten oder zu den Schlechten gehörte, ließ in der folgenden Woche allmählich nach. Ich beobachtete mit ausgefahrenen Antennen unseren marxistischen Freund. Er war unglaublich intelligent, sein Gehirn war doppelt so groß und wog doppelt so viel wie ein Kürbis. Einerseits fand ich ihn attraktiv, andererseits flößte er mir Furcht ein. Ich beneidete ihn wahnsinnig um seinen I. Q. und um seine Fähigkeit, die traditionell männliche Sprache der politischen Intelligentsia so einzusetzen, daß er jede Diskussion gewann und sich dadurch mit einer undurchdringlichen Aura von Überlegenheit und Macht umgab. Jeder Zugang zur morbiden inneren Landschaft gehörte für ihn – zumindest traditionsgemäß – in den Bereich der Frau, und den beurteilte er als unproduktiv.

Und da verstand ich natürlich – alles, was nach geistiger Auseinandersetzung aussah, jedes Eingeständnis einer Schwäche, die man als subjektive Nachsicht betrachten konnte, war bourgeois, reaktionär und unpolitisch. Vielleicht liegt es daran, daß es vielen politisch orientierten Männern – ich meine rationale, clevere, intellektuelle, beredte, fähige, engagierte, revolutionäre, verbal aggressive Männer – so schwerfällt, sich dem eigenen Sexismus zu stellen, ihn zu bewältigen oder einzugestehen (ich hatte dieses

Phänomen oft erstaunt beobachtet und darüber nachgedacht). Dies bedeutet, die schmerzhafte Prozedur auf sich zu nehmen, dem Ich nachzugeben, sich nach innen zu wenden und den Feind in sich selbst zu entdecken. Ich wußte, daß es für Frauen sehr wichtig ist zu lernen, sich politisch zu artikulieren, aber nach meiner Ansicht tat es auch den Männern gut, die perzeptive Sprache zu verstehen und zu benutzen, die bis heute allgemein der Frau zugeschrieben wird.

Wie sich herausstellte, hatte unser Freund mit seinen Plänen für Utopia Erfolge, aber auch Mißerfolge zu verzeichnen: erfolgreich waren seine brillanten und realisierbaren Ideen für eine soziale Veränderung. Seine Mißerfolge beruhten darauf, daß er sich den Eingeborenen und ihrer Situation mit missionarischem Eifer näherte. Da er mit seinen politischen Idealen aus Utopia ein Utopia machen wollte, verbaute er sich die Möglichkeit, die wirkliche Situation zu erkennen und zu sehen, was die Menschen dort wollten und brauchten. Wenn seine Beziehung zu den Menschen immer schwieriger und komplizierter wurde, wenn die Älteren ihm nicht trauten oder ihn ablehnten, lief das für ihn nur darauf hinaus, daß sie «reaktionär» waren. Durch seine subtilen verbalen Einschüchterungen verpatzte er sich wertvolle Informationen, die ihm besonders Jenny hätte geben können, die gewöhnlich schwieg, wenn er über die Zukunft der Schwarzen in Utopia sprach. Sie mußte sich wie eine dumme Anfängerin vorkommen, und unser Freund erfuhr nie, welchen Reichtum an Erfahrungen und Ideen sie ihm hätte vermitteln können.

Monate später reiste er geschlagen ab. In einem langen Brief schrieb er mir, er verstehe jetzt, was ich vorhabe, und es sei nicht das schlechteste, auf einem Sandhügel in der Sonne zu sitzen und Nabelschau zu betreiben. Das tat ich mit Sicherheit nicht. Wieder überkam mich dieses häßliche, unterschwellige Gefühl, daß ich mir eine Suppe eingebrockt hatte, die ich nicht auslöffeln konnte. Warum, verdammt nochmal, erregten sich alle so über diesen Trip – im Guten oder im Bösen? Für sie wäre alles in Ordnung gewesen, wenn ich zu Hause geblieben wäre, lustlos studiert, in Spielkasinos gearbeitet, im *Royal Exchange Club* bei einem Drink über Politik geplaudert hätte. Mir wären alle diese erstaunlichen Projektionen erspart geblieben. Unter anderm behaupteten die Leute, ich wolle Selbstmord begehen, für den Tod meiner Mutter büßen, beweisen, daß eine Frau die Wüste durchqueren kann, oder ich suche Publicity. Manche baten mich, sie mitzunehmen, andere fühlten sich bedroht, reagierten neidisch oder begeistert, und wieder andere hielten es für einen Witz. Aus der Reise wurde langsam eine komplizierte Angelegenheit.

In Utopia erhielt ich ein Flugticket nach Sydney und zurück und ein Telegramm von *National Geographic*: «Natürlich sind wir sehr interessiert ...» Ich hatte die ganze Zeit gewußt ... das heißt, eines meiner Ichs hatte gewußt, daß sie meinen Vorschlag akzeptieren würden. Selbstverständlich! Mein Brief war so zuckersüß und zuversichtlich gewesen. Natürlich mußte ich jetzt das Geld annehmen und losmarschieren. Ich hatte keine Wahl. Ich brauchte handgearbeitete Wasserbehälter, einen neuen Sattel, drei Paar robuste Sandalen, ganz zu schweigen von Lebensmitteln und Taschengeld. Aber irgendwo wußte ich, damit fand der Trip, so wie ich ihn geplant hatte, nicht statt. Ich wußte, es war falsch – ein Ausverkauf meiner selbst. Ein dummer, aber unvermeidbarer Fehler. Eine internationale Zeitschrift würde sich einmischen – nein, nicht offenkundig, aber sie hätte ein rechtmäßiges Interesse an der Reise und wurde damit zu einem subtilen Kontrollfaktor, für das, was als persönliche, private Idee begonnen hatte. Es bedeutete auch, daß Rick gelegentlich auftauchen mußte, um Fotos zu machen. Aber diesen Gedanken schob ich sofort wieder beiseite, denn das würde nur dreimal und jedesmal nur für ein oder zwei Tage sein. Seine Anwesenheit würde mich nicht stören. Aber ich wußte, es würde mein ganzes Vorhaben unvermeidlich ändern. Ich wollte allein sein; ich wollte meinen Geist testen, ihm etwas abverlangen und ihn von allen Schlacken säubern. Ich wollte nicht beschützt werden, sondern von allen sozialen Krücken frei sein, außerdem wollte ich von keiner äußeren Einmischung, gut gemeint oder nicht, gehemmt werden. Aber die Würfel waren bereits gefallen. Die praktischen Überlegungen hatten den Sieg davongetragen. Ich verkaufte für viertausend Dollar einen großen Teil meiner Freiheit und einen großen Teil der Integrität meiner Reise. So sah das Fazit aus.

Am Abend vor meinem Flug in den Süden versammelten wir

uns im Wohnwagen, um mich für die Reise auszustaffieren. Jennys Freundin Julie kam auch, und ich veranstaltete in ihren Kleidern eine Modenschau. Ich besaß lediglich alte, ausgebeulte Bowlinghosen, zehn Jahre alte, knallrote Lackschuhe, Hemden, durch die man spucken konnte, Sarongs mit Löchern an den falschen Stellen, abgelaufene Sportschuhe und ein paar Kleider, die vor Kameldreck stanken. Wir waren uns darüber einig, daß diese Kleidung für eine Konferenz mit den Bossen von *National Geographic* in einem pikfeinen Hotel etwas zu authentisch wäre. Sie könnten auf die Idee kommen, ich sei ein zu großes Risiko, ein bißchen zu ausgeflippt. Ich verhübschte mich mit engen Jeans und eleganten hochhackigen Selbstmörderstiefeln. Mein Selbstvertrauen wuchs dadurch nicht. Ich raffte meine Karten zusammen, klemmte sie mir eindrucksvoll und gewichtig unter den Arm, um kompetent und vorbereitet zu wirken. Dabei realisierte ich, daß ich über das Land nicht allzuviel wußte, das ich durchqueren wollte. Ich beschloß, peinliche Fragen mit vorgetäuschtem Wissen zu beantworten.

Ich litt während dieser Generalprobe. Meine Freundinnen schlugen die Hände über dem Kopf zusammen und stöhnten theatralisch. Ich hatte noch nicht einmal eine zusammenhängende Route ausgearbeitet. Und ich litt. Ich litt die ganze Zeit ... auf dem Flug nach Sydney, während der zwei Stunden mit Rick, bis zu dem Moment, als ich die Bar betrat, um diese außergewöhnlichen Amerikaner zu treffen, die mir Geld für nichts geben wollten ... unter der schweißtreibenden, Übelkeit erregenden Examensangst, und dann mimte ich die kühle, zuvorkommende kleine Miss, die-ganz-genau-weiß, was-sie-tut, und-sie-können-froh-sein, wenn-sie-überhaupt-etwas-bekommen. Das Gespräch dauerte fünfzehn Minuten. Und alle stimmten darin überein, das sei eine faszinierende Idee, und offensichtlich wisse ich sehr viel über das Land, und ja natürlich, *Geographic* würde den Scheck sehr bald schicken, und wie nett war es doch, Sie kennenzulernen, und wir freuen uns, Sie in Washington zu sehen, wenn Sie Ihre Geschichte bei uns schreiben. Und es würde doch auch ein wunderbares Buch geben. Haben Sie schon daran gedacht, ein Buch darüber zu schreiben. Viel Glück und Auf Wiedersehen.

«Rick, du willst mir doch nicht erzählen, daß sie Ja gesagt haben?»

«Jawohl, sie haben Ja gesagt.»

«Rick, ich soll dir glauben, daß es so einfach ist?»

(Er lachte) «Du warst großartig. Wirklich. Du hast überhaupt nicht ängstlich ausgesehen.»

Mein hysterisches Gegacker hielt etwa zwei Stunden an. Ich schwebte in den Wolken. Mich trugen metaphorische Flügel. Meine Reise war Wirklichkeit geworden. Ich hatte das letzte Hindernis mit fliegenden Fahnen genommen. Ich jubelte und schlug Rick auf den Rücken. Ich trank Cocktails und gab Trinkgelder. Ich strahlte Fahrstuhlführer an und überraschte die Zimmermädchen im Hotel mit einem fröhlichen Hallo. Ich schlenderte beschwingt wie eine Millionärin über King' s Cross. Und dann brach ich langsam, ganz langsam in mich zusammen .... Mir ging wie einem Fahrradreifen mit einem winzigen Loch die Luft aus.

Was hatte ich getan?

Der Stimmungsumschwung verschlug Rick die Sprache – innerhalb einer Stunde von den höchsten Höhen des strahlenden Erfolgs hinunter in die finstersten Abgründe des schrecklichsten Zweifelns und der Selbstverdammung. Rick versuchte, mich zu trösten. Rick versuchte, mich zu beruhigen. Rick versuchte, vernünftig mit mir zu reden. Aber wie konnte ich ihm beibringen, daß er ein Teil des Problems war. Wie konnte ich ihm sagen, daß er zwar ein netter Kerl sei, mit dem ich mich gern unterhielt, aber ich legte keinen besonderen Wert darauf, ihn oder seine Nikons und schon gar nicht seine hoffnungslos romantischen Neigungen auf meinem Trip dabeizuhaben. Mit miesen Typen komme ich gut zurecht, aber nette Leute bringen mich aus dem Gleichgewicht. Kann man einem netten Menschen erklären, man wünsche, er sei tot oder niemals geboren? Ihm sagen, daß man wünscht, er möge sich in das nächste Loch verkriechen und dort seinen Geist aushauchen. Nein, das kann man nicht. Aber man kann ihm sagen, es wäre besser, wenn das Schicksal uns nicht zusammengeführt hätte. Rückblickend muß ich mir eingestehen, ich hätte in Rick nie einen Menschen sehen dürfen. Ich hätte ihn nur als eine notwendige, gefühllose Maschine, als eine Kamera sehen dürfen. Aber das tat ich nicht. Rick war, ob ich wollte oder nicht, ein Teil und eine Belastung meines Trips geworden. Und ich hätte mich ohrfeigen können, daß ich es zuließ. Ich hätte sofort die Grenzen abstecken und erklären müssen: «Rick, du kannst dreimal rauskommen und drei oder vier Tage bleiben, und ich möchte, daß du dich so wenig wie möglich einmischst. Und das ist alles.» Aber wie gewöhnlich ließ ich den Dingen ihren Lauf. Mein Kopf und mein Wille verschoben auf morgen, was heute hätte getan werden müssen. Ich sagte nichts.

Rick war bei den Vorbereitungen nicht dabei gewesen. Er wußte nicht, daß ich ein ebenso schwaches Menschenkind war wie alle anderen. Er verstand auch nicht, warum ich diesen Trip machen wollte, und deshalb projizierte er seine eigenen emotionalen Bedürfnisse darauf. Die Romantik, der Zauber dieses Abenteuers faszinierte ihn – eine Nebenwirkung, die ich nicht einkalkuliert hatte, aber bei vielen Leuten, sogar bei meinen besten Freunden, beobachten konnte. Rick wollte das großartige Ereignis, wie ich mich von Punkt A zu Punkt B schleppe, dokumentieren. Ich merkte bald, daß es ein Fehler gewesen war, sich für Rick zu entscheiden. Ich hätte mir einen harten, abgebrühten, typischen Fotografen aussuchen sollen, den ich ohne Gewissensbisse gemein, bösartig und grausam behandeln konnte. Neben seiner ausgesprochen liebenswerten Art besaß Rick die herausragende Eigenschaft der Naivität: eine Art introvertierte Sanftheit, etwas Zerbrechliches und ein Einfühlungsvermögen, das bei Männern kaum zu finden ist – und schon gar nicht bei erfolgreichen Fotografen. Ich mochte ihn. Ich merkte, daß er diesen Trip vermutlich genauso brauchte wie ich. Und darin lag die Belastung: Anstatt mich von jeglicher Verantwortung gegenüber Menschen zu befreien, war ich offensichtlich dabei, mir eine schwere Verantwortung aufzuladen. Ich fühlte mich beraubt.

Mit widerstreitenden Gefühlen flog ich nach Alice Springs zurück. War ich in diesem Punkt vielleicht überempfindlich? Warum sollte ich andere an meinem Trip nicht teilhaben lassen? War ich ein egoistisches, verwöhntes kleines Kind? Oder vielleicht wirklich eine bourgeoise Individualistin? Plötzlich kam es mir vor, als gehöre dieser Trip allen anderen, nur nicht mir. Mach dir nichts draus, redete ich mir zu, wenn du Alice Springs verläßt, ist alles vorbei ... keine lieben Menschen, um die man sich sorgen muß, keine Fesseln, keine Pflichten, keine Leute, die einen so oder anders haben wollen, keine scherzhaften Fragen, keine Politik – nur du und die Wüste, Baby! Ich schob alles in die dunkelsten Winkel meines Gehirns, wo es verfaulen und verwesen sollte.

Ich geriet in eine gewaltige Überschwemmung. Die zweihundertdreißig Kilometer nach Utopia waren ein einziger wirbelnder roter Strom, und ich versuchte zweimal, mit dem Landrover durchzukommen.

Die letzten zehn Kilometer watete ich bis zu den Hüften in Wasser und schaffte es schließlich. Wenn es da draußen regnet, regnet es wirklich. Die Kamele waren wieder einmal verschwunden, und bei diesem Regen konnte ihnen niemand folgen. Wir warteten ein paar Tage. Wir verfolgten ihre Spuren mit dem Auto und entdeckten sie schließlich hoch oben auf einem Hügel. Sie waren völlig durcheinander und vor Angst fast von Sinnen. Kamele sind im Schlamm hilflos. Ihre Füße sind nicht dafür geeignet. Sie bleiben im Schlamm stecken, oder die Füße rutschen unter ihnen weg, und dabei können sie sich das Becken brechen. Schlammwüsten machen sie hilflos.

Außerdem waren sie nicht zu Hause, und ich glaube, sie empfanden das in solchen Situationen ganz besonders. Sie hatten sich auf den Weg nach Süden gemacht – zurück nach Alice Springs.

Ich erhielt den Scheck und setzte den Tag meines Aufbruchs fest. Bei Sallay gab ich einen traditionellen afghanischen Packsattel in Auftrag. Ich kaufte Ausrüstungsgegenstände und Lebensmittel. Ich arrangierte den Rücktransport der Kamele nach Alice Springs. Meine Familie schrieb, sie wollten mich zum Abschied noch einmal besuchen. Ich bekam Geschenke für die Reise. Alle, aber alle nahmen mit wachsender Erregung an meinem Trip Anteil. Es schien, als hätten wir alle zwei Jahre lang ein Spiel gespielt, aus dem jetzt Ernst wurde, oder als hätten wir gemeinsam einen Traum geträumt, aus dem wir gerade erwachten und feststellten, daß er zur Wirklichkeit geworden war. In gewisser Hinsicht waren die Vorbereitungen der wichtigste Teil des Abenteuers gewesen. Seit dem Tag, an dem ich den Gedanken faßte, ich werde mit Kamelen durch die Wüste ziehen, bis zu dem Tag, an dem ich wußte, die Vorbereitungen sind abgeschlossen, hatte ich mir ein undefinierbares, fast magisches Etwas aufgebaut, das ein bißchen auf die anderen abfärbte. Wahrscheinlich würde ich nie wieder die Gelegenheit haben, so etwas Herausforderndes und Befriedigendes zu tun.

Ich brachte die Kamele mit dem Lkw auf die Ranch zurück. Es gab inzwischen dort neue Besitzer, die mir gerne erlaubten, die Tiere ein paar Tage unterzubringen. Da Dookie, Bub und Goliath einen Viehwagen noch nicht kannten, ließen sie sich ohne Schwierigkeiten verladen. Zelly kam als Letzte, weil ich wußte, sie würde scheuen. Ich rechnete aber damit, daß sie den anderen schließlich folgen würde. Als ich es geschafft hatte, atmete ich erleichtert auf. Ich hatte noch nie Kamele verladen und wußte deshalb nicht, ob ich sie festbinden sollte oder nicht. Ich bestreute den Boden mit Sand und sah im Geist gebrochene Kamelbeine durch die Gitterstäbe ragen. Wir waren noch nicht einmal zehn Kilometer gefahren, als Dookie beschloß, er sei lange genug mit neunzig Stundenkilometern in einem Lastwagen über holprige Straßen geschaukelt worden, und er versuchte, herauszuspringen. Hoooops. Den Rest der Fahrt verbrachte ich auf dem Dach des Führerhauses, schlug ihm abwechselnd auf den Kopf, schrie: «Whoosh, Whoosh!», streichelte dann wieder seinen schweißbedeckten Hals und übertönte das Pfeifen des Windes mit beruhigenden Zurufen: «Sei ganz ruhig, kleines Kamel. Bald ist alles vorbei! Hör jetzt bitte auf zu brüllen! Ja, so ist es brav!»

«AAAAHHHHHHHhhhhhhhhh! WHOOSH! WHOOSH, DU BASTARD!»

Als wir am Ziel ankamen, hatten die Kamele Dünnpfiff ... und ich auch. Ich hatte mir eine Woche in Alice Springs gegeben, um die allerletzten Kleinigkeiten zu erledigen. Dazu gehörte, die fünfzehnhundert Pfund Gepäck zusammenzutragen, den Sattel bei Sallay abzuholen, ihn auszuprobieren und alle frischen Lebensmittel zu kaufen.

Es bedeutete auch, eine Woche mit meiner Familie zusammen zu sein, die ich über ein Jahr lang nicht gesehen hatte. Mit Rick mußte ich absprechen, wann und wie er mich auf der Strecke treffen würde, und ich mußte pausenlos «Auf Wiedersehen» sagen. Kurz gesagt, es war eine Woche schlimmster Hektik.

Rick kam beladen mit den wahnwitzigsten Dingen unter der Sonne. Die Leute in Melbourne, von denen er den Landrover kaufte, rochen den Braten schon einen Kilometer gegen den Wind. «Hey Jungs, den können wir ausnehmen!» Sie drehten ihm alles an, was es an Rettungsgeräten überhaupt gab – angefangen bei einer Winde von der Größe eines Elefanten bis zu einem aufblasbaren Schlauchboot mit Paddeln, das sich im Lauf einer halben Stunde sicher auch aufblasen ließ.

«Rick, um Himmels Willen ... was soll DAS denn?»

«Na ja, die haben mir erzählt, da draußen kann es plötzlich Wolkenbrüche und Überschwemmungen geben ... und da habe ich es vorsichtshalber gekauft. Ich weiß es auch nicht ... ich war noch nie in der Wüste.»

Wir waren gerade alle bei Sallay. Wir wälzten uns vor Lachen auf dem Boden, deuteten mit dem Finger auf Rick und zogen ihn unbarmherzig auf.

Außerdem hatte er mir ein Funkradio und einen riesigen, glänzenden, komischen Apparat mitgebracht, der wie ein verchromtes Trimmfahrrad für Übergewichtige aussah.

«Richard, ich werde dreißig Kilometer am Tag laufen. Glaubst du wirklich, ich brauche ein Trimmfahrrad?»

Ich wollte kein Funkradio, und schon gar nicht dieses Trimmrad. Es war ein Generator, für den Fall, daß die Radiobatterien ausfielen. Man stelle sich das einmal vor, mutterseelenallein in der Wüste zu sitzen, wie eine Verrückte in die Pedale zu treten und «Hilfe!» in ein Mikrophon zu rufen. Ich käme mir richtig lächerlich vor.

Durch meine Weigerung, weder den einen noch den anderen Apparat mitzunehmen, entstand eine Diskussion, zu der alle Argumente beitrugen, wie: «Aber das mußt du doch!», oder: «Wenn du das nicht tust, kann ich keine Nacht ruhig schlafen!», oder: «Aber Liebling!», oder: «Und wenn du dir ein Bein brichst?», oder: «Bitte nimm es mit Rob, tu uns den Gefallen. Nur damit wir beruhigt sein können.»

Emotionale Erpressung.

Ich hatte lange und intensiv über ein Radio nachgedacht und war zum Schluß gekommen, es sei irgendwie nicht richtig, eins mitzunehmen. Es gehörte nicht dazu. Ich brauchte es nicht. Es sollte mich nicht verführen können. Ich wollte diese geistige Krücke, diese physische Verbindung zur Außenwelt nicht. Vermutlich war das lächerlich, aber ich empfand es eben so.

Mißmutig fand ich mich schließlich mit dem Funkradio ab, weigerte mich aber entschieden, den Tretapparat mitzunehmen. Ich war wütend auf mich, weil ich anderen erlaubte, mich davon abzuhalten, die Dinge so zu machen, wie ich es wollte – aus welchem Grund auch immer. Und ich war wütend auf mein zweites Ich, diesen langweiligen, zweckmäßigen Selbsterhaltungstrieb, der mir riet: «Nimm es, nimm es. Sei doch nicht blöd, du willst doch da draußen nicht sterben!»

Es war wieder ein winziges Symbol der Niederlage und dafür, daß der Trip immer weniger mein Trip war. Ich verdrängte es wie alles andere.

Unterdessen beobachtete ich meine Familie: meinen Vater und meine Schwester. Es schien, als seien wir schon immer mit unsichtbaren Stricken und Ketten aneinander gefesselt, an denen wir uns wund gescheuert und gegen die wir gekämpft hatten. Jedesmal wenn wir glaubten, uns befreit zu haben, mußten wir feststellen, daß sie so unzerreißbar waren wie immer. Seit dem Tod meiner Mutter lastete ein Schuldgefühl auf uns, und wir hatten das überwältigende Bedürfnis, uns gegenseitig zu beschützen – meist vor uns selbst. Das wurde natürlich nie ausgesprochen. Es wäre zu grausam gewesen. Alte Wunden wären aufgebrochen. Es war uns auch tatsächlich gelungen, das Schuldgefühl zu begraben, es hinter etablierten Verhaltensweisen zu verstecken. Und wenn manchmal bei einem von uns unter dem Druck etwas an die Oberfläche kam, fanden wir schnell Erklärungen, die nicht verletzten, die beschützten und alles wieder zudeckten. Aber diesmal lag in den blauen Augen und im Ausdruck der drei ähnlichen Gesichter ein bestimmtes Wissen, das um Anerkennung plädierte und bettelte. Es war wie Elektrizität. . .das Bedürfnis, einen Geist zu begraben, ehe es zu spät war (d. h. bevor ich in der Wüste verschwand). Es tat weh. Wir wollten nicht noch einmal denselben Fehler begehen. Nicht noch einmal zuviel ungesagt lassen. Wir wollten wenigstens versuchen, das Unausgesprochene auszusprechen.

Zu dieser Zeit führten meine Schwester und ich verschiedene Leben. Sie war verheiratet und hatte vier Kinder. Wir schienen so unterschiedlich zu sein wie Himmel und Erde. Aber wir waren uns so nahe, wie es nur Geschwister sein können, die eine traumatische Jugend zusammen verlebt haben. Zwischen uns war die Verschwörung am lebendigsten; wir bekannten uns zu ihr und akzeptierten sie. Die Aufgabe, die Pflicht, Pop zu beschützen, ihm um jeden Preis Schmerzen zu ersparen. Seltsamerweise verbrachten wir die meiste Zeit damit, genau das Gegenteil zu tun.

Ich studierte unsere Reaktionen. Ich sah, wie seine Augen feucht wurden, wenn er glaubte, daß niemand es bemerkte, oder irritiert zur Seite blickte, wenn er sich beobachtet fühlte, und ich ahnte dunkel, wieviel emotionale Hochspannung diesen Trip begleitete. Ich sah langsam, wieviel mein Abenteuer ihm bedeutete und wieviel Kraft es ihn kosten würde. Nicht nur, weil er stolz darüber war (er hatte zwanzig Jahre in Afrika verbracht und in den zwanziger und dreißiger Jahren das Leben eines viktorianischen Forschers geführt und das Land durchquert. Er konnte sich nun sagen: Sie ist aus dem gleichen Holz geschnitzt), auch nicht nur, weil er Angst um mich hatte, sondern weil durch meine Geste die Familie von all dem dummen bedeutungslosen Schmerz symbolisch freigesprochen werden konnte ... die Vergangenheit endgültig begraben werden konnte. Als sei ich in der Lage, sie für uns alle in die Wüste zu führen.

Das ist alles nur eine Vermutung. Aber für mich war diese Zeit unerträglich traurig. Es lag etwas Schmerzliches in der Luft. Wir verbargen es wie immer hinter unseren Rollen und Verhaltensweisen, die jetzt allerdings ein bißchen unsicher und durchschaubarer waren – und hinter unseren Witzen.

Sallay bot mir an, die Kamele mit dem Transporter nach Glen Helen zu bringen – eine gewaltige rote Sandsteinschlucht, hundertdreißig Kilometer westlich von Alice Springs. Auf diese Weise konnte ich die Asphaltstraßen, die Touristen und die Neugierigen aus der Stadt umgehen. Wir wollten uns in der Morgendämmerung auf dem Verladeplatz treffen. Pop und ich standen um drei Uhr morgens auf und brachten die Kamele hin. Es war noch dunkel, und wir redeten nicht viel. Wir genossen das Mondlicht, die nächtlichen Geräusche und unser Zusammensein.

Ungefähr nach einer halben Stunde sagte er: «Weißt du, Rob, heute nacht hatte ich einen seltsamen Traum ... über dich und mich.» Ich konnte mich nicht daran erinnern, daß Pop mir je so etwas Persönliches wie einen Traum erzählt hatte. Ich wußte, daß ihm das schwerfiel. Ich legte ihm den Arm um die Schulter.

«Ja? Was denn?»

«Wir segelten zusammen in einem wunderschönen Boot auf einem tropischen, türkisblauen Meer. Wir waren sehr glücklich, und wir fuhren irgendwohin. Ich weiß nicht mehr wohin; aber wir fuhren an einen schönen Ort. Und dann waren wir plötzlich auf einer Schlickbank oder besser auf einem Schlammeer, und du hattest große Angst. Aber ich sagte zu dir: ‹Liebling, mach dir keine Sorgen. Wenn wir auf dem Wasser fahren, können wir auch auf Schlamm fahren›.»

Ich fragte mich, ob der Traum für ihn die gleiche Bedeutung wie für mich hatte. Aber das war eigentlich egal. Es reichte, daß er ihn mir überhaupt erzählt hatte. Danach sprachen wir kaum noch.

Die Nacht in der Glen Helen Schlucht verlief völlig normal. Sallay servierte uns Chapaties, Iris brachte uns zum Lachen, Pop und ich machten Spaziergänge, die Kinder ritten auf den Kamelen, Marg und Laurie, meine Schwester und mein Schwager, wünschten, sie könnten mehr Zeit im Busch verbringen, und Rick machte Fotos. Zu meiner großen Überraschung schlief ich sofort ein.

Aber wie anders war der Morgen. Wir wachten alle mit verkrampftem und gezwungenem Lächeln auf, das sich bald in versteckte und dann in offene Tränen verwandelte. Sallay belud die Kamele für mich, und ich konnte nicht fassen, daß ich soviel Zeug dabei hatte, und schon gar nicht, daß alles oben bleiben würde. Es war einfach lächerlich. Angst und Aufregung schnürten mir die Kehle zu und drückten mir auf den Magen. Ich wußte, sie hatten alle das dumpfe, niederschmetternde Gefühl, daß sie mich nicht lebendig wiedersehen würden. Und ich hatte die dumpfe Gewißheit, daß ich noch am selben Tag von Redbank Gorge die Nachricht funken würde: «Habe auf den ersten fünfundzwanzig Kilometern alles vermasselt. Bitte abholen.»

Josephine fing an zu heulen, daraufhin begannen bei Andree die Tränen zu fließen, danach bei Marg und dann bei Pop. Es gab Umarmungen, «alles Gute», und Sallay warnte: «Paß auf die Kamelhengste auf, wie ich dir gesagt habe...», zaghaftes Schulterklopfen. Marg blickte mir tief in die Augen: «Du weißt doch, daß ich dich liebe», Iris winkte und dann winkten sie alle. «Auf Wiedersehen, Liebling! Auf Wiedersehen, Rob!» Ich nahm mit kalten, zittrigen und feuchten Händen die Nasenzügel und wanderte den Hügel hinauf.

«Ich gehe, erhebe Herz und Augen zu all der Herrlichkeit und Pracht des Himmels.»

Ich konnte mich nicht erinnern, wie es weiterging, aber die Worte schwirrten wie ein Werbeslogan oder ein Abba-Lied durch meinen Kopf. So fühlte ich mich. Ich schien aus einer feinen, hellen, leichten, musikalischen Substanz zu bestehen. In meiner Brust spürte ich eine Kraft, die jeden Moment explodieren konnte, und Tausende singende Vögel würden sich in die Luft schwingen.

Alles was mich umgab, war herrlich: Licht, Macht, Raum und Sonne. Ich marschierte mitten hinein. Ich überließ mich den Gewalten. Sie würden mich zermalmen oder zu neuem Leben erwekken. Eine schwere Last fiel mir von der Seele. Ich hätte am liebsten getanzt und den großen Geist angerufen. Ich wollte Berge versetzen. Der Wind brauste in den Schluchten. Ich folgte den Adlern, die an wolkigen Horizonten schwebten. Ich wollte in das grenzenlose Blau fliegen. Es war, als sähe ich alles zum erstenmal. Alles strahlte im Glanz von Licht und Freude. Rauchschwaden schienen sich gehoben zu haben, ich sah alles mit neuen Augen. Ich wollte der Weite zurufen: «Ich liebe dich! Ich liebe dich ... Himmel, Vogel, Wind und Felsen! Ich liebe dich ... Sonne, Raum und Wüste, Wüste, Wüste.»

Klick.

«Hallo, wie geht's? Ich habe von dir ein paar großartige Fotos beim Abschied gemacht.» Rick saß bei geschlossenen Fenstern im Auto, hörte Jackson Browne und wartete darauf, daß ich um die Biegung kam. Ich hatte ihn beinahe vergessen. Ich stürzte auf die Erde zurück. Meine grandiosen Gefühle zersprangen in tausend Scherben; übrig blieb nur die Realität.

Ich mußte mich um die Kamele kümmern. Dookies Last war verrutscht. Zeleika zog am Nasenzügel, um zu sehen, wo Goliath war. Goliath zerrte an seiner Leine, die ich an Bubs Sattel festgebunden hatte. Er wollte zu seiner Mutter und riß dabei beinahe den Sattel herunter.

Rick machte Hunderte von Fotos. Zuerst fühlte ich mich dabei unwohl und war kamerascheu. Die eitle leise Stimme in mir, die sagte: «Zeig deine Goldfüllung nicht beim Lächeln!» oder: «Achte auf dein Doppelkinn!», war bald besiegt. Angesichts der zahllosen Filme, die verschossen wurden, konnte ich mich unmöglich stän-

Mancher, der ein Buch liest, murrt ...

... wenn er Werbung findet, wo er Literatur suchte. Reklame in Büchern!!!? Warum nicht auch zwischen den Akten in Bayreuth oder neben den Gemälden in der Pinakothek?

«Rowohlts Idee mit der Zigarettenreklame im Buch (finde ich) gar nicht anfechtbar, vielmehr sehr modern. Hauptsache, es hat Erfolg und nützt dem Buch, was die deutsche Innerlichkeit dazu sagt, ist allmählich völlig gleichgültig, die will ihren Schlafrock und ihre Ruh und will ihre Kinder dußlig halten und verkriecht sich hinter Salbadern und Gepflegtheit und möchte das Geistige in den Formen eines Bridgeclubs halten – dagegen muß man angehen ...»

Das schrieb Ende 1950 – Gottfried Benn.

An Stelle der «Zigarettenreklame» findet man nun in diesen Taschenbüchern Werbung für Pfandbriefe und Kommunalobligationen. «Hauptsache, es hat Erfolg und nützt dem Buch.» Und es nützt auch dem Leser. (Für die Jahreszinsen eines einzigen 100-Mark-Pfandbriefs kann man sich beispielsweise ein Taschenbuch kaufen.)

dig unter Kontrolle halten. Die Kamera schien allgegenwärtig zu sein. Ich versuchte, sie zu vergessen, was mir beinahe gelang. Rick forderte mich nicht auf zu posieren, und er arrangierte auch nichts. Aber einfach durch seine Anwesenheit und durch die Kamera, die die Eindrücke isolierte und aufzeichnete und ihnen eine andere Bedeutung gab, wurde mein Verhalten gekünstelt; ich verlor meine Spontaneität, als hätte ich meinen Rhythmus verloren. Klick, der Beobachter. Klick, beobachtet. Was man zu ihren Gunsten auch sagen kann – Kameras und Jackson Browne paßten einfach nicht in die Wüste. Von diesem Moment an sah ich in Rick zwei Wesen: einmal den blutsaugenden Schmarotzer, der sich durch seine Liebenswürdigkeit in mein Leben eingeschlichen und mich mit materiellen Dingen korrumpiert hatte. Aber andererseits hatte ich es mit einem sehr warmherzigen, sanften Menschen zu tun, der mir wirklich helfen wollte, den die Aussicht auf ein Abenteuer in Aufregung versetzte, der seine Arbeit gut machen wollte und der sich um mich sorgte.

Es wurde immer heißer. Dookies Packen verrutschte immer wieder. Ich mußte pausenlos anhalten, um ihn festzuzurren. Vom ewigen Umdrehen nach den Kamelen hatte ich schon einen steifen Hals. Der gute Geist war entschwunden und hatte mich mir selbst überlassen. Schon gut: Die Gewalten würden mich zermalmen oder zu neuem Leben erwecken. Ich wußte so wenig. Wie absurd zu glauben, daß ich die dreitausend Kilometer bis zum Meer unversehrt überstehen würde. Richtige Jahreszeit oder nicht, die Wüste ist kein Tummelplatz für eine Dilettantin. Ich kämpfte gegen diese Gefühle an und redete mir ein, mich erwarte nur eine Serie von Schritten, von Tagen, einer nach dem anderen. Wenn an einem Tag alles gutging, warum sollte es am nächsten nicht genauso sein? Punkt aus!

Ich hatte mich mit Jenny, Toly und ein paar Freunden am Redbank Gorge verabredet. Bis Areyonga, eine hundertzehn Kilometer entfernte Eingeborenensiedlung, würde das der letzte menschliche Kontakt sein. Ich kam völlig erschöpft an. Dreißig Kilometer zu gehen, ist eine Sache, wenn man aber dabei so verkrampft ist, daß sich die Muskeln dabei zu Stein verhärten, ist es etwas ganz anderes.

Wir verbrachten die Nacht und den ganzen nächsten Tag an diesem unbeschreiblich schönen Platz. Wir kampierten auf silbrigem

Sand in der Nähe des Eingangs der mit Wasser gefüllten Schlucht. Ricks Schlauchboot kam uns sehr gelegen. Wir verstauten die Kameraausrüstung in dem Boot und schwammen durch das schwarze, kristallklare, eiskalte Wasser der kilometerlangen Schlucht. An einigen Stellen war sie kaum einen Meter breit. Bis zu dreißig Metern und mehr erhoben sich die roten und schwarzen Steilwände aus dem Wasser. Dann öffneten sie sich zu einer düsteren Höhle oder Klamm. Die Sonne warf ihre gelben Strahlen wie Speere in das grüne, durchsichtige Wasser. Rick schaffte als einziger die anderthalb Kilometer bis zu dem sonnigen Felsen am anderen Ende der Schlucht. Am winzigen Strand eines Höhlenbassins machten wir aus Treibholz ein Feuer, damit er sich auf dem Rückweg nicht zu sehr unterkühlte. Er fuhr an diesem Abend nach Alice Springs zurück und setzte sich ins Flugzeug, um zu seinem nächsten Auftrag in der großen weiten Welt zu jetten. Wir wollten uns in drei Wochen am Ayers Rock wieder treffen, da *National Geographic* auf einer ausführlichen Bildreportage über das berühmte australische Wahrzeichen bestanden hatte. Ich dachte verärgert daran, daß ich ihn so bald schon wiedersehen sollte.

Am nächsten Morgen verbrachte ich zwei entmutigende Stunden damit, alles wieder auf die Kamele zu packen. Ich wußte, ich hatte viel zuviel Zeug mit. Aber zu dem Zeitpunkt war ich sicher, ich würde alles benötigen.

Bub trug vier Kanister mit Wasser für die Kamele. Jeder wog fünfzig Pfund. Darüber lagen vier Segeltuchtaschen mit Lebensmitteln, allen möglichen Werkzeugen, Ersatzglocken, Ersatzleder, Kleider, Moskitonetz, Planen, um die Ausrüstung bei Regen abzudecken, etc. Ich zurrte mein Bündel am Sattel fest. Zeleika trug viel weniger als die beiden anderen, da sie ihre Kraft brauchte, um das Fohlen zu ernähren. Zwei handgefertigte Zwanzigliter-Behälter mit Wasser paßten in die vordere Hälfte ihres Sattels. Dahinter hingen an einer Stange zwei Blechkisten, in denen ich Lebensmittel und alle möglichen Gegenstände verstaut hatte, die ich zum Übernachten brauchte, zum Beispiel eine Kerosinlampe und die Kochutensilien. Die schönen Ziegenledertaschen lagen über den Wasserbehältern, und ganz oben waren Diggitys Hundekuchen festgeschnürt. Dookie mußte als stärkstes Tier am meisten tragen. Vier Wasserbehälter, einen riesigen Sack mit Orangen, Zitronen, Kartoffeln, Knoblauch, Zwiebeln, Kokosnüssen und Kürbissen, zwei große Ledertaschen mit noch mehr Werkzeug und Krimskrams, dazu zwei Segeltuchtaschen mit Kassettenrecorder und dem ungeliebten Funkradio. Am hinteren Teil des Sattels hing ein Zwanzigliter-Eimer mit Waschutensilien. Alle Kamele trugen außerdem noch Ersatzleinen, Gurte, Fußfesseln, Halfter, Schaffelle usw. Das Ganze war sicher mit Stricken verschnürt, die am Sattelrahmen festgebunden waren.

Ich legte mein Kissen auf Bubs Sattel, um bequem reiten zu können. Das Gewehr und eine kleine Tasche mit solchen Kostbarkeiten wie Zigaretten und Geld hing vorne an seinem Sattel. Die Landkarten (topographische Karten im Maßstab eins zu zweihundertfünfzigtausend) steckte ich in eine Röhre und verstaute sie in Bubs Sattel. Den Kompaß trug ich um den Hals. Um die Taille hatte ich mir ein Messer gebunden, und in der Tasche steckten einige Ersatznasenzügel. Hmmmm. Nur zweieinhalb Stunden für fünfzehnhundert Pfund. Ich würde den ganzen Trip damit verbringen, Gepäck auf- und abzuladen.

Ich beschloß, Bub nach vorne zu nehmen, da er den besten Reitsattel hatte, falls ich mir die Füße wundlief. Da er der Schreckhafteste war, wollte ich ihn unter Kontrolle haben. Dann kam Zeleika. So konnte ich ihren Nasenzügel im Auge behalten und mit ihr schimpfen, wenn sie daran zerren würde. Dookie war der letzte – eine Kränkung und eine Schmach, die er kaum ertragen konnte. Goliath ließ ich frei laufen, damit er zwischendurch fressen konnte. Wie Sallay geraten hatte, wollte ich ihn nachts an einen Baum binden. Dadurch würde sich die Gefahr verringern, daß die Kamele nachts verschwanden, wenn sie Futter suchten. An seinem Halfter baumelte ein Strick, damit ich ihn jederzeit leicht einfangen konnte.

Ich hatte es geschafft. Ich war allein. Wirklich und endlich. Jenny, Toly, Alice Springs, Rick, *National Geographic*, Familie und Freunde... alles verflüchtigte sich, als ich mich zum letztenmal umdrehte. Der frühe Morgenwind wehte und pfiff um mich herum. Ich fragte mich, welches mächtige Schicksal mich in diesen Moment erleuchteten Wahnsinns geführt hatte. Die letzte brennende Brücke zu meinem alten Ich brach zusammen. Ich war allein.

Zweiter Teil
Lasten abwerfen

6

Ich erinnere mich nur noch, daß ich am ersten Tag des Alleinseins große Erleichterung empfand. Während ich dahinstapfte, spürte ich ein wachsendes, ungetrübtes Selbstvertrauen. Ich hielt Bubs Nasenzügel in der verschwitzten Hand, und die Kamele folgten mir wohlerzogen in einer Reihe – Goliath als Schlußlicht. Das monotone Klingeling ihrer Glocken, das leise Knirschen des Sandes unter meinen Füßen und das dünne Zwitschern der Schwalben waren die einzigen Geräusche. Sonst war die Wüste still.

Ich wollte eine wenig benutzte Route gehen, die irgendwann auf die Hauptstraße nach Areyonga stieß. In Australien entstehen Überlandwege dadurch, daß die Fahrzeuge immer wieder den Spuren ihrer Vorgänger folgen; wenn man Glück hat, wurde die Route anfänglich einmal von einem Bulldozer planiert. Mitunter sind diese Wege zerfurchte, gut erkennbare und oft benutzte Straßen voller Kuhfladen; dann wieder kann man sie kaum in der Landschaft entdecken, wenn man auf einem Hügel steht und in die Richtung blinzelt, in der man die Route vermutet. Manchmal erkennt man einen Weg nur an den blühenden wilden Blumen, die am Wegrand dichter stehen oder einer anderen Art angehören als die übrigen. Manchmal erkennt man den Weg nur am Geröll, das der Bulldozer vor Ewigkeiten an den Seiten aufgetürmt hat. Die Route windet sich vielleicht um und über Hügel, führt über Bergkämme und Felsausläufer geradewegs in Sanddünen, verliert sich in ausgetrockneten sandigen Flußläufen, in einem steinigen Bachbett oder sie verwandelt sich in ein Labyrinth von Tierspuren. Meist ist es leicht, einem solchen Weg zu folgen, manchmal frustrierend und gelegentlich ausgesprochen beängstigend.

In einer Gegend mit Rinder– und Schaffarmen wird die Sache meist besonders verwirrend, weil man glaubt, die vielen Spuren führen irgendwohin. Oft ist dies aber nicht der Fall, da die Farmer anders darüber denken. In einer solchen Situation muß man sich entscheiden. Man steht vor einem halben Dutzend Spuren, die alle in etwa die richtige Richtung weisen, im Lauf des letzten Jahres benutzt wurden, aber auf der Karte nicht eingezeichnet sind. Für welchen Weg entscheidet man sich? Der falsche endet vielleicht nach zehn Kilometern in der Landschaft, und man muß die ganze Strecke zurückgehen. Dann ist ein halber Reisetag im Eimer. Vielleicht landet man aber auch an einer verlassenen, wasserlosen Windmühle und einem Bohrloch, oder peng, man steht plötzlich vor einem neuen Zaun. Folgt man ihm, führt er bald in die entgegengesetzte Richtung, die man eigentlich einschlagen wollte, allerdings hat man inzwischen durch die vielen Wendungen und das Zickzack die Orientierung verloren, ist unsicher geworden und weiß nicht mehr, wo die richtige Richtung ist. Vielleicht steht man aber auch plötzlich vor einem Gatter, das irgendein Witzbold gezimmert hat, der sich für Charles Atlas hielt, und kann jede Hoffnung aufgeben, es zu öffnen. Gelingt es aber wider Erwarten ohne Muskelriß, kann man es nicht wieder schließen, und die Kamele müssen die Winde ersetzen. Aber die ganze Prozedur dauert mindestens eine halbe Stunde. Man schwitzt, wird wütend, ist von oben bis unten staubbedeckt und sehnt sich nur noch nach einer Wasserstelle, einem Aspirin, einer Tasse Tee und einem Bett, um alle viere von sich zu strecken.

Die ewige Sucherei nach dem richtigen Weg ist eigentlich deshalb so kompliziert, weil die Leute, die mit dem Flugzeug das Gebiet abfliegen und Landkarten erstellen, wahrscheinlich ihre Brille zu Hause vergessen haben oder permanent betrunken sind. Vielleicht hatten sie aber auch gerade ihre Vorschriften über Bord geworfen und hin und wieder ein Stückchen Phantasietopographie eingezeichnet. In manchen Fällen sieht es sogar aus, als hätten sie in einem Anfall von Anarchismus bestimmte Orientierungspunkte ausradiert. Man erwartet von Landkarten, daß sie hundertprozentig korrekt sind, und meist ist das auch der Fall. Aber gerade dann, wenn es nicht so ist, gerät man in echte Panik. Man zweifelt an sich selbst. Sie bringen einen soweit zu glauben, daß eine Sanddüne, auf der man gesessen hat – man könnte es schwören –, doch eine Fata Morgana war, und man stellt sich die bange Frage «Hab ich vielleicht schon einen Sonnenstich?» Man schluckt zwei- oder dreimal beklommen und kichert nervös.

Aber am ersten Tag mußte ich mich Gott sei Dank mit keinem dieser Probleme herumschlagen. Verlor sich der Weg in Sandkuhlen mit Wasserlöchern, sah ich relativ schnell, wo er auf der anderen Seite weiterführte. Die Kamele liefen gut und benahmen sich wie Lämmer. Das Leben war schön. Die Gegend, durch die ich wanderte, hielt durch ihre Vielfalt meine ganze Aufmerksamkeit gefangen. Hier hatte es nacheinander drei Rekordregenzeiten gegeben; ein grüner Teppich bedeckte alles, und überall blühten weiße, gelbe, rote und blaue Blumen. Hin und wieder wanderte ich in einem Flußlauf unter dem kühlen Schatten riesiger Eukalyptusbäume und schöner Mimosenbäume. Und dann die Vögel. Überall sah ich Vögel. Schwarze Kakadus, Weißschopfkakadus, Schwalben, Major-Mitchells, Bachstelzen, Turmfalken, Schwärme von Wellensittichen und Finken. Es gab Kungabeeren, verschiedene Solanumarten, Mulgaäpfel und Eukalyptusmanna, die ich pflücken und essen konnte. Das Suchen und Sammeln eßbarer Wildpflanzen ist ein sehr angenehmer und beruhigender Zeitvertreib. Entgegen der allgemeinen Annahme ist die Wüste in der Regenzeit lebendig und üppig. Sie ist wie ein riesiger, wilder Park und kommt meiner Vorstellung von einem irdischen Paradies am nächsten. Natürlich würde ich mich keine Trockenzeit lang von Buschnahrung ernähren wollen. Und ich gestehe, selbst in der Regenzeit würde ich mich über eine gelegentliche Dose Ölsardinen und meine Tasse süßen Tees freuen.

Ich lernte Buschnahrung durch Aboriginal-Freunde in Alice Springs und durch Peter Latz, einen Ethnobotaniker, kennen, dessen Leidenschaft eßbare Wüstenpflanzen sind. Zuerst fiel es mir schwer, die Pflanzen wiederzuerkennen und mich daran zu erinnern, nachdem man sie mir gezeigt hatte. Aber irgendwann fiel es mir wie Schuppen von den Augen. Besonders die Solanaceae hatten mich verwirrt. Sie sind eine große Familie, zu der unter anderem auch Kartoffeln, Tomaten, Spanischer Pfeffer, Stechäpfel und Nachtschatten gehören. Es ist interessant, daß ein Teil der Pflanzen dieser Familie zur täglichen Nahrung der Aborigines gehört, aber andere, die beinahe genauso aussehen, höchst giftig sind. Es sind teuflische Dinger. Peter hatte verschiedene Arten untersucht und festgestellt, daß eine winzige Beere mehr Vitamin C enthält als eine Orange. Als die Aborigines noch frei durch ihre Gebiete zogen, aßen sie diese Beeren in großen Mengen. Es ist völlig klar, daß ihre heutige Kost, die praktisch kein Vitamin C enthält, ein Grund für ihren schlechten Gesundheitszustand ist.

In der ersten Nacht draußen in der Wüste war ich etwas nervös. Ich fürchtete mich nicht vor der Dunkelheit (die Wüste ist nachts angenehm und schön, und abgesehen von den zwanzig Zentimeter langen rosa Tausendfüßlern, die unter den Schlafsack krabbeln und beißen, wenn man ihn morgens in der Dämmerung zusammenrollt, dem Skorpion, der einem unbekümmert über die im Schlaf zuckende Hand spaziert, oder einer einsamen Giftschlange, die Anschluß sucht, sich unter der Decke wärmen möchte und einem beim Aufwachen den Todesbiß versetzt, muß man sich kaum vor etwas ängstigen), sondern machte mir Gedanken, ob ich meine Kamele je wiedersehen würde. Bei Einbruch der Dunkelheit fesselte ich ihnen die Vorderbeine, überprüfte ihre Glocken und band den kleinen Goliath an einen Baum. Würde es gutgehen? fragte ich mich und antwortete mir selbst: «Wird schon klappen» – die australische Variante einer Zenformel, die ich in den kommenden Monaten noch oft benutzen sollte.

Die Prozedur des Abladens war sehr viel einfacher gewesen, als alles wieder aufzupacken. Es dauerte nur eine Stunde. Dann mußte ich Holz sammeln, Feuer machen, die Lampe anzünden, mich um die Kamele kümmern, Kochutensilien, Lebensmittel und den Kassettenrecorder finden, Diggity füttern, mich um die Kamele kümmern, kochen und mich um die Kamele kümmern. Sie mampften glücklich und zufrieden. Mit Ausnahme von Goliath. Er schrie ängstlich nach seiner Mutter, die sich Gott sei Dank nicht darum kümmerte.

Ich glaube, an diesem Abend brutzelte ich mir ein Fertiggericht, ein höchst überbewerteter, papierähnlicher Ersatz für etwas Eßbares. Das Obst war in Ordnung; man konnte es wie Kekse knabbern. Aber Fleisch und Gemüse waren geschmackloser Pampf. Später verfütterte ich alle Pakete an die Kamele und beschränkte mich auf die Grundnahrungsmittel wie braunen Reis, Linsen, Knoblauch, Curry, Öl und Pfannkuchen aus verschiedenen Arten Frühstücksflocken, Kokosnüssen und Trockenei. Ich kochte mir aus eßbaren Wurzeln Gemüse; außerdem hatte ich Kakao, Tee, Zucker, Honig und Milchpulver. Ab und zu genehmigte ich mir den Luxus einer Dose Ölsardinen, einige Peperoni und Käse oder öffnete eine Dose Obstkonserven, aß eine Orange oder eine Zitrone. Außerdem schluckte ich Vitamintabletten, sammelte wilde Früchte und schoß hin und wieder ein Kaninchen. Diese Ernährung war alles andere als einseitig, und ich blieb dabei so gesund wie eine stahlharte Amazone. Schnitte und Schürfwunden heilten innerhalb eines Tages; nachts sah ich beinahe ebensogut wie tagsüber, und ich wurde so stark, daß ich hätte Bäume ausreißen können.

Nach dem ersten dürftigen Abendessen warf ich noch Holz aufs Feuer, sah noch einmal nach den Kamelen und spielte meine Pitjantjara-Kassette. *Nyuntu palya nyinanyi. Uwa, palyarny, palu nyuntu* murmelte ich unentwegt in den klaren, märchenhaften Nachthimmel, an dem Millionen Sterne funkelten. In dieser Nacht schien kein Mond.

Wie gewöhnlich schnarchte Diggity in meinen Armen, als ich einschlief. Und von der ersten Nacht an machte ich mir zur Gewohnheit, ein- oder zweimal aufzuwachen und festzustellen, ob ich die Glocken hörte. Wenn alles still blieb, rief ich nach den Kamelen, damit sie den Kopf hoben und die Glocken läuteten. Wenn das nicht half, stand ich auf, um nachzusehen, wo sie waren. Meist entfernten sie sich nicht weiter als hundert Meter vom Lager. Wenn ich sie gesehen hatte, schlief ich sofort wieder ein und wachte erst gegen Morgen wieder auf. Als ich jetzt aufwachte, lange bevor es hell wurde, blieb mir zumindest ein Schreck erspart: Die Kamele lagerten so dicht um mich herum, daß sie mich beinahe erdrückten. Es blieb noch etwa eine Stunde bis zum Sonnenaufgang; sie wachten mit mir zusammen auf und suchten sich ihr Frühstück.

Meine Kamele waren junge, noch nicht ausgewachsene Tiere. Zeleika, die älteste, schätzte ich auf vier oder fünf Jahre; Dookie wurde vier, und Bub war drei – fast alle noch Babies, wenn man bedenkt, daß Kamele etwa fünfzig Jahre leben. Sie brauchen soviel Futter wie möglich. Mein Tagesablauf orientierte sich an ihren Bedürfnissen, niemals an meinen eigenen. Ich glaubte, für junge Tiere mußten sie schwere Lasten tragen, aber Sallay hatte mich deshalb ausgelacht. Er erzählte mir, daß ein Kamelhengst mit einer

Tonne Gewicht auf dem Rücken aus dem Sitzen aufstehen könne, und eine halbe Tonne sei die normale Tragkapazität. Das Aufstehen und Setzen ist am anstrengendsten. Wenn sie erst einmal stehen, ist das Gewicht auf dem Rücken das kleinere Problem. Aber die Traglast muß gleichmäßig verteilt sein. Der Sattel darf nicht scheuern oder unbequem sitzen, damit das Tier sich nicht wundreibt. Deshalb mußte ich jetzt beim Aufladen besonders sorgfältig vorgehen und alles genau prüfen und überprüfen. Am zweiten Morgen schaffte ich es in knapp zwei Stunden.

Morgens aß ich nie viel. Ich machte Feuer und kochte Tee, trank einen oder zwei Becher und füllte den Rest in eine Thermoskanne. Manchmal überfiel mich der Hunger nach Zucker. Dann süßte ich den Tee mit zwei Löffeln und verschlang löffelweise gesüßtes Kakaopulver oder Honig. Mein Körper verbrannte den Zucker schnell genug.

Meine größte Sorge galt jetzt der Ausrüstung. Würde nichts reißen? Würden die Sättel nicht scheuern? Bewältigten die Kamele die Lasten? Zeleika machte mir Kummer. Diggity kam, abgesehen von wundgelaufenen Pfoten, gut zurecht. Ich fühlte mich phantastisch, wenn auch am Ende des Tages völlig erschöpft. Ich beschloß, täglich etwa dreißig Kilometer zu gehen, und das an sechs Tagen in der Woche (und am siebten ruhte sie). Na ja, nicht immer. Ich wollte mir einen Vorsprung erlaufen, für den Fall, daß etwas schiefging und ich irgendwo Tage oder Wochen festsaß. Auf mir lastete ein ungewisser Druck, der verhinderte, daß ich so unbeschwert durch die Wüste zog, wie ich es gerne getan hätte. Ich wollte nicht in den Sommer kommen. Und ich hatte *National Geographic* versprochen, mein Ziel vor Jahresende zu erreichen. Also blieben mir bei einem vernünftigen Tempo sechs Monate, notfalls acht.

Bis alles gepackt und das Feuer gelöscht war, hatten die Kamele ein paar Stunden Zeit zum Fressen. Dann stellte ich sie hintereinander auf, band Bub mit dem Halfter am Baum fest und forderte alle drei freundlich auf, sich zu setzen. Decken und Sättel kamen zuerst – eins, zwei, drei. Ich zog die Gurte unter ihren Bäuchen und hinter dem Bruststück fest; die Nasenleinen, die über dem Schwanz des vorderen Tieres hingen, wurden am Sattel befestigt. Dann ging es ans Beladen. Zuerst ein Gepäckstück, dann sein Ge-

genstück auf die andere Seite, usw. Alles wurde geprüft, geprüft und geprüft. Dann befahl ich ihnen aufzustehen; ich zog die Gurte nach und das Verbindungsseil von einem zum anderen. Fertig. Noch eine letzte Kontrolle. Abmarsch! Los!

Ich wäre nicht ich, wenn mir das Schicksal nicht schon am dritten Tag wieder ein Bein gestellt hätte. Noch immer ein Baby, ein Neuling im Busch, glaubte ich blindlings an die Unfehlbarkeit und Zuverlässigkeit aller Karten und weniger an meinen gesunden Menschenverstand. Ich stieß auf eine Straße, die nicht dorthin gehörte. Den Weg, den ich suchte, konnte ich nirgends entdecken.

«Du hast eine Straße verpaßt», sagte ich fassungslos zu mir, «nicht eine Kreuzung, einen Brunnen, einen Hügel, nein, eine ganze verdammte Straße.»

«Nimms nicht so schwer, Baby. Nur ruhig. Wird schon alles, Kamerad. Nur ruhig. Ganz *ruhig.*»

Mir sank das Herz in die Hose. Die Unermeßlichkeit der Wüste schlug mir plötzlich auf den Magen und schnürte mir den Hals zu. Es bestand keine wirkliche Gefahr, denn ich hätte den Weg nach Areyonga leicht mit dem Kompaß bestimmen können. Aber ich fragte mich: «Und wenn das dreihundert Kilometer vom nächsten Ort geschieht? Was dann? Was dann?» Plötzlich kam ich mir in dieser großen Leere ganz klein und verloren vor. Ich stieg auf einen Hügel. Ich konnte den Horizont sehen, der blau schimmernd in den Himmel überging, aber sonst sah ich nichts – absolut nichts.

Ich studierte die Karte noch einmal. Keine Erleuchtung. Die Siedlung konnte höchstens noch zwanzig bis fünfundzwanzig Kilometer entfernt sein, und ich stand vor dieser breiten staubigen Straße, obwohl es hier nur Sand und Felsen geben sollte. Was nun? Der Straße folgen? Wohin in aller Welt führte sie? War es eine neue Straße zu irgendwelchen Minen? Ich suchte auf der Karte nach Bergwerken, fand aber in dieser Gegend keine.

Ich trat innerlich einen Schritt zur Seite und beobachtete mich. «O. K. Zuerst einmal hast du dich nicht verirrt. Du bist nur ein bißchen vom Weg abgekommen. Nein, nein, du weißt genau, wo du bist. Reiß dich zusammen. Die Kamele können nichts dafür und Diggity auch nicht. Also schrei sie nicht an und gib Diggity keinen Tritt. Erst mal nachdenken. Hier wächst genug Futter, also bleib heute hier, schlag das Lager auf und such den verdammten Weg, solange es noch nicht dunkel ist. Wenn du ihn nicht findest, gehst du einfach querfeldein. Ist doch ganz einfach. Also flatter nicht herum wie ein aufgescheuchtes Huhn. Wo bleibt dein Stolz? Verstanden!»

Ich folgte brav meinem Rat und machte mich dann auf die Suche – die Karte in der Hand und Diggity bei Fuß. Ich entdeckte einen uralten Pfad, der sich durch die Berge wand. Er verlief zwar nicht genau dort, wo er laut Karte hätte sein müssen, aber nahe genug, um ihm eine gewisse Glaubwürdigkeit zuzubilligen. Er führte ein paar Kilometer in die falsche Richtung und stieß, man glaubt es kaum, auf eine andere größere Straße, die ebenfalls keine Existenzberechtigung hatte. «Verdammte Scheiße!» Ich wanderte etwa einen Kilometer auf dieser Straße in Richtung Areyonga und kam schließlich zu einem von Kugeln durchlöcherten Blech. Es war völlig verbogen und verrostet, aber ich entdeckte einen Pfeil, der auf den Erdmittelpunkt wies und auf dem die Buchstaben A ON zu erkennen waren. Bei zunehmender Dämmerung hastete ich erleichtert ins Lager zurück. Entschuldigte mich überschwenglich bei meinem armen, bedauernswerten Gefolge und prägte mir Lektion eins ins Gedächtnis: Im Zweifelsfall folgst du deiner Nase, vertraust deinem Instinkt und verläßt dich nicht auf Karten.

Drei Tage wanderte ich durch Gegenden, in die selten Menschen kamen. Inzwischen stolperte ich eine langweilige, breite, einsame Straße hinunter. Ab und zu blinkte im Gestrüpp eine leere Cola- oder Bierdose und lieferte den Beweis, daß es noch Menschen gab. Das Gehen machte uns allmählich allen zu schaffen. Diggitys Pfoten waren wie ein Nadelkissen, in dem winzige Dornen steckten. Ich setzte sie auf Dookies Rücken. Das gefiel ihr ganz und gar nicht. Sie starrte ins Weite, seufzte dramatisch, und auf ihrem Gesicht lag der Ausdruck des langen Leidens eines mißhandelten Hundes. Meine Füße waren von Blasen übersät und schmerzten. Meine Beinmuskeln verkrampften sich, sobald ich stehenblieb. Zeleika hatte eine Schwellung an der Milchdrüse, und das Loch für den Nasenpflock hatte sich wieder entzündet. Dookies Sattel scheuerte etwas, aber er schritt aufrecht und gut gelaunt dahin. Im Gegensatz zu den anderen, schien ihm das ganze Unternehmen Spaß zu machen. Ich vermutete, er wollte schon immer auf Reisen gehen.

Die Sorge um die Kamele beschäftigte mich Tag und Nacht. Ich behandelte sie wie Porzellan, denn ohne sie würde ich nie ans Ziel

kommen. Man sagt, Kamele seien hart und zäh. Vielleicht hatte ich meine verwöhnt und zu Hypochondern gemacht. Irgendeine Kleinigkeit hatten sie immer, die ich zweifellos überbewertete. Aber Kates Schicksal versetzte mir damals einen solchen Schock, daß ich ihre Gesundheit um keinen Preis aufs Spiel setzen wollte.

Areyonga ist eine winzige Missionsstation zwischen zwei steilen Sandsteinhängen zweier Berge in den Macdonnell Ranges. Für eine Missionsstation ist sie recht ordentlich. Wie üblich gibt es ein Dorf für die Weißen, einen Kramladen, der einmal von angelernten Aborigines geführt werden soll, eine Schule und ein Krankenhaus. Die Lager der Eingeborenen am Rand der Siedlung erinnern an Auffanglager für Flüchtlinge der Dritten Welt. Es leben etwa zehn Weiße dort, die pro Aborigines sind und ihre Sprache fließend sprechen.

Nach einhundertsechzig Jahren kalten Krieges gegen die Aborigines errichtete die kolonialistische Regierung etwa 1930 – zu einer Zeit, als im *Northern Territory* das letzte große Massaker im Namen des Fortschritts stattfand, diese und andere Reservate in Gegenden, an denen weder Rinderzüchter noch irgend jemand sonst interessiert war. Man glaubte, die Eingeborenen würden allmählich aussterben, und wenn man ihnen unbedeutende Flecken ihres Landes überließ, war das nur eine vorübergehende Angelegenheit, die das Leben der weißen Siedler erleichterte. Die Schwarzen wurden von berittener Polizei und Bürgern wie Viehherden zusammengetrieben. Oft zwang man verschiedene Stämme, in einem kleinen Gebiet zusammenzuleben, obwohl sie mitunter traditionelle Feinde waren. Dadurch entstanden Spannungen, die den kulturellen Niedergang beschleunigten. In vielen Reservaten erlaubte die Regierung den Missionaren, über die Eingeborenen zu herrschen, sie zu kontrollieren und in ihrer Bewegungsfreiheit einzuschränken. Mischlingskinder wurden ihren Müttern weggenommen und von ihren Familien getrennt aufgezogen, da man glaubte, zumindest sie hätten eine Chance, Menschen zu werden. (Dies geschah in Westaustralien noch bis vor kurzem.)

Selbst diese erbärmlichen, unzumutbaren Reservate sind jetzt in Gefahr, denn die großen Bergwerkskonzerne – besonders *Conzinc Riotinto* – beabsichtigen, sich auszudehnen und sich auch diese Gebiete einzuverleiben. Schon jetzt schürfen viele Konzerne auf dem Territorium der Aborigines, wühlen das Land mit den Planierraupen auf. Die Menschen geraten in Not, und ihr Land ist verwüstet. Man hat viele Reservate geschlossen und die Bewohner in die Stadt geschickt, wo sie keine Arbeit finden. Man behauptet, das diene der Assimilation. Aber es ist nur eine andere Methode, das Land der Aborigines in die Hände der Weißen zu übergeben. Die Lage der Pitjantjara ist nicht ganz so hoffnungslos wie die vieler anderer Stämme in der Zentralwüste und im Norden, denn hier hat man noch nicht mit dem Abbau von Uran begonnen, und sie leben in einem abgelegenen Gebiet. Viele der Alten sprechen kein Englisch. Im großen und ganzen haben die Menschen es hier verstanden, ihre kulturelle Integrität zu wahren. Ich stellte fest, daß die Mehrzahl der Weißen, die sich um die Eingeborenen kümmern, an ihrer Seite kämpfen, um das ihnen gebliebene Land und ihre Rechte zu schützen und um irgendwann die Autonomie der Schwarzen durchzusetzen. Es ist sehr zu bezweifeln, daß sie je Erfolg haben werden: Die Ungerechtigkeit bei der Landvergabe, der Rassismus der Australier im allgemeinen, die Völkermordpolitik der derzeitigen Regierung und die weltweite Gleichgültigkeit und Ignoranz gegenüber dem Schicksal der ältesten Kultur der Welt sprechen dagegen. Die Aborigines haben nicht mehr viel Zeit. Sie sterben aus.

Einen Kilometer vor der Siedlung wurde ich von einer Horde aufgeregter, kichernder, schreiender und johlender Pitjantjarakinder empfangen, als ich nachmittags dort ankam. Nur Gott weiß, woher sie von meiner Ankunft erfahren hatten. Die ganze Strecke über verkündete das unerklärliche Kommunikationssystem, der «Buschtelegraf» oder «das Ohr auf dem Erdboden», daß ich unterwegs war.

Ich kam erhitzt, gereizt und müde an. Aber diese niedlichen Kinder mit ihrem fröhlichen Lachen verscheuchten meine schlechte Laune. Wie unkompliziert sie waren. Normalerweise fühlte ich mich im Umgang mit Kindern nicht so ganz wohl, aber bei den Eingeborenenkindern war es anders. Sie weinten nicht, quengelten nicht oder wollten irgend etwas. Mit ihrer offenen Direktheit, ihrer Lebensfreude und ihrer liebenswürdigen, großzügigen Art, miteinander umzugehen, gewannen sie mein Herz. Ich probierte mein Pitjantjara aus. Verblüfftes Schweigen, dann tosendes Gelächter. Ich ließ sie die Kamele führen. Kinder kletterten mir auf den Rücken; Kinder klammerten sich an die Beine der Kamele; Kinder hingen an den Sätteln – überall Kinder, auf jeder Seite zehn. Die Kamele hatten eine besondere Zuneigung zu Kindern. Sie ließen alles geduldig über sich ergehen, und ich brauchte mir keine Sorgen zu machen, daß etwas passieren würde. Besonders Bub liebte Kinder. In Utopia hatte ich ihn tagsüber an einen Baum gebunden, und wenn die Kinder nach der Schule um ihn herum hüpften, hatte er sich sofort gesetzt und döste genußvoll vor sich hin, in Erwartung, daß die Zwerge auf ihn hopsen und herumspringen würden, an ihm ziehen, zerren, ihn schubsen und streicheln würden. Als ich Areyonga erreichte, hatte sich das ganze Dorf versammelt, um mich zu begrüßen. Alle wußten bereits, daß die *kungka rama-rama* (die Verrückte) ihre Sprache fließend

beherrschte, und sie überfielen mich mit Fragen. Ich verstand kein Wort. Das schien sie aber nicht zu stören.

Die Kamele öffneten mir die Herzen der Pitjantjaras. Ich hätte mir nichts Besseres einfallen lassen können, als mit Kamelen durch ihr Gebiet zu ziehen. Das war ein Geniestreich. Zu diesen Tieren war ihre Beziehung besonders eng, denn sie benutzten bis in die sechziger Jahre als einziger Stamm Kamele für ihre Wanderungen. Erst dann konnten sich Autos und Lkws durchsetzen. Der erste Abschnitt meiner Reise führte durch ihr Stammesgebiet, das heißt durch das, was davon noch übrig ist – ein großes Reservat unter der Kontrolle weißer Bürokraten mit Missionsstationen und Regierungssiedlungen.

Ich blieb drei Tage in Areyonga. Ich unterhielt mich mit den Leuten und verschaffte mir einen allgemeinen Eindruck von dem Leben dort. Ich wohnte bei einem Lehrer und seiner Familie, obwohl ich sehr gerne bei den Aborigines im Lager kampiert hätte. Aber ich wagte nicht, mich Leuten aufzudrängen, die es vielleicht nicht so gerne sahen, daß eine Weiße bei ihnen herumhing und die Nase in ihre Angelegenheiten steckte. In allen Lagern und Siedlungen fiel mir besonders auf, daß die meisten alten Leute blind waren. Trachoma, eine chronische Bindehautentzündung, Diabetes, Ohrinfektionen, Herzbeschwerden und Syphilis sind nur einige der Krankheiten, unter deren verheerenden Folgen die Aborigines leiden, die nicht richtig untergebracht sind, nicht richtig medizinisch versorgt werden und sich nicht richtig ernähren können. Die Kindersterblichkeit liegt bei etwa zwanzig Prozent, obwohl die offiziellen Angaben niedriger sind. Der Prozentsatz steigt. Der Augenspezialist Professor Hollows organisierte eine statistische Untersuchung über Augenkrankheiten bei allen Eingeborenenstämmen. Er stellte fest: «Erwiesenermaßen liegt die Blindheitsrate bei den Aborigines höher als bei allen anderen Völkern der Welt.»

Trotz solcher Fakten hielt es die gegenwärtige Regierung Fraser für richtig, die Gelder im Etat für *Aboriginal Affairs* drastisch zu kürzen. Dies hatte verheerende Auswirkungen auf die Arbeit der Gesundheits- und Rechtsbeistandsorganisationen.

Es ist ebenso unglaublich, daß die *Australian Broadcasting Commission* vom *Federal Director General of Health* aufgefordert wurde, einen Film über blinde Aborigines nicht zu zeigen, da er den Tourismus beeinträchtigen könne.

Man kann nur mit dem Kopf schütteln: Der Premier von Queensland, Mr. Bjelke Peterson, bat die Bundesregierung, Professor Hollows Anti-Trachoma-Kampagne in seinem Land zu verbieten, weil zwei der Mitarbeiter – selbst Aborigines – «die Eingeborenen aufhetzen zu wählen».

Ansonsten machte ich mir über die Kamele Sorgen. Zeleikas mysteriöse Schwellung wurde verdächtig groß. Ich untersuchte den Nasenpflock und entdeckte, daß der innere Wulst gesplittert war. «O nein! Nicht noch einmal!» Ich band sie fest, drehte ihr den Kopf zur Seite und verpaßte ihr einen neuen Pflock. Ich konnte bei ihrem Gebrüll keinen klaren Gedanken fassen. Ich bemerkte auch nicht, daß Bub sich von hinten anschlich, mich am Hinterkopf zwickte und schnell hinter Dookie verschwand. Sein Mut verblüffte ihn ebenso wie mich. Kamele halten zusammen.

Wir alle hatten uns inzwischen ausgeruht, und ich hoffte, unsere Probleme seien im wesentlichen beseitigt. Also starteten wir in Richtung Tempe Downs, etwas mehr als sechzig Kilometer in Richtung Süden. Wir marschierten auf einem unbenutzten Pfad durch die Berge. Ich war ein bißchen nervös, denn es fehlte mir die Bergerfahrung mit den Tieren. Die Leute in Areyonga stärkten mein Selbstvertrauen auch nicht gerade, indem sie darauf bestanden, ich müsse sie mit dem Funkradio verständigen, sobald ich die Berge überwunden hatte. Seit zehn Jahren hatte niemand den Pfad benutzt, und deshalb würde er an einigen Stellen nicht mehr erkennbar sein. Die Bergkette, bestehend aus Gipfeln, Schluchten, Canyons und Tälern, zog sich bis nach Tempe hin.

Australische Wüstengebirge zu beschreiben ist nicht leicht. Ihre Schönheit liegt nicht nur im Optischen. Sie sind ehrfurchtgebietend und von einer Großartigkeit, die Euphorie oder Angst hervorrufen kann – meist eine Mischung aus beidem.

In der ersten Nacht kampierte ich in einem ausgewaschenen Graben in der Nähe einer zerfallenen Hütte. Mich weckte das Geplapper einer Krähe, die kaum drei Meter entfernt saß und mich anstarrte. Das erste Licht des heraufdämmernden Morgens schimmerte in pastellfarbenen, dunstigen Blautönen durch die Blätter und zauberte eine Märchenlandschaft. Der Charakter dieser Landschaft verändert sich tagsüber ständig. Jede Veränderung beeinflußt die eigene Stimmung.

Ich startete mit dem Kompaß in der einen Hand und der Karte in der anderen. Jedesmal wenn ich nach etwa einer Stunde mal wieder den richtigen Weg suchte, verkrampften sich meine Schultern, und es wurde mir flau im Magen. Ich verlief mich aber nur einmal und landete in einer Schlucht, in der es plötzlich nicht weiterging. Ich mußte bis zu dem Punkt zurückgehen, wo der Pfad unter Rinder- und Eselsspuren verschwand. Die ständige Anspannung zehrte an meinen Kräften; ich schwitzte und keuchte. Das ging so zwei Tage lang.

Nach unserer Mittagspause fiel plötzlich etwas von Bubs Rükken, und er geriet sofort in Panik. Zeleika ging wegen ihrer entzündeten Nase an der Spitze und Bub am Schluß. Er scheute und scheute, und je mehr er scheute, desto mehr Sachen flogen durch die Gegend und desto größer wurde seine Panik. Als er sich endlich beruhigte, hing ihm der Sattel unter dem zitternden Bauch, und das Gepäck lag überall verstreut. Ich handelte instinktiv. Die anderen Kamele waren drauf und dran durchzudrehen und in Richtung Heimat zu galoppieren. Goliath sprang zwischen ihnen herum und verstärkte den Aufruhr. Weit und breit war kein Baum, an dem ich sie hätte festbinden können. Wenn ich jetzt das Falsche tat, waren sie weg, und ich würde sie nie wiedersehen. Ich konnte nicht zu Bub nach hinten, um mich um ihn zu kümmern. Also mußte ich Zeleika dazu bringen, sich zu setzen. Ich band ihr den Nasenzügel ans Vorderbein. Wenn sie aufstehen wollte, würde der Schmerz sie daran hindern. Ich wiederholte das mit Dookie, gab Goliath mit einem Mulgazweig eins über die Nase, worauf er in einer Staubwolke verschwand, und ging dann zu Bub. Er rollte vor Angst mit den Augen. Ich mußte so lange beruhigend auf ihn einreden, bis ich sicher sein konnte, daß er mir vertraute und nicht ausschlug. Ich hob den Sattel mit den Knien an und löste die Gurte, die jetzt auf seinem Rücken waren. Dann nahm ich ihm behutsam den Sattel ab und brachte ihn ebenfalls dazu, sich zu setzen. Irgendwo fand ich doch einen Baum und prügelte ihn wie von Sinnen. Die ganze Prozedur verlief schnell, sicher, präzise und knallhart – wie bei einer Maschine. Ich weiß nicht, welche Gifte der Adrenalinstoß freisetzte, um mich wie der Cayahogan River aufschäumen zu lassen; jetzt lag ich jedenfalls unter dem Baum und zitterte mit Bub um die Wette. Als ich ihn schlug, hatte ich die Kontrolle verloren, und plötzlich sah ich das Kurthafte in meinem Verhalten. Diese Schwäche, meine Unfähigkeit, der Gefahr mit Würde zu begegnen, kam im Verlauf der Reise immer wieder zum Ausbruch, und meine Tiere mußten darunter leiden. Wenn Mut bedeutet, in der Gefahr die Würde zu bewahren, wie es Hemingway sagt, dann bewies mir diese Reise ein für allemal, daß ich alles andere als mutig bin. Ich schämte mich.

Aus diesem Zwischenfall lernte ich noch mehr. Ich lernte, mich nicht zu verausgaben, indem ich zumindest einem Teil meiner selbst den Glauben schenkte, in einem Notfall genug Kräfte zu mobilisieren, um nicht zu versagen. Und mir wurde bewußt, daß die Reise kein Spiel war. Nichts ist realer, als ans Überleben denken zu müssen. Es beraubt einen aller versponnenen und hochtrabenden Gedanken. Es ist in Ordnung, an Omen und Schicksal zu glauben, solange man weiß, was man tut. Ich wurde sehr vorsichtig und kam ganz schnell wieder auf die Erde zurück, wo die Wüste größer als meine Vorstellungskraft war. Raum war zu einem unfaßbaren Begriff geworden, und auch mein Gefühl für Zeit mußte korrigiert werden. Ich behandelte die Reise wie einen Job-von-neun-bis-fünf. Frisch und fröhlich morgens früh aufstehen (oh, das Schuldgefühl, wenn ich verschlief), Wasser aufsetzen, Tee trinken, sich beeilen, da es spät ist, einen hübschen Platz für die Mittagspause finden, aber ich kann nicht lange bleiben... ich konnte mich dieser Reglementierung einfach nicht entziehen. Ich ärgerte mich über mich selbst, aber ich tat nichts dagegen. Ich hielt es für besser, es im Augenblick nur zu beobachten und später dagegen anzukämpfen, wenn ich mich stärker fühlte. Ich redete mir ein, meine Uhr sei lediglich für Navigationszwecke wichtig, warf aber von Zeit zu Zeit verstohlene Blicke darauf. Sie spielte mir Streiche. In der Nachmittagshitze, wenn ich müde war und mich elend fühlte, weil alles schmerzte, bewegte sich der Zeiger nicht von der Stelle. Zwischen Tick und Tack vergingen Stunden. In diesem Stadium meiner Reise wurde mir mein Bedürfnis nach solchen absurden, artifiziellen Strukturierungen bewußt. Ich wußte nicht, warum. Aber ich wußte, ich fürchtete mich vor etwas – vielleicht vor dem Chaos. Ich hatte das Gefühl, als warte es darauf, daß ich unvorsichtig wurde, um sich dann auf mich stürzen zu können.

Zu meiner großen Erleichterung stieß ich am dritten Tag auf einen vielbenutzten Weg nach Tempe. Mit meinem Radio, diesem ungewollten Gepäckstück, diesem Hindernis, diesem schmutzigen Flecken auf der Reinheit meiner Idee, mit diesem Eindringling in mein Alleinsein, rief ich Areyonga an. Ich schrie hinein, es sei alles in Ordnung, aber nur Rauschen, Knattern und Pfeifen kamen als Antwort zurück.

Nach meiner Ankunft in Tempe luden mich die Leute, die die Farm betrieben, zu einem köstlichen Mittagessen ein. Danach füllte ich meine Kanister aus ihren Tanks mit kostbarem Regenwasser und setzte meine Reise fort.

7

Kurz hinter Tempe kam ich an ein breites, ausgetrocknetes Flußbett. Barfuß stapfte ich über heiße Kiesel und dürre Äste. Ich genoß den knirschenden, glitzernden Sand zwischen den Zehen.

Dann tauchten die ersten Sanddünen vor mir auf. In der letzten Trockenzeit hatten hier Buschfeuer gewütet, auf die schwere Regenfälle folgten. Die Landschaft leuchtete in strahlendem Orange, glänzendem Schwarz und einem giftigen, kalkigen Grün. Wer hat je von einer solchen Wüste gehört? Und über allem wölbte sich ein heißer, dunkelblauer, ewig wolkenloser Himmel. Überall schossen neue Triebe aus der Erde, entdeckte ich frische Spuren und Zeichen, die ich noch nie gesehen hatte. Verbranntes Gestrüpp ragte wie alte Krähenfedern aus dem welligen Sand. Neue Buschnahrung wartete darauf, entdeckt und gesammelt zu werden. Es war ein herrliches, unbekanntes Gebiet, aber auf mich warteten auch neue Strapazen. Der Sand erschwerte das Gehen, und nach der ersten Erregung machten mich die gleichförmigen Dünen benommen. Die Stille dieses Sandmeers schien mich zu erdrücken und zu ersticken.

Die Fliegen störten mich bald nicht mehr. Sie umschwärmten mich zu Tausenden, und ich gab es auf, sie von den Augen zu verjagen. Sie folgten uns in schwarzen Wolken und ließen sich in Scharen auf den Kamelen nieder. In Gegenden mit Rindern war es noch schlimmer als in der freien Wüste. Die Ameisen machten sich erst später an die Arbeit. Die kleinen Biester krochen in der köstlichen Stunde, bevor die Moskitos die Fliegen ablösen, in einem unerbittlichen Sturmangriff an meinen Hosenbeinen hoch, während ich eine wohlverdiente Tasse Tee schlürfte. Natürlich hing das immer davon ab, wo ich lagerte, und ich lernte schnell die verlockenden flachen Lehmkuhlen meiden. Eine andere Plage bei der Suche nach einem Rastplatz waren die Dornen. In Trockengebieten gibt es unzählige Arten von Dornen – kleine haarige Dornen, die sich in Decken, Pullovern, Sattelunterlagen festsetzen, grausame, harte Stacheln, die in Hundepfoten steckenbleiben, und riesige Monster, die sich wie Nägel ins Fleisch bohren.

Vor mir lagen noch etwa zwei Wochen, ehe ich Ayers Rock erreichen würde. Ich freute mich nicht sonderlich darauf, denn Rick würde dort auf mich warten und mich aus meinen Träumen reißen. Außerdem wußte ich, daß ganze Busladungen von Touristen den Felsen bestürmten und ruiniert hatten. Als ich nach zwei Tagen in die Nähe von Wallera Ranch kam, ging es mit den Touristen schon los. Sie trieben mich beinahe zum Wahnsinn. Sie kamen massenweise in übertrieben ausstaffierten Autos, um das australische Naturwunder zu bestaunen. Um auf der ausgebauten Straße ja kein Risiko einzugehen, schleppten sie Funkradios und Winden mit sich, Bierflaschen und die passenden Lederhalterungen, die mit Emus, Kängurus und nackten Weibern verziert waren, und auf ihren Köpfen prangten bekloppte Freizeithüte. Und sie hatten natürlich Kameras. Manchmal glaube ich, die Touristen haben ein schlechtes Gewissen, wenn sie Ferien machen, und weil sie das Gefühl haben, sie sollten etwas Nützliches mit ihrer Zeit anfangen, schleppen sie Fotoapparate mit. Wenn wirklich nette Leute sich den Freizeithut aufstülpen und zu Touristen werden, verwandeln sie sich meist in laute, gröhlende, unsensible Rüpel mit schlechten Manieren, die überall ihren Müll verstreuen.

Ich muß hier allerdings zwischen Reisenden und Touristen einen Unterschied machen. Ich traf auf meinem Weg ein paar sehr nette Leute – aber sie waren so selten wie ein vierblättriges Kleeblatt auf einer Wiese.

Zuerst behandelte ich sie alle mit freundlicher Höflichkeit. Sie stellten mir unweigerlich dieselben zehn Fragen, und ich gab ihnen unweigerlich dieselben zehn Antworten. Ich posierte für das unvermeidliche Klick Klick der Nikons und das Surren der Superachts. Es kam soweit, daß ich alle halbe Stunde angehalten wurde, und gegen drei Uhr nachmittags – meine gefährliche Stunde, ein Zeitpunkt, an dem mein Sinn für Humor und meine Gelassenheit mich im Stich ließen; eine Zeit, zu der ich nicht einmal zu mir selbst freundlich sein kann, ganz zu schweigen von diesen Idioten, die aus ihren Autos quollen, mir den Weg versperrten, die Kamele erschreckten, mich mit ihren dummen Fragen belästigten oder mich auf Zelluloid bannten, damit sie mich später zu Hause an ihre Kühlschranktüren kleben konnten oder noch schlimmer, ihre Bilder an Zeitungen verkauften, und dann in einer stinkenden Staub- und Qualmwolke davonbrausten, ohne mir auch nur ein Glas Wasser anzubieten –, gegen drei Uhr nachmittags zeigte ich langsam meine Zähne. Meine Grobheit besserte etwas meine Laune, aber nicht sehr viel. Um dem zu entgehen, mußte ich mich einfach von der Straße fernhalten oder mich taub stellen.

Die beiden Wochen verliefen seltsam enttäuschend. Der anfängliche Schwung war dahin, und ich merkte, wie sich ganz langsam leise nagende Zweifel zu Wort meldeten. Ich begann, das ganze Unternehmen mit anderen Augen anzusehen. Ich hatte nichts Weltbewegendes oder Großartiges erlebt. Ich hatte damit gerechnet, daß ich mich auf wunderbare Weise und deutlich verändern würde. Sicher, alles war ganz schön und manchmal sogar lustig. Aber Moment mal, wo blieb der gewaltige Donner der Erkenntnis, der – wie jeder weiß, die Leute in der Wüste einfach umwirft. Ich war immer noch dieselbe. Mit mir war nichts geschehen.

In manchen Nächten kam das Gefühl der Einsamkeit und Verlassenheit in mir hoch. Ich sehnte mich nach einem sicheren, geschützten Winkel, um mich vor diesem kalten, gefühllosen Wind zu verkriechen. Ich fühlte mich verwundbar. Im Mondlicht verwandelten sich die Schatten zu unheimlichen Formen. Diggitys Wärme unter der Decke machte mich so glücklich, daß ich mich eng an sie kuschelte. Es hätte nicht viel gefehlt und ich hätte sie aus Dankbarkeit fast erdrückt. Meine täglichen Rituale gaben mir einen anderen wichtigen Halt. Ich erledigte alles mit peinlicher Genauigkeit. Ehe ich mich schlafen legte, stellte ich alles dahin, wo ich es am nächsten Morgen haben wollte. Vor der Reise war ich hoffnungslos vergeßlich und schlampig gewesen. Meine Freunde machten sich schon darüber lustig, daß ich eines Morgens ganz in Gedanken ohne Kamele losziehen würde. Das Gegenteil war der Fall: Lebensmittel verstauen, Wassertopf füllen, Tee, Becher, Zucker und Thermoskanne bereitstellen, Nasenzügel an den Baum hängen. Ich rollte neben dem Feuer meinen Schlafsack aus und studierte meinen Sternenatlas.

Die Sterne waren jetzt für mich von großer Bedeutung. Ich lebte mit ihnen. Sie sagten mir, wie spät es war, wenn ich nachts aufwachte und pinkeln mußte und nach den Kamelen Ausschau hielt. Die Sterne erzählten mir, wo ich war und wohin ich ging, aber sie hingen so kalt wie Eis über mir. Eines Nachts beschloß ich, mir eine Eric-Satie-Kassette anzuhören. Aber die Musik klang hier so widersinnig und fremd, daß ich sie abstellte und statt dessen an der Whiskyflasche nuckelte. Ich redete mit mir selbst und mit den Sternen und Sternbildern. «Gute Nacht, Aldebaran. Bis später, Sirius, Adieu, Corvus.» Ich freute mich, daß es auch am Himmel eine Krähe gab.

Wallera Ranch war alles andere als eine Ranch – eher ein Schnapsloch für Touristen. Ich trank an der Bar ein Bier und hörte einer Gruppe typischer Großmäuler zu, die wie üblich über Sex und süße Puppen redeten. «Großartig», dachte ich, «genau das fehlt mir … ein bißchen geistige Anregung.» Einer von ihnen, ein häßlicher, schmächtiger, verpickelter Typ war in Melbourne Milchmann gewesen und unterhielt seine Kameraden mit offensichtlich erfundenen, aber detaillierten Schauermärchen über seine unzähligen Eroberungen frustrierter Hausfrauen. Ein anderer hatte sein Geld als Fahrer eines Touristenbusses verdient und verkündete, es sei ein entsetzlicher «Eiertanz» gewesen, weil alle Weiber ihn haben wollten. Na ja, an ihm war ja auch was dran. Seine Bierwampe blähte sich so, daß die Hemdknöpfe aufsprangen. Ich ging.

Vor mir lag jetzt das Land der wilden Kamele. Überall entdeckte ich ihre Spuren, und die Sandelbäume waren beinahe kahlgefressen. Sallay hatte mir schreckliche Angst vor den umherziehenden brünstigen Hengsten gemacht, deren Zeit gerade anbrach. «Zuerst schießen, dann fragen», hatte er mir immer und immer wieder eingeschärft. Ich lud das Gewehr, hängte es an Bubs Sattel und dachte dabei: «Mein Gott, bei meinem Glück geht es einfach los und mir in den Fuß», also nahm ich die Munition wieder raus und steckte mir ein paar Patronen in die Hosentasche.

An diesem Abend kampierte ich in einem trockenen Flußbett am Fuß einer Hügelkette. Ringsherum gab es saftiges Futter – Mulga, Melden, Kameldorn, Akazien und so weiter. Für mein Abendessen sammelte ich Yalka (sie sind wie winzige Zwiebeln). Man muß sie ausgraben, und dann röstete ich sie in der Glut. «Sehr schön hier», redete ich mir ein, um mein wachsendes Unbehagen zu verscheuchen. Selbst die Kamele machten einen gereizten Eindruck. Aber ich dachte, das sei Einbildung. Ich konnte schlecht einschlafen, und im Traum quälten mich psychedelische Träume.

Ich erwachte früher als gewöhnlich und ließ Goliath laufen, damit er sich Futter suchte. Als ich alles zusammengepackt hatte, waren die Kamele verschwunden (geradewegs zurück nach Alice Springs). Nach drei Kilometern holte ich sie ein, und sie wirkten sehr verängstigt. «Hier müssen irgendwo wilde Kamele sein», informierte ich Diggity, obwohl ich nirgends Spuren sah. Auf dem Rückweg stolperte ich fast über ein verlassenes Aboriginallager aus Mulgazweigen, das vom Gestrüpp inzwischen fast überwuchert war.

Die folgende Nacht verbrachte ich bei den Liddles auf der Angus-Downs-Farm. Sie steckten mich unter die Dusche und fütterten mich. Als ich ihnen von meinen Erlebnissen in der vergangenen Nacht erzählte, sagte Mrs. Liddle: «Um dieses Lager wimmelt es nur so von Geistern!»

Am nächsten Morgen mühte ich mich mit dem Gepäck ab, bastelte für Zeleika einen elastischen Nasenzügel und hoffte, sie würde nicht zu weit zurückbleiben, und nahm Bub wieder an die Spitze. Dann ging es in Richtung Curtis Springs, wo ich ein paar Tage damit verbrachte, Dookies Sattel neu zu stopfen. Das Gepäck war immer noch nicht ganz perfekt.

Allmählich hatte ich von den Touristen genug. Ich setzte einen Kompaßkurs in Richtung Ayers Rock und marschierte über die Dünen. Es war mühsam, über den fest gebackenen Sand zu marschieren, und ich war so erschöpft, daß ich beschloß, Bub zu reiten. Und dann sah ich es. Ich war wie vom Donner gerührt. Ich konnte nicht glauben, daß das blaue Gebilde Wirklichkeit war. Es schwebte, schimmerte faszinierend und war einfach zu groß. Es war unbeschreiblich.

Ich schlidderte den Sandhügel hinunter, trieb Bub schnell durch einen Kasuarinenwald, durch das Tal und die nächste Anhöhe hinauf. Ich hielt den Atem an, bis ich es wieder sehen konnte. Die unerklärliche Macht dieses Felsgebildes ließ mein Herz rasen. So etwas Überirdisches, unverfälscht Schönes hatte ich nicht erwartet.

Nachmittags erreichte ich das Touristendorf und wurde vom Oberaufseher dieses riesigen Nationalparks empfangen – ein netter Mann; seine Arbeit war keineswegs so beneidenswert, wie es auf den ersten Blick schien. Er mußte diese Landschaft vor der wachsenden Flut australischer und ausländischer Touristen schützen und versuchen, das ökologische Gleichgewicht zu wahren. Die Touristen hatten nicht nur keine Ahnung von Wüstenökologie und dem Ausmaß der Veränderung durch ihr Verhalten, nein, sie betrachteten es als ihr Recht, wilde Blumen zu pflücken, Bierdosen aus dem Auto zu werfen, Äste von den Bäumen zu reißen, um gerade da Feuer anzuzünden, wo es besonders gefährlich war, und es hinterher noch nicht einmal zu löschen. Obwohl es eine perfekte, gute Straße gab, fuhren sie lieber querfeldein und hinterließen Radspuren, die noch nach Jahren zu sehen waren. Das Angebot des Aufsehers, mich in einem Wohnwagen unterzubringen, nahm ich dankend an. Er zeigte mir eine gute Stelle, wo die Kamele Futter fanden, und sagte, er habe nichts dagegen, wenn ich später ein paar Tage bei den Olgas kampieren würde.

Der große monolithische Felsen ist in einem Radius von etwa einem Kilometer von fruchtbarem Land umgeben. Durch das Wasser, das vom Felsen floß, wuchsen dort saftiges Grünfutter und Wildblumen so üppig, daß man wie auf einem Teppich ging. Dahinter begannen die Dünen, und so weit das Auge reichte, beherrschten sie mit ihrem Orange das Bild, bis sie am Horizont im dunstigen Blau verschwanden.

Auch durch dieses Land waren die Buschfeuer gefegt. Obwohl dadurch jetzt alles schöner und grüner wirkte, machte ich mir Gedanken um die Kamele. Viele Wüstenpflanzen schützen sich durch Gifte, wenn sie aus der Erde schießen und verlockend eßbar erscheinen. Zelly wußte, was freßbar und was giftig war, aber bei den anderen drei war ich mir nicht so sicher. Viele der früheren Forschungsexpeditionen scheiterten, weil sich die Kamele vergiftet hatten. Damit die Tiere nicht so weit streunen konnten, band ich abwechselnd Zelly und Goliath mit einem zwölf Meter langen Seil, das ich an ihren Beinfesseln anbrachte, an einem Baum fest. Ich band Zeleika fest, weil sie unbestritten die Anführerin war und die anderen ohne sie nicht davonlaufen würden. Es bedeutete aber auch, daß sie nicht mit ihnen weiden und ihnen nicht zeigen konnte, was freßbar war. Ich hoffte, daß sie genügend gutes Futter fanden und sie deshalb nicht auf dumme Gedanken kamen. Wie ich später feststellen sollte, waren sie, was ihr Futter anging, wirklich sehr vorsichtig.

Ich setzte mich auf den ersten Sandhügel und beobachtete, wie der aufkommende Abend die kühnen, harten Farben des Tages erst in leuchtende Pastelltöne und dann in das Blau und Lila von Pfauenfedern verwandelte. Diese Tageszeit liebte ich hier am meisten – wenn das kristallene Licht stundenlang über der Landschaft liegt. Ayers Rock enttäuschte mich nicht. Im Gegenteil. Nicht einmal alle Touristen der Welt könnten ihn zerstören. Er ist so überwältigend, zu alt, zu mächtig, um sich ruinieren zu lassen.

Hier lebten nur noch wenige Pitjantjara. Die meisten hatten sich in abgeschiedenere Stammesgebiete zurückgezogen. Nur ein paar waren geblieben, um diese äußerst wichtige Stätte ihrer mythischen Kultur zu schützen und zu bewahren. Sie verdienten sich von dem Verkauf von Artefakten an die Touristen einen dürftigen Lebensunterhalt. Sie nennen den Felsen Uluru. Der große Uluru. Ich fragte mich, wie sie diese Leute ertrugen, die in Fruchtbarkeitshöhlen herumstolperten oder an der weißen Linie nach oben kletterten und pausenlos Fotos knipsten. Wieviel mehr mußte es für sie bedeuten, wenn ich schon den Tränen nahe war. Es gab ein erschütternd kleines abgetrenntes Stückchen Land an der Westseite mit dem Hinweis: «Zutritt verboten. Heilige Stätte der Aborigines.»

Ich fragte einen der Aufseher nach seiner Meinung über die Schwarzen. «Oh, sie sind in Ordnung», erwiderte er, «aber sie stören mehr, als daß sie zu was taugen.» Ich hatte nichts anderes erwartet und unternahm keinen Versuch, ihn von dem zu überzeugen, was ins Auge sprang: die störenden Touristen, die in eine heilige Zone eindrangen, die ihnen nicht gehörte und ihnen nie gehören konnte, weil sie nicht ein Fünkchen Verständnis dafür aufbringen konnten. Aber wenigstens haßte dieser Mann die Aborigines nicht.

Am nächsten Tag kam Rick. Munter, lebhaft, enthusiastisch und voll Energie. Ich war gerade auf einem Entdeckungsgang durch den Blutholzwald an der Südseite gewesen. Er kündigte an, er habe eine Überraschung für mich, und wir gingen zum Wohnwagen zurück. Auf dem Bett saß meine liebe Freundin Jenny mit einem bandagierten Bein, Krücken lagen neben ihr. Auf meine erste Reaktion – Erleichterung, Überraschung und Freude – meldete sich eine leise, klagende Stimme in mir zu Wort: «Verfolgen dich deine Freunde etwa auf der ganzen Reise?» Ich war wie vom Blitz getroffen und erstarrte. Die sehr sensible Jenny las mir meine Gedanken so deutlich vom Gesicht ab, als hätte ich sie herausgeschrien, obwohl ich mir verzweifelte Mühe gab, sie zu verbergen. Es beeinflußte die Stimmung an diesem schwierigen Tag – eine subtile, unterschwellige, unausgesprochene Spannung lag über uns; wir ließen sie lieber an Rick aus als an uns.

Jenny war in Utopia vom Rad gefallen, hatte bewegungsunfähig einige Zeit im Staub gelegen und hatte auf die blanken Knochen unter dem zerfetzten Fleisch gestarrt. Dieser Schock hatte ihr die

Vergänglichkeit des menschlichen Lebens vor Augen geführt, wovon sie sich noch nicht völlig erholt hatte. Sie konnte mit den konfliktbeladenen Gefühlen nicht fertig werden, die an diesem Abend wie Trommeln in einer Schlucht durch unseren Wohnwagen hallten. Keiner von uns konnte es.

Rick zeigte uns die Dias vom Abschied in Alice Springs. Jen und ich sahen aus wie Clowns in einer zweitrangigen Show – mit verdrehten Augen und aufgerissenen Mündern. Die Aufnahmen waren toll – dagegen konnte man nichts sagen. Aber wer war dieses *Vogue*-Modell, das verträumt mit ein paar Kamelen im Schlepptau dahinwandelte? Ein kapriziöser Windstoß zauste an ihren Haaren, die im Gegenlicht wie ein Heiligenschein wirkten. Wer verdammt noch mal sollte das sein? Mir kann niemand mehr erzählen, daß eine Kamera nicht lügt – sie lügt wie gedruckt. Sie hält die Projektionen dessen fest, der auf den Auslöser drückt, aber niemals die Wahrheit. Es war sehr aufschlußreich zu sehen, wie radikal sich die Bilder im Verlauf der Reise änderten.

Zunächst fiel es mir schwer zu sprechen, ihnen etwas zu erzählen, denn es schien sich nicht viel ereignet zu haben. Ich war mit ein paar Kamelen durch die Landschaft gezogen, mehr nicht. Aber als wir an diesem Abend in der dumpfen Luft des Wohnwagens zusammensaßen, brach in mir etwas auf; der Panzer bekam Risse. Ich wußte, dafür war die Reise verantwortlich. Sie veränderte mich auf eine Weise, die ich am wenigsten erwartet hätte. Sie rüttelte mich auf, und ich hatte es noch nicht einmal bemerkt. Ich war ihr verfallen.

In den nächsten beiden Tagen brodelte und knisterte es. Jenny wartete in Tränen aufgelöst auf das Flugzeug, mit dem sie nach Alice Springs zurückkehren wollte.

Ich fühlte mich wie durchgeknetet, und Rick machte wieder einmal Fotos von uns. Wir haßten ihn dafür – wir empfanden es als voyeuristisch und parasitär. Es gelang uns nicht zu sehen, oder wir wollten nicht sehen, daß dies seine Art war, mit einer Situation fertig zu werden, der er sich nicht gewachsen fühlte. Dann war ich mit ihm allein.

Die Tatsache, daß er auf Wunsch der Zeitschrift neue und aufregende Aufnahmen von Ayers Rock mit nach Hause bringen mußte, half mir auch nicht. Ich posierte in Höhlen und wanderte kreuz und quer über Sanddünen. Ich führte die Kamele über Felsen und ritt mit ihnen über einen Teppich aus wilden Blumen. «Was hältst du eigentlich von ehrlichem Journalismus?» schrie ich ihn an und marschierte mit versteinerter Miene an ihm vorüber. Armer Richard, ich ließ ihn ganz schön zahlen. Ich glaube, manchmal fürchtete er sich richtig vor mir. Aber er war auch komisch. Ich setzte ihn auf Dookie und nahm mir Bub, der sofort scheute, sich aufbäumte und davonstürmte. Ich schrie Richard zu, mir zu folgen – und hörte in dem ganzen Aufruhr das unentwegte Klicken der Kamera. Ich habe das bei vielen Fotografen beobachtet. Hinter und mit ihrer Kamera sind sie viel mutiger als ohne – ein äußerst interessantes Phänomen.

Ich hatte mich seit Jahren auf die Olgas gefreut. Sie sind Geschwister von Ayers Rock und sehen wie große rote Brotlaibe aus, die ein Riese vom Himmel auf die Erde geworfen hat. Von Ayers Rock aus wirkten sie wie lavendelfarbene Kieselsteine am Horizont. Ich wollte ein paar Tage dort verbringen – weit weg von den Touristen. Ich wollte die Gegend durchstreifen und sie erforschen, die Freiheit von allen Ängsten und Pflichten genießen und mir Zeit für mich selbst nehmen. Dort konnte ich vielleicht über meine Lage nachdenken und Klarheit gewinnen. Ich wollte mich wieder einmal von allem losmachen, das Gefühl der Freiheit wiedergewinnen, das ich nach dem Abschied am Redbank Gorge erlebte und von dem ich geglaubt hatte, es würde mich nicht mehr verlassen. Aber das sollte mir nicht vergönnt sein.

Ich wanderte die dreißig Kilometer durch eine Landschaft, die mich eigentlich hätte stimulieren müssen, zu der ich aber keinen Zugang fand. Ich war deprimiert; ich fühlte mich betrogen und ausgenutzt. Ich kochte vor Wut; ich haßte Rick und gab ihm alle Schuld. Außerdem mochte er die Wüste nicht und hatte keinen Blick für sie. Er gehörte nicht hierher. Er konnte weder Feuer machen noch kochen und schon gar nicht ein Auto reparieren. Er war wie ein Fisch auf dem Trockenen, und die Landschaft langweilte ihn. Bis ich auftauchte, saß er im Auto und hörte Musik oder las, dann griff er zur Kamera und benutzte die großartige Szenerie als Kulisse.

Es gab noch andere Schwierigkeiten. Bei mir stauen sich Spannungen so lange, bis ich explodiere und sie in einem Wutanfall ab-

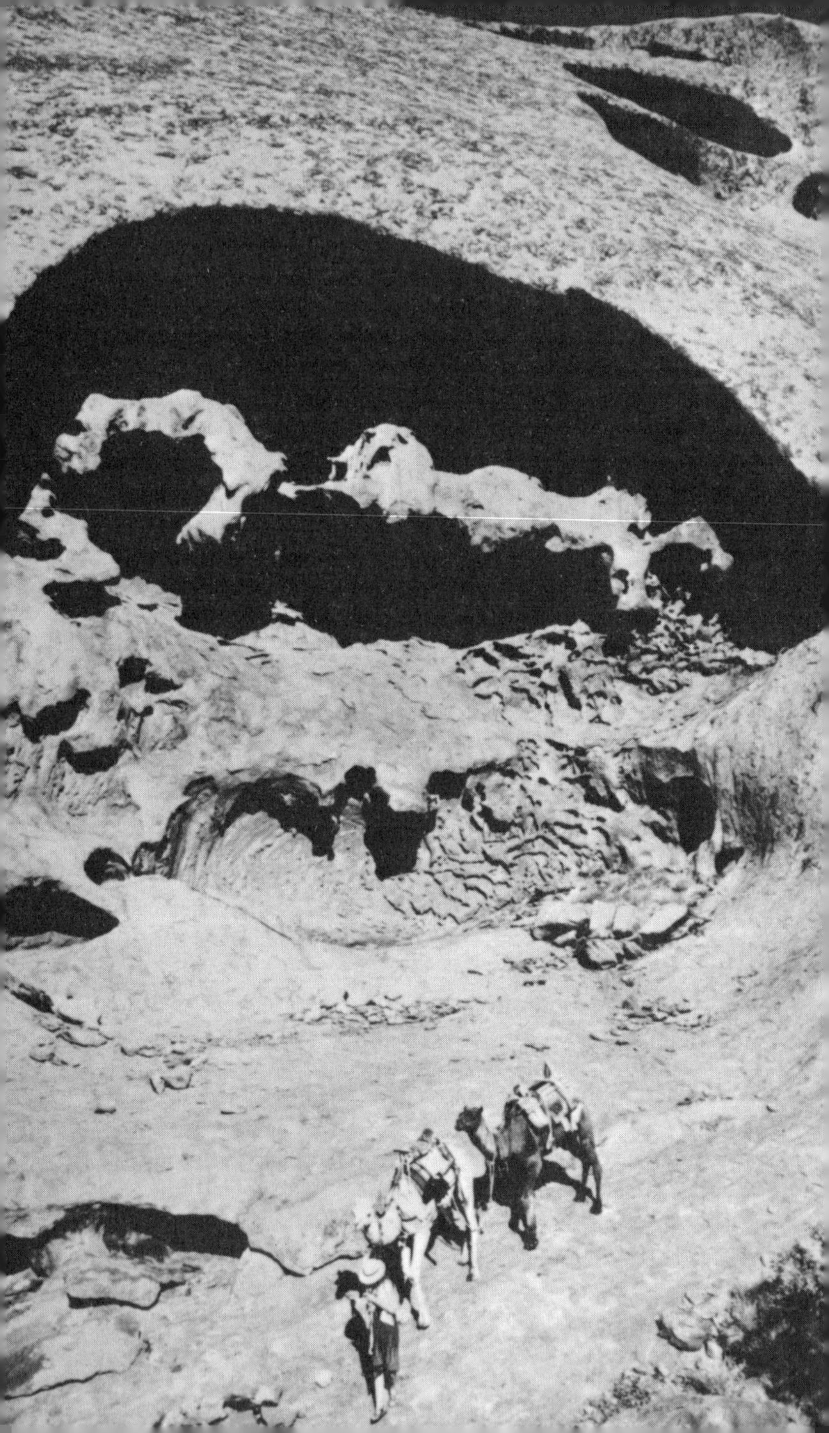

reagiere. Rick dagegen schmollte. Ich hatte noch nie jemanden gesehen, der so hartnäckig schmollen konnte. Mir wäre lieber gewesen, er hätte mich geschlagen; das Schmollen konnte ich nicht ertragen. Abends küßte ich ihm praktisch die Füße, um ein Wort aus ihm herauszubekommen und sei es auch nur, um mit ihm zu streiten. Irgendeine Reaktion, irgend etwas. Diggity liebte ihn abgöttisch. «Treuloses Biest», dachte ich, «dabei hast du doch sonst, was Menschen angeht, einen so guten Geschmack.»

In gespanntem Schweigen erreichten wir abends die Olgas und schlugen das Lager direkt vor ihnen auf. Sie glühten orange, dann rot, schimmerten rosa, dann violett und wurden im hellen Mondlicht zu schwarzen Konturen. Um sein Funkgerät zu testen, rief Rick den Parkaufseher in Ayers Rock an. Es gelang ihm nicht, die dreißig Kilometer entfernte Station zu erreichen, aber unter heftigem Knistern und Knacken unterhielt er sich mit einem Fischer in Adelaide – siebenhundert Kilometer südlich.

«Wunderbar. Wie wunderbar. Wie gut, daß wir unsere Funkradios haben! Es ist schon sehr beruhigend zu wissen, daß ich mich jederzeit mit einem Menschen in Alaska unterhalten kann, wenn ich mitten in der Wüste, vielleicht einen Kilometer von der nächsten Station entfernt, verblute und verdurste. Findest du nicht auch, Richard? Richard!»

Richard schwieg.

An diesem Abend riß mir die Geduld. Ich packte Rick bei der Hand, zog ihn neben mich ans Feuer und sagte: «O.K. Kamerad, du hast gewonnen. Ich halte es nicht mehr aus. Wir müssen uns etwas einfallen lassen, denn es ist geradezu lächerlich. Wir sitzen hier mitten in einer märchenhaften Wüste, haben eine Aufgabe, die uns Spaß machen sollte, und benehmen uns wie Kinder.»

Richard starrte hartnäckig ins Feuer. Er wirkte niedergeschlagen und hatte die Unterlippe kaum merklich vorgeschoben. Ich versuchte es noch einmal.

«Weißt du, es ist wie die Geschichte mit den beiden Mönchen. Sie dürfen sich nicht mit Frauen abgeben. Auf ihrem Weg sehen sie plötzlich eine Frau im Fluß ertrinken. Der eine springt ins Wasser und bringt sie ans Ufer. Sie wandern eine Weile schweigend weiter. Plötzlich bricht es aus dem zweiten Mönch heraus, und er fragt: ‹Wie konntest du diese Frau anfassen?› Der erste Mönch sieht ihn erstaunt an und antwortet: ‹Ach, trägst du sie immer noch?› Verstehst du, was ich meine, Richard? Wir sind beide wie der zweite, dumme Mönch. Es ist blödsinnig und destruktiv, was wir tun. Mir bleibt bald nichts anderes mehr übrig, als zur Flasche zu greifen. Es gibt genug Probleme, und das Leben ist zu kurz, um es als Generalprobe zu sehen. Du gehst entweder auf der Stelle, ich gebe *National Geographic* das Geld zurück, und wir vergessen das Ganze, oder wir können uns auf etwas einigen, was wir beide wollen, und finden einen Weg, es zu erreichen. O.K.?»

Wir redeten. Wir redeten Stunde um Stunde über alles mögliche. Schließlich lachten wir und waren wieder Freunde. Welche Erleichterung. Ich verstand ihn besser und mochte ihn mehr. Es würde schon alles gut werden. Er hatte sein Licht nicht nur in einer Hinsicht unter den Scheffel gestellt.

Ich bot ihm an, mit nach Docker River zu kommen, fünf Tagesreisen entfernt. Obwohl ich mir nichts sehnlicher wünschte, als wieder allein zu sein, erschien es mir grausam, ihn wegzuschicken. Ich wußte, er wollte Aufnahmen von Aborigines haben, und dies war vermutlich einer der wenigen Plätze, wo er dazu kommen konnte. Der Gedanke daran behagte mir nicht sonderlich (die Aborigines hatten es satt, von unsensiblen Touristen mit Kameras verfolgt zu werden). Aber ich dachte, eine Berichterstattung mit ihrer Einwilligung sei in diesem Stadium ihres Untergangs nur von Vorteil. Die Erleichterung darüber, daß Rick wieder mit mir sprach und die Spannungen ausgeräumt waren, schien beinahe jede Konzession zu rechtfertigen.

Ich registrierte damals nicht, daß mich ein Artikel über die Reise mehr beschäftigte als die Reise selbst. Ich übersah, daß ich sie unter dem Aspekt einer Geschichte für andere, mit einem Anfang und einem Ende, zu betrachten begann.

Wir blieben ein paar Tage bei den Olgas. Es war schön, wie konnte es an einem solchen Ort auch anders sein, aber ich wurde das Gefühl nicht los, angebunden, festgehalten und behindert zu werden. Ich stellte mir ständig vor, wie und wieviel besser es wäre, allein zu sein. Aber ich machte nicht mehr Richard dafür verantwortlich, sondern mich selbst. Ich wußte, mich traf die volle Verantwortung für seine Anwesenheit. Ich mußte mir eingestehen, daß die Reise nicht sein würde, nicht sein konnte, was ich mir darunter vorgestellt und erträumt hatte. Aber anstatt die Möglichkeiten zu sehen, die mir blieben, trauerte ich meinen ursprünglichen Wunschvorstellungen nach.

Einen Tag unterwegs, und der Druck baute sich wieder auf. Denn wenn ich fünfzehnhundert Pfund Krimskrams aufgeladen habe, dreißig Kilometer gelaufen bin, das ganze Zeug wieder abgeladen, Brennholz gesammelt, Feuer gemacht, für zwei Personen gekocht und für zwei abgeräumt habe, bin ich ein bißchen gereizt. Vielleicht liegt es am niedrigen Blutzuckerspiegel. Ich weiß es nicht, ich weiß nur, daß jemand, der mir dann über den Weg läuft, mit einem Wutausbruch rechnen muß – besonders wenn dieser Jemand mich bei all diesen Dingen fotografiert, anstatt mir zu helfen.

Am ersten Abend kochte ich innerlich vor Wut. Dann warf ich meinem Gefährten ein Bündel Knoblauch an den Kopf und schrie: «Schäl das, wenn du keinen gebrochenen Arm hast!» Es war alles wieder beim alten. Richard schmollte, und ich überlegte, wie ich ihn ermorden konnte, ohne erwischt zu werden.

Als ich am nächsten Morgen loszog, erklärte Richard, er würde in einer Stunde folgen. Ich knurrte etwas Einsilbiges und machte mich auf den Weg. Ich wanderte eine Stunde, zwei Stunden, zweieinhalb Stunden ... kein Richard zu sehen. «Mein Gott. Jetzt muß ich den ganzen Weg wieder zurückgehen. Sicher ist irgend etwas mit seinem Auto.»

Ich lief etwa acht Kilometer zurück, und mir begegnete das erste und einzige Auto, das wir unterwegs gesehen hatten. Es hielt. Ich fragte die Leute, ob sie freundlicherweise ein Stück zurückfahren würden, um festzustellen, ob Richards Spuren irgendwo ins Gebüsch führten, und mir dann zu sagen, ob er Probleme habe. Sie fuhren bis Ayers Rock, ohne Richard zu finden, und kehrten wieder um. Inzwischen war es bereits Nachmittag, und ich begann mir ernstlich Sorgen zu machen.

«Ein Schlangenbiß», dachte ich, «ein Herzinfarkt?»

Ich wollte mich gerade von meinen neuen Freunden verabschieden, als ich den Toyota mit Rick am Steuer über den Hügel brausen sah; er hörte Joan Armatrading.

«Wo *warst* du?»

Richard sah unsere Gesichter, und ihm dämmerte etwas. Leicht

einfältig antwortete er: «Ich bin einfach im Lager geblieben und habe gelesen. Was ist?»

Ich spürte, wie meine Lippen vor Wut ganz schmal und weiß wurden. Die anderen blickten sich bedeutungsvoll an, hüstelten verlegen und fuhren davon. Rick entschuldigte sich. Ich sagte nichts. Ich spürte nur eine kalte, schneidende Wut. Sie lag mir wie ein Fels auf der Brust.

Dann fing es an zu regnen. Aus dem Nichts jagten große, wütende, grollende Wolken herbei; es hagelte, und eine Sintflut schien auf uns niederzugehen. Der Himmel öffnete alle Schleusen; Sturzfluten und Wasserfälle ergossen sich auf die Erde. Naß und frierend kämpfte ich mich vorwärts und klammerte mich an meinen Zorn, als könne er mir weiterhelfen. Wie üblich machte ich mir Sorgen um die Kamele. Und ich war erschöpft. Erschöpft von der Arbeit; erschöpft von den Sorgen; erschöpft von dem Zorn und erschöpft von meinen Gedanken, die sich im Kreis drehten und immer wieder zu dem einen Punkt zurückkehrten: Das alles war nur eine lächerliche, sinnlose Farce.

Und natürlich beschloß an diesem Abend auch noch der süße kleine Goliath, er wolle nicht mehr eingefangen und an einen Baum gebunden werden. Ich jagte über eine Stunde lang hinter ihm her und erreichte einen neuen Grad der Erschöpfung. Als ich ihn schließlich erwischte, war ich über und über mit eiskaltem Schlamm bedeckt und zitterte am ganzen Körper. Ich schleppte mich ins Lager, trank innerhalb von zehn Minuten eine drittel Flasche Whisky und beschimpfte Richard unter hysterischem, unkontrollierbarem Weinen, ehe ich zusammenbrach.

Diese Nacht brachte zwei neue Elemente in unsere Beziehung. Das erste: Toleranz – das heißt, die Notwendigkeit, Kompromisse zu schließen. Sie schuf die echte Basis für die Freundschaft zwischen zwei grundverschiedenen Menschen, die Höhen und Tiefen überdauern sollte. Das zweite: Sex.

Ach ja. Wie dumm von mir. Ich nehme an, es war unvermeidlich, aber rückblickend weiß ich, einer der schlimmsten Fehler, die ich auf der Reise im Hinblick auf meine Freiheit machen konnte. Auf eine elementare und subtile Weise vertiefte sich dadurch meine Bindung an Richard – ich konnte seine Gefühle nun nicht mehr so leicht übergehen. Rick Smolan, exzellenter Fotograf, jüdischer

New Yorker Lebenskünstler, ohne es zu wissen Überredungskünstler und Manipulator; ein talentierter, großzügiger, seltsamer junger Mann, der seine Unbeholfenheit hinter Nikons versteckte – mit diesem Menschen sollte mein Trip unentwirrbar verflochten werden. Wie ich spüren sollte, beraubte er die Reise ihres ursprünglichen Sinns und Wesens; aus ihm, den ich kaum wahrgenommen hatte, wurde der Mühlstein um meinen Hals, das Kreuz, das ich tragen mußte. Das erste verwirrende, oszillierende Element, das für den Trip charakteristisch werden sollte, hatte sich durchgesetzt. Und so konnte Rick sich «verlieben» ... nicht in mich, sondern in die Kamellady.

Jedenfalls behandelten wir uns nach dieser Nacht sehr viel freundlicher. Rick gab sich jetzt wirklich Mühe. Ich begann mich damit abzufinden, daß er entweder verschwinden oder völlig einbezogen werden mußte. Ein Mittelding gab es nicht. Von diesem Tag an veränderte er sich langsam. Er ließ die Wüste auf sich wirken; er begann sie langsam zu sehen und als Folge davon auch sich selbst.

Wir kamen an Lassiters Cave vorrüber – der arme Lassiter, dieser goldgierige Tropf, der seine Kamele verlor und in den Dünen umkam. Als man ihn fand, hielt er noch einen Nasenpflock in der Hand, den er einem der scheuendenTiere herausgerissen haben mußte. Er nahm ein bis heute ungelöstes Rätsel mit ins Grab – den genauen Platz einer Goldmine. Angeblich wäre er Billionär geworden, wenn er es zurück geschafft hätte. Die Pitjantjaras, die zu diesem Zeitpunkt buchstäblich noch nie einen Weißen gesehen hatten, versuchten ihn zu retten. Aber wie so viele andere glücklose Schürfer mußte auch er aufgeben und starb einen kläglichen Tod, dabei wäre er bald in Sicherheit gewesen. Viele der alten Pitjantjaras erinnern sich noch an ihn. Ich versuchte krampfhaft, nicht an den Nasenpflock in seiner Hand zu denken.

Ein oder zwei Tagesmärsche vor Docker ereignete sich die erste große Katastrophe des Trips. Ich führte die Kamele vorsichtig durch einen Fluß, in dessen Bett früher ein Weg verlief, als Dookie, das Schlußlicht, ausrutschte und im Wasser landete. Ich ging zurück und befahl ihm aufzustehen. Ich tippte ihm auf die Schulter und wiederholte meinen Befehl. Er sah mich schmerzerfüllt an, und stöhnend versuchte er, sich aufzurichten. Es regnete in Strömen, und ich konnte kaum etwas sehen. Dookies rechtes Vorderbein versagte ihm den Dienst.

An diesem Tag schlugen wir unser Lager in einem leuchtenden grasgrünen Licht auf. Ich hatte keine Ahnung, was mit dem Bein los war. Ich betastete, massierte und untersuchte es von der Schulter bis zum Fuß. Ich konnte keine Schwellung entdecken. Ich machte heiße Umschläge, denn ich wußte nicht, was ich sonst tun sollte. War das Bein gebrochen? War eine Sehne gezerrt? Was war es? Jedenfalls konnte Dookie nicht laufen. Er saß mitleiderregend im Flußbett und weigerte sich aufzustehen. Ich sammelte Futter und brachte es ihm; ich massierte ihm wieder die Schulter; ich streichelte und liebkoste ihn und fühlte mich währenddessen elend, müde und geschlagen. Immer wieder drängte sich mir ein Gedanke auf, den ich zu verscheuchen suchte: Vielleicht mußte ich meinen Dookie erschießen, den Trip abbrechen, und das Ganze platzte wie ein Luftballon. Ich war froh, daß Richard bei mir war.

Schließlich hörte es auf zu regnen. Alles glänzte und strahlte wie frisch gewaschen. Wir rasteten zwei Tage und humpelten dann nach Docker, und auch dort begrüßten uns Scharen aufgeregter Kinder. Der Gemeindeberater bot uns einen Wohnwagen an. Rick beschloß zu bleiben, bis sich Dookies Schicksal entschieden hatte. Ich wartete insgesamt sechs Wochen dort, ohne zu wissen, ob das Bein heilen würde. Rick blieb zwei Wochen. Es war keine glückliche Zeit.

Ich staune immer wieder darüber, daß es Menschen gelingt, nach außen ruhig, kontrolliert und vernünftig zu bleiben, wenn alles in ihnen gärt, in Bewegung und durcheinander gerät. Heute erkenne ich, daß sich in Docker eine Art geistiger Zusammenbruch anbahnte, obwohl ich es damals anders bezeichnet hätte. Schließlich funktionierte ich noch wie immer. Die Weißen waren freundlich. Sie taten alles, um mich zu unterhalten. Sie kümmerten sich rührend um mich, konnten aber nicht wissen, daß ich meine ganze Energie brauchte, um im Wohnwagen zu bleiben und meine Wunden zu lecken. Sie konnten nicht ahnen, daß sie mich mit ihren Einladungen quälten, und ich fühlte mich zu schwach, sie abzulehnen. Hinter meinem endlosen Lächeln verbarg sich grenzenlose Verzweiflung. Ich wollte mich verstecken; ich schlief Stunde um Stunde, und wenn ich aufwachte, war da nichts. Das graue Nichts. Ich war krank.

Welche Rechtfertigungen für das Fotografieren von Eingeborenen ich mir auch zurechtgelegt hatte, hier brachen sie alle in sich zusammen. Sie haßten es, das ließ sich nicht leugnen. Sie wußten, sie wurden ausgenutzt. Ich bat Rick, mit dem Fotografieren aufzuhören. Er erwiderte, er habe einen Job zu erledigen. Ich sah mir das kleine Buch an, das *National Geographic* ihm gegeben hatte und in das er seine Ausgaben eintrug. Ich entdeckte eine Sparte «Geschenke für Eingeborene». Ich konnte es nicht glauben. Ich forderte ihn auf, fünftausend Dollar für Spiegel und Glasperlen einzutragen und das Geld den Aborigines zu geben. Ich begriff auch, daß eine Berichterstattung in konservativen Zeitschriften wie *National Geographic* den Leuten absolut nichts bringen würde – gleichgültig, wie mein Artikel aussah. Die Aborigines blieben exotische Primitive. Die Leser würden sie anstarren und sich keinen Deut darum kümmern, was mit ihnen geschah. Ich erklärte Rick, daß er sich an einer Art Parasitentum beteiligte. Außerdem sahen sie in mir alle seine Frau und übertrugen ihre Gefühle für ihn automatisch auf mich. Sie verhielten sich so höflich und respektvoll wie immer, nahmen mich mit auf die Jagd und zum Sammeln, aber die Mauer zwischen uns ließ sich nicht übersehen. Er führte all die alten Argumente ins Feld, aber ich wußte, er konnte selbst nicht mehr so recht daran glauben.

Es wurde Zeit für ihn abzureisen, und er fühlte sich gescheitert – er hatte seine Aufgabe nicht erfüllt. Eines Abends hörten wir Klagegesänge aus dem Lager. Ohne mein Wissen schlich er frühmorgens aus dem Wohnwagen und ging hinüber, um Aufnahmen zu machen. Er hatte keine Ahnung, daß er eine heilige Zeremonie, ein heiliges Ritual aufnahm, und er konnte von Glück reden, daß er keinen Speer ins Bein bekam. Ich erfuhr es erst nach seiner Abreise, aber ich spürte, daß die Menschen uns ablehnten. Natürlich nicht offen, niemals offen, es blieb ein Gefühl; ich spürte, wie sie durch mich hindurchsahen. Eines meiner wichtigsten Ziele – mit den Aborigines zusammenzusein – schien jetzt unerreichbar zu sein.

Ich ließ die Kamele zehn Kilometer außerhalb der Stadt weiden, denn dort wuchs das beste Futter. Dookie legte ich keine Fesseln mehr an. Ich fuhr täglich hinaus, um nach ihnen zu sehen, sammelte Futter für Goliath, dem ich aus Seilen einen Auslauf gebaut hatte, und starrte auf Dookie, dessen Zustand sich nicht zu bessern schien.

Ich beschloß, mit dem Postflugzeug nach Alice Springs zurückzufliegen, um mit einem Tierarzt oder Sallay zu sprechen und vielleicht ein tragbares Röntgengerät aufzutreiben. Ich kann das Gefühl der Niederlage nicht beschreiben, als ich auf dem Flughafen in Alice Springs landete. Ich hatte geschworen, niemals dorthin zurückzukehren. Es schien, als würde ich mich nie von diesem Ort lösen können. Ich fragte jeden um Rat. Ich versuchte, von der Gesundheitsbehörde, den Krankenhäusern, ja sogar von den Zahnkliniken ein Röntgengerät zu leihen – ohne Erfolg.

Immer wieder bekam ich dieselbe Antwort: warten und hoffen.

Ich flog zurück. Richard reiste ab und ließ mir den Wagen zurück.

Der Tagesablauf in den nächsten Wochen war unendlich mühsam. Morgens zwang ich mich aufzustehen, nachdem ich die ganze Nacht einen albernen Science-fiction-Roman gelesen hatte, um nicht ins Grübeln zu verfallen. Dann fuhr ich hinaus zu den Kamelen. Die Fahrt war manchmal ein bißchen lustiger, wenn ich eine Schar Kinder mitnahm, aber an dem Tag, als ich meinem ersten wilden Hengst begegnete, war ich allein.

«Mein Gott, Diggity! Dookie ist ja plötzlich viel größer. Das muß an dem vielen grünen Fu ... o nein! Mein Gott. Jetzt ist es soweit.»

Dort flirteten sie mit meiner Zelly und setzten den beiden anderen dumme Gedanken in den Kopf ... wenn ich zu lange wartete, würden sie sich mit den anderen auf und davon machen. Glücklicherweise sah ich einen jungen Eingeborenen in der Nähe. Er umkreiste die Hengste mit dem Auto, damit sie mich nicht angreifen konnten, während ich zitternd vor Angst zu Zelly hinüberrannte und sie blitzschnell an einen Baum band. So weit, so gut. Dann raste ich mit Lichtgeschwindigkeit in die Siedlung zurück. Es geht nichts über ein bißchen Gefahr, um das Blut wieder in Wallung zu bringen. Ich schnappte mir die Flinte, ein paar Männer und fuhr im Eiltempo hinaus. Ich konnte mit dem Ding kaum umgehen und fürchtete mich immer noch davor. Jedesmal wenn ich abdrückte, schloß ich unwillkürlich die Augen. Ich stützte den Arm auf das Auto, schoß, fehlte, schoß, verwundete, schoß, schoß, schoß, schoß und tötete.

Dann jagten wir den anderen Hengsten im Auto hinterher. Die Männer schossen mit lächerlichen kleinen Zweiundzwanzigern. Die Kamele starben erst nach vielen Treffern, und jede Kugel schien mich selbst zu treffen. Es war schrecklich und entsetzlich, diese stolzen Tiere in den Staub sinken zu sehen. Es ist mir unverständlich, daß jemand zum Vergnügen töten kann. Und dann kamen die Gewissensbisse.

Ein paar Tage später kam Glenys. Sie arbeitete für den staatlichen Gesundheitsdienst als Krankenschwester in den verschiedenen Reservaten. Ich mochte sie sofort. Wir gingen oft zusammen mit den Frauen auf die Jagd, gruben Engerlinge, sammelten Honigameisen und suchten Kaninchenbauten. Die Frauen gruben mit ihren Stöcken tief in die Erde, und wenn sie Glück hatten, holten sie gleich ein paar Kaninchen heraus, denen sie geschickt den Hals umdrehten. Sie wurden in den Wagen geworfen und zu Hause über dem Feuer gebraten. Ich liebte diese Expeditionen – etwa zwanzig Frauen und Kinder drängten sich lachend und schnatternd in und auf den Toyota, und wir fuhren dann vielleicht fünfzig Kilometer weit zu einem bestimmten Platz. Die mageren räudigen Lagerhunde rasten japsend und kläffend hinter uns her. Halb tot vor Erschöpfung kamen sie dann Stunden später an, wenn wir gerade wieder aufbrachen.

Glenys und ich beschlossen, nach Giles zu fahren, eine Wetterstation, die hundertfünfzig Kilometer westlich lag. Dort gab es ein großes Eingeborenenlager und auf der Station ein paar Weiße. Als wir ankamen, begrüßten uns einige junge Männer und luden uns in die Kantine ein. Wir kannten die unvermeidlich folgende Konversation und verspürten beide keine große Lust dazu. Glenys hatte eine schwarze Mutter, und die Niggerwitze trafen sie härter als mich. Ich hatte mir angewöhnt, sie zu überhören. Wir sagten einem der Männer, wir wollten hinunter ins Lager fahren.

«Probier mal, ob du ein paar Nigger mit dem Gewehrkolben erschlagen kannst, hahaha.»

Ich legte den Rückwärtsgang ein, gab Gas, und er stand in einem

Hagel von Kieselsteinen. Glenys beugte sich aus dem Fenster und fluchte. Ihm fiel der Unterkiefer runter.

Im Lager unterhielten wir uns mit ein paar Frauen. Nach einiger Zeit berieten sie sich flüsternd; dann kam eine alte Frau zu uns herüber und fragte, ob wir tanzen lernen wollten. Natürlich wollten wir. Sie führten uns zu einer Lichtung, die man vom Lager aus nicht sah. Die ältesten Frauen, wunderschöne, häßliche alte Hexen setzten sich, und hinter ihnen sammelten sich die anderen Frauen und Mädchen. Glenys und ich saßen ganz vorne. Sie brachten sich mit viel Gelächter und Berührungen in die richtige Stimmung. Ich sprach nicht genug Pitjantjara, um alles zu verstehen, was sie sagten, aber darauf kam es auch nicht an. Die Stimmung übertrug sich. Sie begannen zu singen. Die Alten stimmten abwechselnd Gesänge an. Manche Frauen suchten sich Stöcke und schlugen auf der roten Erde den Rhythmus. Ich wußte nicht, ob ich mitsingen sollte, ich kannte die Regeln nicht. Aber solange die dröhnende, vom Staub untermalte meditative Musik anhielt, fühlte ich mich entrückt und den Tränen nahe. Die Töne schienen aus der Erde aufzusteigen, waren eins mit ihr. Es war ein Gesang der Einheit und des Verstehens. Die Alten waren Teil der Erde. Ich wollte nichts als verstehen. Warum taten diese lächelndenFrauen das für uns? Ich ging auf in dem Gefühl dazuzugehören. Sie führten mich in ihre Welt. Sie fragten, ob ich tanzen wolle. Ich kam mir dumm und unbeholfen vor und fürchtete mich aufzustehen. Schließlich ergriff eine alte Frau meine Hand, und zu den merkwürdig schnalzenden Rhythmen und der dröhnenden Melodie begann sie zu tanzen. Sie forderte mich auf, es ihr nachzutun. Ich gab mir große Mühe. Hinter mir erhob sich schallendes Gelächter. Die Tränen rollten den Frauen über das Gesicht, und sie bogen sich vor Lachen. Ich lachte mit, und meine alte Lehrerin umarmte mich. Sie zeigte mir noch einmal das schwierige Vibrieren des Körpers am Ende jeder Kadenz, und schließlich konnte ich es. Dann tanzten wir ernsthaft. Wir hüpften und schlurften über den Boden, vibrierten am Ende, wendeten, tanzten zurück und bildeten allmählich einen Kreis. Stunden vergingen. Auf eine unausgesprochene Gruppenentscheidung hin wurden es immer weniger Frauen. Der Tanz war zu Ende. Es dauerte nicht lange, und alle gingen davon. Wir standen da und wußten nicht, was von uns erwartet wurde. Wir wollten ebenfalls gehen, als eine der alten Frauen zu uns kam, ihr zahnloses Mündchen spitzte und sagte: «Sechs Dollar. Macht sechs Dollar.» Sie streckte eine knorrige alte Hand aus, die anderen drehten sich um und sahen uns an. Mir hatte es die Sprache verschlagen. Ich hatte nie im Traum daran gedacht ... ich holte tief Luft und sagte ihr, daß wir kein Geld hatten. Ich zeigte ihr meine leeren Taschen. «Zwei Dollar. Zwei Dollar habt ihr doch.» Glenys wühlte überall und gab ihr alles Kleingeld, das sie fand. Ich versprach, das Geld zu schicken, und wir gingen.

Auf dem Rückweg redeten wir nicht viel. Ich wußte damals noch nicht, daß es lediglich eine Anstandsgeste ist, am Ende eines Tanzes ein kleines Geschenk zu machen. Ich empfand es als eine symbolische Niederlage und kam zu dem Schluß, es würde mir nie gelingen, in ihre Welt einzudringen; ich würde immer eine weiße Touristin bleiben, die sie aus der Distanz betrachtet.

Und so schleppte sich der allmähliche Zusammenbruch meiner kleinen Hoffnungen und Träume dahin. Dookies Schulter heilte langsam. (Ich hatte inzwischen einen Muskelriß diagnostiziert.) Ich hörte mich in Docker um, ob irgendein alter Mann bereit wäre, mich nach Pipalyatjara zu begleiten. Ich wollte die nächsten hundertfünfzig Kilometer oder so querfeldein gehen. Ich wußte, ich betrat dabei heiliges Land mit vielen heiligen Plätzen, von denen Frauen sich fernhalten mußten. Um ihre Bräuche nicht zu mißachten, konnte ich dieses Gebiet nur mit Hilfe eines alten Mannes durchwandern, denn ich wollte unter allen Umständen die Straße vermeiden. Ohne wirklich zuzusagen, sagten sie auch nicht nein – eine übliche Form der Höflichkeit unter den Eingeborenen, ein deutlicher Hinweis. Sie trauten mir nicht, obwohl ich keine Kamera dabeihatte. Der gereizte Gemeindeberater hatte mich über Ricks Alleingang aufgeklärt, und ich wußte, daß ich als seine Komplizin galt. Es fiel mir schwer, ihnen noch in die Augen zu blicken. Eine heilige Handlung zu fotografieren war weit schlimmer, als eine Kirche fanatischer Christen zu entweihen. Die Aborigines unterschieden Reisende in zwei Gruppen: Touristen und Menschen. Ich wußte, für sie war ich zur Touristin geworden.

Es lebten etwa ein halbes Dutzend Weiße in Docker. Sie waren in Ordnung. Vom Gemeindeberater über den Mechaniker zum

Lagerverwalter luden mich alle zu Barbecues, Picknicks oder zur Jagd ein, aber es gelang ihnen nicht, mich aufzuheitern.

Als die Abreise heranrückte, wußte ich, daß keiner der alten Männer mich begleiten wollte. Das bedeutete, zweihundertfünfzig Kilometer Wüste mutterseelenallein zu bewältigen. Obwohl ich keinen Autos begegnen würde, freute ich mich nicht darauf. Ich wußte nicht einmal, ob ich weitergehen sollte. Alles erschien mir ziemlich sinnlos. Ich hatte die Reise verkauft, alles falsch verstanden und falsch angepackt. Für die Aborigines war ich nichts anderes als ein unsensibler Störenfried. Die Reise hatte ihren Sinn verloren; das Magische, Inspirierende daran war verschwunden. Zurück blieb eine leere, närrische Geste. Ich wollte aufgeben. Aber was sollte ich tun? Nach Brisbane zurückgehen? Wenn das schwerste und lohnendste Unternehmen, das ich je in Angriff genommen hatte, zu einem jämmerlichen Fehlschlag wurde, was sollte mir dann noch gelingen? Ich verließ Docker unglücklicher, negativer und geschwächter als je zuvor.

8

Als ich allein aus der Siedlung zog, sah ich nur noch die Eintönigkeit; allem, aber auch allem fehlte Substanz. Meine Schritte schienen schmerzhaft langsam, klein und bleiern zu sein. Sie führten mich nirgends hin. Schritt für Schritt. Dieses endlose Wandern lähmte und erschöpfte mich. Meine Gedanken kreisten immer tiefer. Die Landschaft wirkte fremd, blaß, stumpf und war in ein überwältigend feindliches Schweigen gehüllt.

Nach ungefähr dreißig Kilometern war ich müde und durstig. Ich trank Bier. Ich wollte mir gerade einen Lagerplatz suchen, als durch den Bierdunst der Nachmittagshitze drei große starke Kamelhengste in voller Brunst auf mich zustürmten.

Panik und Entsetzen. Panik und Entsetzen. «Denk daran, sie greifen an und töten. Also jetzt: erstens Bub sicher festbinden. Zweitens: ihn zum Sitzen bringen. Drittens: das Gewehr aus dem Futteral nehmen. Viertens: Gewehr laden. Fünftens entsichern, zielen und abdrücken.» Sie waren noch etwa dreißig Meter entfernt, und aus einem schoß das Blut in hohem Bogen. Er schien es nicht zu bemerken. Sie stürmten weiter.

Mir gerann das Blut in den Adern. Ich konnte nicht fassen, was geschah. Ich glaubte, es würde nie aufhören. Mir dröhnten die Ohren, der kalte Schweiß rann mir über den Rücken. Vor Angst verschwamm mir alles vor den Augen. Aber das ging vorüber. Dann dachte ich nicht mehr, sondern handelte nur noch.

Zzzzt. Diesmal traf ich ihn direkt hinter dem Kopf, er wendete und schwankte davon. Zzzzt. Wieder ein Treffer in die Herzgegend; er brach zusammen, blieb aber sitzen. Zzzt. Ein Treffer in den Kopf. Tot. Die beiden anderen trollten sich und verschwanden im Gebüsch. Zähneklappern – Herzklopfen. Zähneklappern – Herzklopfen. Diesmal hast du gewonnen.

Ich entsattelte die Kamele, fesselte ihnen die Vorderbeine sehr eng und sah mich ständig um. Es wurde dunkel. Sie kamen zurück. Etwas mutiger legte ich auf den einen an, verwundete ihn aber nur. Die Nacht brach zu schnell herein.

Das Feuer flackerte auf dem weißen Sand, der im Mondlicht glitzerte. Der Himmel war ein schwarzer Onyx. Ich hörte das Getrampel der Kamelhengste, die das Lager umkreisten, bis ich einschlief. Ich wachte auf und sah im Mondlicht etwa zwanzig Meter entfernt einen Hengst im Profil. Er war schön und stolz. Er gefiel mir, und ich wollte nicht auf ihn schießen. Er beachtete mich nicht. Unter dem Gebimmel der Kamelglocken und dem friedlichen Geräusch des Wiederkäuens schlief ich wieder ein.

Bei Sonnenaufgang war ich schon wieder auf den Beinen – das Gewehr geladen und schußbereit. Beide Hengste waren noch da. Den Verwundeten mußte ich töten. Ich versuchte es. Wieder eine Blutfontäne; er rannte davon und leckte an seiner Wunde. Ich konnte ihm nicht folgen. Ich wußte, er würde langsam sterben, aber ich konnte ihm nicht folgen. Ich mußte an mein Überleben denken. Und nun gab es nur noch ihn – den letzten jungen Hengst, ein schönes Tier wie aus einem Märchen. Ich traf eine Entscheidung. Ihn wollte ich verschonen, wenn er nicht etwas tat, was meine Sicherheit gefährdete. Die Entscheidung machte mich glücklich. «Ja, vielleicht schließt er sich uns an und kommt bis nach Carnarvon mit. Ich werde ihn Aldebaran nennen. Ist er nicht toll,

Diggity? Dookie und er passen gut zusammen. Ich muß ihn nicht töten!» Ich schlich mich an meine Kamele heran, um sie einzufangen. Er beobachtete mich. Jetzt fehlte mir nur noch Bub. Mit gefesselten Vorderbeinen machte er sich aus dem Staub, und der neue Hengst trabte lässig neben ihm her. Ich konnte Bub nicht fangen, solange der Hengst in seiner Nähe blieb. Eine Stunde lang versuchte ich es, dann mußte ich vor Erschöpfung aufgeben. Ich hätte Bubby umbringen, ihn in Stücke reißen und die Eier abschneiden können. Aber die fehlten ihm ja bereits. Ich nahm das Gewehr, näherte mich dem jungen Hengst bis auf etwa zehn Meter, der inzwischen erregt gurgelte, und zielte auf eine Stelle, von der ich wußte, daß die Kugel ihn sofort töten würde. Das tat sie aber nicht. Er biß sich in die Wunde und brüllte vor Schmerzen. Er verstand den Schmerz nicht. Ich weinte. Ich schoß noch einmal, diesmal in den Kopf. Er ging in die Knie und erstickte fast am eigenen Blut. Ich ging bis an seinen Kopf heran, und wir starrten uns an – jetzt hatte er begriffen. Er sah mich an, und ich schoß ihm direkt ins Gehirn.

Bubby kam verwirrt angetrabt und leckte etwas von dem Blut auf. Seine Nüstern sahen aus, als sei er in einen Farbtopf geraten, und er versuchte, das Blut abzulecken. Er ließ sich ohne weiteres fangen. Ich schlug ihn nicht. Ich ging weiter.

Es begann eine neue Zeit, ein neuer Raum und eine neue Dimension. Ein Tag umfaßte tausend Jahre und jeder Schritt dauerte eine Ewigkeit. Die Kasuarinen neigten sich ächzend zu mir herunter, als wollten sie nach mir greifen. Dünen tauchten vor mir auf, und Dünen verschwanden. Hügel ragten vor mir auf, und Hügel verschwanden. Wolken zogen heran, und Wolken zogen davon. Und immer der Weg, der Weg, der Weg, immer der Weg.

Ich schlief vor Erschöpfung in einem ausgetrockneten Bachbett ein. Mich beschäftigte nur mein Versagen, und ich war noch nicht einmal fähig, ein Feuer zu machen. Am liebsten hätte ich mich in eine dunkle Ecke verkrochen. Ich glaubte, viel länger als zwei Tage unterwegs zu sein. Aber hier galt eine andere Zeit. Sie dehnte sich bei jedem Schritt. Und in jedem Schritt lag ein Jahrhundert kreisender Gedanken. Ich wollte nicht so denken und schämte mich meiner Gedanken, aber ich konnte sie nicht verhindern. Der kalte, grausame Marmormond lastete drückend auf mir und saugte mich aus. Nicht einmal im Traum konnte ich mich vor ihm verstecken.

Auch am nächsten Tag und am übernächsten Tag gab es nur die Straße, die Dünen und den kalten Wind. Sie höhlten mich aus, zerrten an meinen Gedanken und nichts geschah. Nichts geschah. Ich wanderte und wanderte.

Das Land war trocken. Wie konnten die Kamele nur so durstig und so mager sein. Nachts kamen sie ins Lager und versuchten, die Wasserkanister umzustoßen. Ich rationierte das Wasser, weil ich nicht mehr genug hatte. Auf der Karte stand: «Felsloch.» Gott sei Dank. Irgendwann in der dunstigen, dehnbaren Zeit verließ ich den Weg und ging in die angegebene Richtung. Es folgten noch mehr Sanddünen, dann eine trostlose Ebene – endlos, trocken und verlassen, ein toter Vogel und zwei leere Wasserlöcher. Irgend etwas in mir setzte sich in Gang. Die Stricke begannen zu reißen, die meine Panik niederhielten. Ich ging weiter. An diesem Abend schlug ich das Lager in den Sanddünen auf.

Der Himmel hing schwer und bleiern über mir. Der Tag war grau, glatt und glitschig gewesen wie ein Froschbauch. Regentropfen fielen, aber sie konnten den Staub nicht niederhalten. Der Himmel laugte mich aus; er leerte mich aus. Ich beugte mich frierend über mein kleines Feuer. Irgendwo lag ich in mein Bündel schmutziger Decken gehüllt – irgendwo zwischen erstarrten Sanddünen in einer gespenstischen und vergessenen Wüste, wo die Zeit nur durch den ewigen Lauf der Gestirne oder an dem trostlosen Ruf einer erwachenden Krähe gemessen wird. Der Frost hing wie brüchige Spinnweben an den schwarzen Büschen, und der Himmel überzog sich mit einem kalten Glitzern. Es herrschte vollkommene Stille. Ich schlief ein. Kurz bevor die Sonne blutrote Strahlen auf den Sand zeichnete, wachte ich plötzlich auf und versuchte, einen Traum abzuschütteln, an den ich mich nicht mehr erinnern konnte. Ich war gespalten. Ich glaubte, in der Vorhölle zu sein und konnte mich nicht mehr zurechtfinden.

Es gab keine Anhaltspunkte, nichts, was die Welt ordnete und zusammenhielt. Es gab nur das Chaos und die Stimmen.

Die laute, die haßerfüllte, mächtige Stimme verspottete mich und lachte mich aus.

«Diesmal bist du zu weit gegangen. Jetzt habe ich dich. Ich hasse dich. Du bist widerlich. Du bist nichts. Und jetzt habe ich dich. Ich wußte, daß ich dich früher oder später kriegen würde. Du weißt, es hat keinen Sinn, gegen mich zu kämpfen. Hier ist niemand, um dir zu helfen. Du gehörst jetzt mir. Nur mir.»

Eine andere Stimme sprach ruhig und freundlich zu mir. Sie befahl mir, mich hinzulegen und ruhig zu bleiben. Sie riet mir, nicht nachzugeben, nicht aufzugeben. Sie versicherte, ich würde zu mir finden. Ich müsse nur durchhalten und ruhig liegenbleiben.

Die dritte Stimme schrie.

Diggity weckte mich im Morgengrauen. Ich lag verkrampft und eiskalt in der Nähe des Lagers. Der Himmel war kalt, blaßblau und erbarmungslos wie die Augen eines österreichischen Psychopathen. Ich wanderte wieder in die verzerrte Zeit hinaus. Nur eine Hälfte von mir funktionierte wie ein programmierter Roboter. Ich wußte, was ich tun mußte: «Das mußt du tun. Das hält dich am Leben. Vergiß es nicht.» Ich ging hinaus in das böse flüsternde Sandmeer. Wie ein Tier spürte ich eine drohende Gefahr, obwohl mich unter der glühenden Sonne eine eisige Grabesstille umgab. Ich spürte, wie sie mich beobachtete, wie sie mir folgte, wie sie auf mich wartete.

Ich versuchte, sie mit meiner Stimme zu besiegen. Aber ich brachte nur ein Krächzen hervor, das von der Stille verschluckt wurde. «Wir müssen nur Mount Fanny erreichen», hörte ich mich sagen, «dort gibt es mit Sicherheit Wasser. Du mußt nur einen Schritt vor den anderen setzen, und du darfst auf keinen Fall in Panik geraten.» In der flirrenden blauen Ferne konnte ich etwas erkennen, das Mount Fanny sein mußte. Ich wünschte mir nichts sehnlicher als dort zu sein, im Schutz dieser Felsen zu sein. Ich wußte, ich reagierte unvernünftig. Ich hatte mehr als genug Wasser, um Wingelinna zu erreichen. Aber die Kamele ... ich war so sicher gewesen, daß sie eine Woche ohne Schwierigkeiten durchhalten würden. Ich hatte diese plötzliche Trockenheit nicht vorausgesehen – den Mangel an Grünfutter. «Aber dort gibt es Wasser. Natürlich gibt es dort Wasser. Das hat man mir doch gesagt! Aber wenn es kein Wasser gibt? Wenn die Windräder leerlaufen? Wenn ich die Wasserstelle verfehle? Wenn diese dünne Leine reißt, die mich an meine Kamele bindet? Was dann?» Gehen, gehen, gehen, immer nur Sanddünen, und eine sah aus wie die andere. Ich kam mir vor wie in einer Tretmühle – es gab kein Vorwärts und keine Veränderung. Der Berg kam ganz langsam näher. «Wie weit ist es jetzt noch? Ein Tag? Das ist der längste Tag. Vorsicht. Vergiß nicht: Es ist nur ein Tag. Geh weiter. Du darfst nicht aufgeben. Vielleicht kommt ein Auto. Keine Autos. Und wenn kein Wasser da ist. Was dann? Hör doch damit auf. Du mußt damit aufhören. Geh einfach weiter. Setze einen Schritt vor den anderen, das ist alles.» Und dieser Dialog in meinem Kopf nahm kein Ende. Er begann immer wieder von vorne. Immer wieder dasselbe.

Spät am Nachmittag – lange kriechende Schatten. Der Berg war nahe. «Bitte, bitte, laß mich vor Einbruch der Nacht dort sein. Bitte, laß mich in der Dunkelheit nicht hier sein. Sie wird mich verschlingen.»

Hinter der nächsten Düne muß es sein. Sicher. Nein. Dann aber hinter der nächsten Düne. O.K. hinter der nächsten, nein, der nächsten, nein, der nächsten, nein, der nächsten. Mein Gott, ich bin verrückt. Der Berg ist da. Ich kann ihn fast berühren. Ich begann zu schreien. Wie eine Verrückte brüllte ich die Dünen an. Diggity leckte mir die Hand und winselte. Aber ich konnte nicht aufhören. Das dauerte schon eine Ewigkeit. Ich schleppte mich in Zeitlupe vorwärts. Alles wurde langsamer.

Und dann – hinter dem letzten Sandhügel hatte ich es geschafft. Die Dünen lagen hinter mir. Weinend warf ich mich auf den steinigen Boden und betastete mit beiden Händen den Felsen. Ruhig und sicher kletterte ich den steilen Hang nach oben – nur weg von dem schrecklichen Sandmeer. Die Felsen waren schwer, dunkel und stark. Sie erhoben sich aus dem Sand wie eine Insel. Ich kletterte über den mächtigen Bergkamm, der sich in saftigem Grün aus den Wogen aus Sand erhob. Ich blickte noch einmal in die Unendlichkeit zurück, in der ich gewesen war. Die Erinnerung begann schon zu verblassen – die Erinnerung an eine qualvolle Zeit ohne Ende. Ich hatte schon fast alles vergessen. Die Tage schwanden aus meinem Gedächtnis, und zurück blieben nur ein paar Momente, an die ich mich erinnern konnte. Ich war in Sicherheit.

«Das Windrad wird leicht zu finden sein ... oder das Wasserloch. Ist ja egal. Irgendwo wird es hier schon Wasser geben. Jetzt ist alles in Ordnung.» Die Angst fiel von mir ab, und ich lachte erleichtert über mich selbst, über mein absurdes Verhalten, das nur eine Folge emotionaler und physischer Überanstrengung gewesen war – mehr nicht. Mir ging es gut. Alles würde gut werden. Die Seile waren nicht gerissen, und ich streichelte Diggity. «Diggity ist bei mir. Es ist alles in Ordnung. O.K. Es ist schon zu dunkel, um das Windrad heute noch zu suchen, Dig. Aber hier wächst soviel saftiges Futter, damit werden sie mehr als zufrieden sein. Was meinst du, Kleine? Wir suchen das Windrad morgen. Die Vögel und die Spuren werden uns hinführen. Und dann bekommen die Kamele einen ordentlichen Schluck Wasser. Aber jetzt mache ich uns erst einmal ein loderndes Feuer und einen Tee. Und du bekommst etwas zu fressen, Kleines.»

Ich schlief tief und traumlos, erwachte erst wieder in der Morgendämmerung. Ich fühlte mich leicht und beschwingt wie ein Schmetterling. Keine Spur der Erschöpfung des vergangenen Tages, keine Spur mehr von den feindlichen Stimmen. Alles war wie weggewischt. Ich war überglücklich. Um mich herum barst alles vor Leben und Lebenslust. Die Farben tanzten und glitzerten in der kühlen, frischen Morgenluft. Und dann die Vögel, überall Vögel. In bester Laune packte ich schnell zusammen. Das lief reibungslos wie bei einer Präzisionsmaschine. Ich fühlte mich irgendwie größer – wie aufgeblüht. Ich ging etwa hundert Meter, und hinter einer Biegung stand das Windrad. Die Kamele tranken, Diggity trank, und ich nahm ein eiskaltes, belebendes Bad.

Etwa ein Kilometer hinter der Wasserstelle marschierte ich geradewegs in eine Herde von vierzig Kamelen. Ich zog ruhig und geschickt das Gewehr hervor. Ich hatte sie schon entdeckt, als sie wie Geister von ihrer Wasserstelle hoch oben auf dem Berg herunterkamen. Wir benutzten denselben Weg und ließen uns nicht aus den Augen. Ich wußte, dieses Mal mußte ich nicht schießen – aber ich setzte auf Nummer sicher. Das ist die Regel bei diesem Spiel. Ich lächelte sie an. Sie waren unbeschreiblich schön. Der große Leithengst drängte die anderen langsam vorwärts und blickte immer wieder zurück, um die Lage einzuschätzen. Sie blieben stehen, ich blieb stehen – Sackgasse. Ich rief, winkte und lachte sie an. Sie wunderten sich nur. Ich winkte mit beiden Armen dem großen Hengst zu und rief laut und gebieterisch: «Hoo....!» Er sah mich höchst gelangweilt an. Ich feuerte ein paarmal in die Luft, und dieses Geräusch kannte er. Er trieb seine Familie zur Eile an, schnappte nach ihren Beinen, und er brachte sie auf Trab, bis schließlich vierzig schöne, wilde Kamele in einer Staubwolke davongaloppierten, daß das Echo im Tal widerhallte. Dann waren sie verschwunden. Jetzt wußte ich wieder genau, wer ich war.

Ich wollte mich abends gerade schlafen legen, als ich in der Ferne Motorengeräusche hörte ... fremde Geräusche und völlig fehl am Platz. Ich brauchte sie nicht mehr; ich wollte sie nicht mehr. Sie würden mich nur stören. Ich hatte sogar ein bißchen Angst vor ihnen, denn ich wußte, ich war noch immer nicht ganz klar im Kopf. «Wollen wir heute abend Menschen bei uns haben, Dig ... ja oder nein? Na ja, das Feuer soll es entscheiden. Wie werden sie auf mich reagieren? Und wenn sie mir Fragen stellen? Was soll ich antworten? Am besten nur lächeln und die Klappe halten. Was meinst du, mein Hündchen?» Ich suchte krampfhaft nach harmlosen Konversationsthemen. Aber die Erfahrung der letzten Woche hatte meinen Kopf davon leergefegt. Ich sagte leise zu Diggity: «Mein Gott, sie haben das Feuer gesehen. Sie kommen.» Nervös überprüfte ich mich noch einmal nach Anzeichen des Wahnsinns.

Aborigines. Warmherzige, freundliche, lachende, aufgeregte und müde Pitjantjaras, die von einer Sitzung der Landrechtskommission in Warburton kamen und nach Wingelinna und Pipalyatjara zurückkehrten. Ich hatte nichts zu befürchten. Sie stellten keine langen Fragen und redeten nicht viel. Ich mußte nichts vortäuschen. Teebecher machten die Runde. Ein paar blieben am Feuer sitzen und redeten. Die anderen fuhren nach Hause.

Das letzte Auto, ein abgewrackter, uralter Holden kam angetuckert. Drin saßen ein junger Fahrer und drei alte Männer. Sie beschlossen, die Nacht über zu bleiben. Ich gab ihnen Tee und Decken. Zwei der alten Männer sahen mich ruhig und lächelnd an. Schweigend saßen wir beisammen, und ich spürte, wie sich ihre Kraft auf mich übertrug. Einen mochte ich besonders – ein zwergenhafter Mann mit beredten Händen, der sehr aufrecht saß. An einem Fuß trug er einen riesigen Adidas und am anderen einen winzigen Frauenschuh. Er gab mir das beste Stück seines halbgaren Kaninchens. Aus dem Fleisch tropften Blut und Fett; das Fell war angesengt und stank. Ich nahm es dankbar an. Mir fiel ein, daß ich seit einigen Tagen nicht mehr richtig gegessen hatte.

Den dritten mochte ich weniger. Er war redselig, sprach ein bißchen Englisch und wußte nicht nur alles über Kamele, sondern wahrscheinlich auch über alles andere in der Welt Bescheid. Im Gegensatz zu den beiden anderen, die gelassen und ausgeglichen wirkten, war er laut und egoistisch.

Früh am nächsten Morgen kochte ich Tee und begann zusammenzupacken. Dabei unterhielt ich mich mit den Männern. Sie beschlossen, daß einer von ihnen mich auf der zweitägigen Strecke nach Pipalyatjara begleiten würde, damit mir nichts geschehen konnte. Ich war sicher, daß es der Redselige sein würde, der Englisch sprach, und mir sank das Herz.

Als ich aber mit den Kamelen aufbrach, wer schloß sich mir an – der kleine Mann. «Mr. Eddie», sagte er und zeigte auf sich. Ich deutete auf mich und sagte: «Robyn». Vermutlich verstand er «Kaninchen», denn das ist das Pitjantjarawort dafür. Es paßte auch zu mir. Und wir fingen beide an zu lachen.

Dritter Teil

Ein langer Weg

9

Eddie und ich wanderten die beiden nächsten Tage zusammen. Wir versuchten, uns mit Händen und Füßen zu verständigen, und unser wildes Gestikulieren war so komisch, daß wir uns vor Lachen nicht halten konnten. Wir gingen erfolglos auf Kaninchenjagd, sammelten eßbare Pflanzen und fühlten uns wohl miteinander. Es war eine richtige Freude, mit ihm zusammenzusein. Er besaß alle typischen Eigenschaften der alten Aborigines – Kraft, Wärme, Gelassenheit, Humor und eine Art Erdverbundenheit, Festigkeit, die einem sofort Respekt einflößte. Während wir so dahingingen, fragte ich mich, wie das Wort «primitiv» mit seinem ganzen subtilen und boshaften Beigeschmack mit solchen Menschen in Verbindung gebracht werden kann. Wenn der Satz: «Zivilisation heißt, sich mit der Krankheit abfinden», zutrifft, dann konnte man Eddie und seinesgleichen nicht als zivilisiert bezeichnen. Denn das war das Außergewöhnliche an ihm: Er war gesund, ausgeglichen und mit sich eins. Das strahlte er aus, und nur einem schwachsinnigen Dummkopf konnte das entgehen.

Wir gingen jetzt durch eine völlig andere Landschaft. Das ewige Rauf und Runter der Dünen lag weit hinter mir. Vor uns breitete sich eine riesige gelbe Graslandschaft aus, die sich wie ein rauschendes Weizenfeld bis zu den schokoladenbraunen Felsen und Bergen erstreckte. Dort wuchsen blaßgrünes und gelbes Stachelkopfgras und Gebüsch hinauf bis zum kahlen Felsen der Gipfel. Die meisten Bäume standen in kleinen Flußläufen. Hin und wieder erhob sich aus der gelben Weite ein einsamer roter Sandhügel. In Tälern und Schluchten leuchtete es grün, und über allem wölbte sich ein tiefblauer, unendlicher Himmel. Ich hatte das Gefühl für Raum zurückgewonnen – das Gefühl für den lichten, strahlenden, grenzenlosen Raum.

Aber nach dem Wahnsinn und der übermenschlichen Anstrengung wünschte ich mir nichts sehnlicher, als mich ernsthaft mit einem Menschen zu unterhalten. Obwohl Panik und Angst einer überschwenglichen Glückseligkeit gewichen waren, blieb ich bis ins Innerste aufgewühlt. Ich war noch immer verunsichert, und ich mußte zu mir zurückfinden und meine Erfahrungen verarbeiten. Ein Drittel der Reise lag hinter mir, und vermutlich war Glendle, der Gemeindeberater von Pipalyatjara, der erste und auch wohl der letzte Freund, mit dem ich mich unterhalten konnte. Ich sehnte mich danach, ihn zu treffen, um mir auf englisch all das Geschehene von der Seele reden zu können. Aber Eddie beharrte darauf, daß Glendle «gegangen» sei. Später entdeckte ich, daß er das Wort «gegangen» fast an jeden Satz anhängte. Ich hätte mir keine Sorgen zu machen brauchen. Aber der Gedanke, daß Glendle tatsächlich nicht mehr da sein könnte, war unerträglich.

Wenn Eddie dicht hinter mir ging, spürte ich seinen fragenden Blick auf mir – ich fühlte seine mißtrauischen Augen in meinem Nacken.

«Was hat die Frau nur? Warum kann sie sich nicht beruhigen. Andauernd fragt sie: Eddie, ist Glendle da? Ist er jetzt da?»

«Glendle gegaaaaaaaangen», sagte er und gestikulierte mit seiner kleinen Hand, dabei hob er die Augenbrauen und sah mich mit großen, tragikomischen Augen an. Aber mir fiel es schwer zu lächeln. Ich drehte mich um und ging weiter. Ich hätte jeden Moment losheulen können, aber ich riß mich zusammen und versuchte, das Zittern am Kinn zu unterdrücken.

«Bitte, bitte Glendle, du mußt dasein. Ich brauche jemanden, mit dem ich reden und alles wieder ins reine bringen kann. Ich habe noch nie so sehr einen Freund gebraucht wie jetzt. Bitte, bitte, sei da.»

Wir übernachteten fünf Kilometer vor Wingelina in einer Siedlung, in der Eddie zu Hause war. Er bat mich, an unserem Rastplatz zu warten, während er sich ein paar Sachen holte. Er kam mit einer rostigen Dose zurück, in der er eine Flasche Liniment, ein Röhrchen Aspirin und ein paar Wüstenkräuter hatte ... ach ja, einen roten Pullover brachte er auch noch mit.

Als wir am nächsten Morgen in Richtung Pipalyatjara weitergingen, war ich nervös und gespannt, während Eddie vor sich hin sang. Da ich nicht mehr die Karte benutzte, wußte ich nicht, wie weit die Siedlung noch entfernt war. Plötzlich stand an meiner rechten Seite eine Wellblechhütte. Ich mußte die ganze Zeit geradeaus gestarrt haben, denn sonst hätte ich sie viel früher bemerken müssen. Kinderzeichnungen und Malereien bedeckten die Wände der Hütte.

«Das kann doch wohl keine Schule sein? In Pipalyatjara gibt es doch keine Schule! Glendle ist doch der einzige Weiße hier?» Ich blieb verwundert stehen. Ich war vollkommen durcheinander. Ich wußte nicht mehr, ob Kinderzeichnungen an den Wänden eine Schule bedeuteten oder nicht. Ich wußte nicht mehr, ob ich verrückt genug war, um zu absurden Schlußfolgerungen zu kommen. Aber trotzdem sah die Hütte so aus wie eine Buschschule. Ja, natürlich, es mußte eine sein – was sonst? In der Tür tauchte ein Schatten auf, zögerte, rollte sich eine Zigarette und kam heraus. Ein junger Hippietyp kam auf mich zu und sagte ruhig und höflich: «Hallo, wir haben schon auf dich gewartet. Wie gehts?»

Ich verschluckte mich fast. Am liebsten wäre ich ihm um den Hals gefallen, hätte ihm die Füße geküßt und einen Freudentanz veranstaltet. Er sprach Englisch. Aber ich wußte immer noch nicht, wie verrückt ich war. Ich wollte aber auch nicht, daß er etwas merkte. Also starrte ich ihn mit einem ziemlich verkrampften, schiefen Lächeln an und murmelte: «Glendle?»

«Gleich um die Ecke siehst du ein paar Wohnwagen. Da findest du ihn.» Er lächelte und bot mir seine Zigarette an. Es wäre mir zu peinlich gewesen, wenn er meine zitternden Hände gesehen hätte. Außerdem fürchtete ich, etwas Unverständliches zu sagen oder zu tun. Deshalb schüttelte ich nur den Kopf, ging weiter und überlegte, ob er irgend etwas gemerkt hatte. Und dann wurde mir plötzlich klar, daß es den Leuten hier draußen völlig egal ist, ob man verrückt ist oder nicht. Eigentlich rechnen sie sogar damit und haben meist sogar selbst eine Macke. Außerdem gibt es hier nicht genug Leute, die sich darüber Gedanken machen könnten, ob jeder, der ankommt, alle Tassen im Schrank hat.

Ich wußte sofort, in welchem Wohnwagen ich Glendle finden würde. Wer sonst würde sich eine Äolsharfe an seinen Baum im Vorgarten hängen? Es war der einzige Baum weit und breit – und abgestorben war er auch noch. Natürlich war es auch kein richtiger Garten, sondern nur die unsichtbare Grenzlinie, die alle Behausungen umgibt. Er kam heraus. Wir fielen uns um den Hals, umarmten uns wieder und wieder. Ich konnte nicht sprechen. Deshalb machte ich mich daran, die Kamele von ihrer Last zu befreien. Dann gingen wir drei hinein, und es folgte das unvermeidliche australische Teeritual. Ich redete wie ein Wasserfall und konnte mich vor Freude über das geliebte Englisch gar nicht beruhigen. Und ich lachte.

Diese Euphorie hielt vier Tage an. Glendle war ein vollkommener, aufmerksamer, liebevoller Gastgeber. Er überließ mir sogar sein frisch bezogenes Bett und schlief draußen bei Eddie. Er behauptete, er schlafe viel lieber draußen als im Wohnwagen. Nur seine Faulheit hindere ihn daran, es öfter zu tun. Vielleicht stimmte es sogar, und ich nahm dankbar an. Mein Schlafsack war mir inzwischen zwar lieb und vertraut, aber das luxuriöse Gefühl, in einem richtigen Bett zu liegen, reizte mich doch. Diggity war überglücklich.

An diesem Abend machte Glendle den Tee. Eddie hatte draußen sein Lager aufgeschlagen, und pausenlos kamen alte Männer und Frauen, um ihn zu begrüßen und sich mit Glendle und mir zu unterhalten. Diese alten Leute beeindruckten mich immer wieder. Sie sprachen ruhig, lachten ständig und benahmen sich sehr diszipliniert. Ich wünschte, ich hätte mehr Pitjantjara verstanden. Zwar schnappte ich oft das Wort «Kamel» auf und bekam auch meist den Sinn der Unterhaltung mit, aber den Einzelheiten konnte ich nicht folgen. An ihren Gesichtern merkte ich, daß an diesem Abend viel Kamelgarn gesponnen wurde.

In den folgenden Tagen kamen immer wieder Leute zum Wohnwagen, um guten Tag zu sagen. Sie liehen sich Tassen und Teekessel, tranken Tee, machten ihrem Ärger Luft und beruhigten sich wieder, oder sie sprachen über Politik. Es war zwar sehr schön, aber ich fragte mich, wie Glendle dabei arbeiten konnte. Er mußte endlose Schreibtischarbeiten erledigen, die ihm die Bürokraten zumuteten, und das haßte er. Die Arbeit eines Gemeindeberaters mag in mancher Hinsicht beneidenswert sein, aber im Grunde ist es eine undankbare Aufgabe. Er muß sich im wesentlichen darum kümmern, daß das Geld an die einzelnen richtig verteilt wird. Gewöhnlich geschieht das über einen Laden, wo die Leute ihre Schecks einlösen und dafür Waren zu überhöhten Preisen einkaufen. Der Gewinn dient dazu, Dinge für die Gemeinde anzuschaffen, die der Aboriginalrat für wichtig erachtet, zum Beispiel Lkws oder Ersatzteile für die Wasserpumpen. Der Gemeindeberater kümmert sich um Gesundheits- und Erziehungswesen und fungiert als Mittelsmann zwischen staatlichen Dienststellen und den Eingeborenen. Das macht ihn natürlich zum Prügelknaben beider Seiten. Die Aborigines haben keine Ahnung von Etats, und sie wissen auch nicht, wie und warum sie zustandekommen. Die Bürokraten haben ihrerseits keine Ahnung vom Leben der Eingeborenen.

Glendle erzählte mir auch von anderen zermürbenden Aspekten seines Jobs. Kein Weißer wird sich je ganz und gar in die Mentalität der Aborigines hineinversetzen können. Je mehr man erfährt, desto deutlicher weiß man, daß man nichts weiß und versteht. Es dauert sehr lange, bis man mit den diversen Regeln und Schwierigkeiten vertraut ist, die diese Position mit sich bringt. Hat man das geschafft, ist man gewöhnlich am Ende seiner Kräfte. Einigen Beratern gelang es, von den Alten offiziell, das heißt durch den Initiationsritus, in den Stamm aufgenommen zu werden. Sie hofften, auf diese Weise ein besseres Verhältnis zwischen Eingeborenen und Beratern zu schaffen, was auch gelang. Aber es brachte gleichzeitig neue Probleme mit sich. Diese Berater entdeckten, daß ihre Pflichten und Verantwortungen gegenüber den verschiedenen Gruppen miteinander im Widerspruch stehen. Sie haben es schwer, allen gerecht zu werden.

Die Aufgabe wird noch schwerer, da der Berater besser als die Aborigines die möglichen Konsequenzen ihrer Entscheidung übersehen kann. Und er versucht, sie zu schützen. Will er aber kein väterlicher Beschützer werden, muß er mitansehen, wie katastrophale Fehler gemacht werden. Er kann nicht mehr tun, als sie zu beraten, denn er weiß, nur durch solche Fehler können die Aborigines lernen, die Welt der Weißen zu verstehen. Denn nicht immer wird ein freundlicher Weißer als Gummipuffer für sie dasein und sie aus einer verfahrenen Situation retten. Irgendwann müssen sie selbständig werden. Ein hübsches Konzept.

Und Glendle war müde – ausgelaugt. Es deprimierte und frustrierte ihn manchmal, gegen den Druck der Regierung und ohne das Geld, die Unterstützung, Geräte und Einrichtung die Dinge in Gang zu bringen. Er war in Land und Leute vernarrt, und er freute sich über eine Beziehung, die von gegenseitigem Respekt geprägt wurde. Aber die Arbeit forderte ihren Tribut, wie es bei den meisten der Fall ist, die für die Rechte der Aborigines eintreten – sei es draußen in einer Siedlung oder in einer juristischen Funktion in der Stadt. Es gibt einfach immer zuviel, gegen das man ankämpfen muß. Der Fortschritt ist angesichts der monströsen Ungerechtigkeit so minimal, so unbedeutend.

Im Gegensatz zu vielen anderen Siedlungen hatte Pipalyatjara das Glück, daß hier nur Angehörige eines Stammes lebten. Deshalb kannte man hier nicht das Problem der regelmäßig auftretenden Konflikte zwischen Individuen oder einzelnen Gruppen der verschiedenen Stämme. In Australien hatte jeder Stamm ursprünglich mehrere andere Stämme als Nachbarn. Einige waren wichtige wirtschaftliche und kulturelle (Rituale) Partner. Andere galten als Feinde – entweder wegen einer konfliktreichen Vergangenheit oder unterschiedlicher Sitten und religiösen Anschauungen. Als Regierungsbeamte die ersten Siedlungen und Außenposten ins Leben riefen, wurden solche traditionellen Beziehungen nicht berücksichtigt. Auf Grund der homogenen Bevölkerung in Pipalyatjara galten bei Konflikten zwischen Individuen die traditionellen Gesetze und Methoden der Schlichtung. Die Siedlung war vor Jahren als Außenstation gegründet worden – eine Alternative zu dem ursprünglichen Minenort Wingelinna. Man hoffte, andere Außenstationen würden wie Satelliten auftauchen, nachdem Pipalyatjara erst einmal funktionierte.

Die eigentliche Bedeutung dieser Strategie für Siedlungen der Aborigines liegt darin, daß die Gruppen die Möglichkeit bekommen, dem institutionalisierten Druck der Orte zu entrinnen, in denen der westliche Einfluß dominiert – Missionen und Regierungssiedlungen. Diese Bewegung beinhaltet eine Rückzugstendenz: Die Menschen wenden sich aus eigenem Antrieb wieder ihrem traditionellen Lebensstil und ihren angestammten Gebieten zu. Dort können sie ihre traditionellen Zeremonien abhalten, ihren Kindern traditionelles Wissen und Können vermitteln, aber gleichzeitig von der westlichen Kultur übernehmen, was sie für wichtig halten – wenn sie wollen. Dieser Lebensstil sichert ihnen eine größtmögliche Identität und Stolz und hält die Probleme kultureller Konflikte möglichst klein. Die typische Außenstation reicht von einem Lager, in dem es keinerlei westliche Produkte gibt – noch nicht einmal ein Gewehr –, bis hin zu einem Lager mit Einrichtungen, für die seine Bewohner sich entschieden haben. Dazu gehören vielleicht eine Startbahn, Bohrloch für die Wasserversorgung, Funkgeräte und Wohnwagen für Unterricht und medizinische Versorgung, die von einem oder mehreren Weißen geleitet werden. Die Bewegung hin zu solchen Außenstationen scheint unter den australischen Stämmen überall dort stärker zu werden, wo sie sich politisch realisieren läßt.

Während meines Aufenthalts in Pipalyatjara erfuhr ich, daß die Pitjantjara sich darum bemühten, daß ihnen das Pachtland als Eigentum zugesprochen wurde. Die Stammesältesten wollten zunächst von der ganzen Angelegenheit nichts wissen. In ihren Augen besaßen nicht sie das Land, sondern das Land besaß sie. Nach ihrem Glauben wanderten in der Traumzeit die Vorfahren über die Erde – sie besaßen übernatürliche Energien und Kräfte. Diese Wesen unterschieden sich biologisch von den heutigen Menschen. Manche waren eine Synthese aus Mensch und Tier, Pflanze oder Naturkräften wie Feuer oder Wasser.

Auf diesen Reisen schufen die Traumzeithelden die Topographie des Landes. Ihre Kräfte blieben auf der Erde zurück und konkretisierten sich in den Wegen, auf denen sie wanderten, in besonderen Plätzen oder Markierungspunkten, wo wichtige Ereignisse stattfanden. Durch eine komplexe Bindung an diese Plätze und durch Pflichten ihnen gegenüber geht ein Teil dieser Energien auf die Menschen über. Die Anthropologen sprechen von Totems – die Identifikation des Individuums mit bestimmten Tier- und Pflanzenarten oder Naturerscheinungen. Deshalb sind für die Menschen, denen ein bestimmtes Gebiet gehört und die die Zeremonien und Geschichten ihres Landes kennen, bestimmte Bäume, Felsen und andere Naturobjekte von größter religiöser Bedeutung.

In der Vorstellung der Aborigines besteht kein Zweifel daran, wer die rechtmäßigen Betreuer einer Gegend sind. Der «Besitz» und die Verantwortung für ein Stück Land wird väterlicherseits und mütterlicherseits vererbt. Ein Mensch hat auch ein gewisses Recht auf das Land, auf dem er geboren oder empfangen wurde; und zwischen den Sippen gibt es andere, komplexere Beziehungen, durch die die Verantwortung für ein Gebiet geteilt wird.

Die Verbindung zwischen der Traumzeit, dem Land und den traditionellen Betreuern des Landes manifestiert sich in den komplizierten Zeremonien, die von den Sippenmitgliedern abgehalten werden. Dazu gehören Fruchtbarkeitszermonien, die das Gedeihen von Pflanzen und Tieren sichern und das ökologische Gleichgewicht des Gebiets (sogar der Welt!) wahren; andere sind Initiationsriten für Knaben (um sie zu Männern zu machen); manche dienen der Gesundheit und dem Wohlergehen der Gemeinschaft usw. Dieser detaillierte Kanon an Wissen, Gesetzen und Weisheiten, der den Menschen in der Traumzeit übergeben wurde, wird durch die rituelle Handlung bewahrt, lebendig gehalten und von Generation zu Generation weitergegeben. Jeder Stammesangehörige kennt die Zeremonien seines Gebietes und hat die Verpflichtung, die geheiligten Stellen zu respektieren, die dem Stamm gehören (vielmehr, denen der Stamm gehört).

Zeremonien sind die sichtbare Verbindung zwischen den Aborigines und ihrem Land. Wird ihnen dieses Land genommen, verfällt das zeremonielle Leben. Die Menschen verlieren ihre Stärke, ihren Lebenssinn, ihr Wesen und ihre Identität.

Im Fall der Pitjantjara schoben die alten Männer und Frauen das Thema Eigentum oder Pacht als Trivialität beiseite. Man kann bezweifeln, daß die Regierungsstellen auch nur die leiseste Ahnung hatten, weshalb. Für diese alten Menschen war die Vorstellung von Landbesitz absurder als für uns der Besitz eines Sterns oder einer Parzelle in der Luft.

Ich bin keine Autorität auf diesem Gebiet, und wenn ich versuche, die Kosmologie der Aborigines kurz zu umreißen, gleicht es dem Versuch, die Quantentheorie in fünf Sätzen zu erklären. Außerdem kann kein noch so umfangreiches anthropologisches Wissen auch nur andeutungsweise das *Gefühl* der Aborigines für ihr Land vermitteln. Das Land ist alles – ihr Gesetz, ihre Ethik, der Grund für ihr Dasein. Ohne diese Beziehung werden sie zu Phantomen ... zu halben Menschen. Sie sind eins mit ihrem Land. Wenn sie es verlieren, verlieren sie sich selbst, ihren Geist, ihre Kultur. Deshalb ist die Landrechtsbewegung so wichtig geworden. Wenn wir ihnen das Recht auf ihr Land absprechen, begehen wir den Mord an einer Kultur, in diesem Fall sogar an einer ganzen Rasse.

Zum Essen gab es bei Glendle an diesem Abend das übliche: Pfannkuchen aus Vollkornmehl mit Mehlwürmern, Eiern und Milch – eine schrecklich schwere Angelegenheit, die einem nach zwei Bissen wie Blei im Bauch lag. Manchmal stellte er den schrecklichen Pampf in einer Backform in den Ofen und nannte das Ergebnis Soufflé ... Kautschuksoufflé.

Die Vollkornmehlaktion in Pipalyatjara gehörte zu Glendles Fehlschlägen. Mit der Präsenz der Weißen wurden gebleichtes Mehl, Tee und Zucker für viele Eingeborene zu Grundnahrungsmitteln. Glendle war zwar kein fanatischer Anhänger des wunderwirkenden Vollkornmehls, brauner Reisbrötchen mit Dr.-Suzuki-Sojabutter, aber da die Leute wie Fliegen an Diabetes, Unterernährung und Herzkrankheiten starben, dachte er, er könne ihnen wenigstens ein kleines Element vernünftiger Ernährung schmackhaft machen. Aber sie wollten nicht. Deshalb mischte er unter das gebleichte Mehl, das im Laden verkauft wurde, Vollkornmehl. Sie wollten es immer noch nicht. Schließlich kamen ein paar der Alten zu Glendle und erklärten ihm, er könne sein Porridge für sich behalten. Sie wollten wieder wie früher lockeres, luftiges Brot essen. Ein Fehlschlag. Na ja, nicht ganz. Eine alte Frau hielt dem Vollkornmehl die Treue.

Wir schütteten uns an vielen dieser langen Abende gegenseitig das Herz aus. Ich spürte, wie ich allmählich wieder ins Lot kam, die Ereignisse ordnete, in einen Zusammenhang stellte und meine Verwirrung überkam. Und ich redete über Richard. Ich hatte mich immer noch nicht befreit; er lastete auf mir. Der arme Glendle mußte alles über sich ergehen lassen. Am Ende einer besonders langen und bissigen Tirade blickte er mich eine Weile an und sagte: «Aber etwas Wichtiges übersiehst du dabei. Rick ist ein guter Freund; er hat viel für dich getan. Und du hast ihn eingeladen mitzumachen, nicht umgekehrt. Die Suppe, die du dir eingebrockt hast, mußt du auch auslöffeln.»

Weiß Gott, er hatte so recht, und seine Worte verfehlten ihre Wirkung auf mich nicht. Nach diesem Gespräch verblaßten allmählich mein Aufbegehren und mein Zorn auf Rick und *National Geographic*.

Die Zeit war so angenehm, so entspannend, und ich lernte so viel. Ich geriet in große Versuchung, den Rest des Jahres und den ganzen nächsten Sommer dort zu verbringen und erst im nächsten Winter weiterzuziehen. Aber es gab vieles zu bedenken. Erstens hatte ich mich mit Rick in Warburton verabredet, und was würde *National Geographic* dazu sagen? Das kümmerte mich weniger, aber das Futter war hier nicht so gut. Die Kamele ernährten sich im wesentlichen von einem bestimmten Busch und bekamen davon schrecklichen grünen Dünnpfiff. Ich wurde unruhig und wollte weiter. Das gab schließlich den Ausschlag und überwog das Vergnügen, mit Leuten zusammenzusein, die mir viel bedeuteten.

Eddie klebte an zwei Dingen wie Leim: an mir und meinem Gewehr. Er sah so schlecht, daß er das Gewehr eigentlich nicht benutzen konnte, aber er gab es nicht mehr aus der Hand. Ich benachrichtigte Rick über Funk und bat ihn, ein gleiches Modell nach Warburton mitzubringen. Abends wanderte der alte Mann mit mir hinaus, um nach den Kamelen zu sehen, trug das Gewehr über der Schulter und sang vor sich hin. Ich glaube, es schmeichelte mir, daß er sich auf diese Weise um mich kümmerte. Eines Abends kam uns eine Gruppe Frauen entgegen. Eine magere Alte in einem verblichenen Kleid, das ihr zehn Nummern zu groß war, löste sich aus der Gruppe und kam bis etwa zweieinhalb Meter an uns heran. Eddie blinzelte erst und strahlte dann über das ganze Gesicht. Sie unterhielten sich höflich und offensichtlich respektvoll, während sie sich anlächelten. Ich verstand nicht, was sie sagten. Aber ich nahm an, es sei eine alte gute Freundin von ihm. Wir gingen weiter, und dieses besondere glückliche Lächeln verschwand nicht von seinem Gesicht. Ich fragte ihn, wer das gewesen sei. Er sah mich strahlend an und antwortete: «Das war meine Frau Winkicha.» Aus seinem Gesicht leuchteten soviel Stolz und Freude, wie ich es noch nie beobachtet hatte, wenn ein Mann und eine Frau offen ihre Liebe zeigten. Es beeindruckte mich tief.

Diese Begegnung zwischen Eddie und seiner Frau war die erste einer Reihe von Beobachtungen, durch die ich erkannte, daß die Frau bei den Aborigines eine wichtige Position einnimmt, obwohl die männlichen Anthropologen uns das Gegenteil weismachen wollen. Bedingt durch den Lebensraum haben Männer und Frauen unterschiedliche Aufgaben, die aber nur einem Zweck dienen – dem Überleben –, und Männer und Frauen respektieren sich deshalb gegenseitig. Durch ihre Nahrungssuche im Busch spielen

Frauen für die Ernährung des Stammes eine größere Rolle als die Männer, die auf der Jagd nur gelegentlich ein Känguruh erlegen. Die Frauen haben eigene Zeremonien und dadurch einen großen Anteil am Schutz ihres Gebietes. Diese Zeremonien bestehen neben denen der Männer, doch es ist Aufgabe der Männer, dem «Gesetz» Geltung zu verschaffen und das «Wissen» zu wahren, das sich in heiligen Gegenständen manifestiert, die sie «Tjuringas» nennen. Wenn es unter den Eingeborenen heute Sexismus gibt, dann nur, weil sie es von ihren Eroberern gelernt haben. Der Statusunterschied zwischen den schwarzen Frauen in Alice Springs und den Frauen hier war unglaublich.

Ich erinnere mich an eine Geschichte, deren Wahrheit ich nie überprüfen konnte, die mir aber glaubhaft erscheint. Die Geschichte erzählt von einem Mythos eines Stammes in Westaustralien. Am Anfang besaßen die Frauen alles. Sie hatten die Fähigkeit sich fortzupflanzen; durch ihre Kenntnis der Buschnahrung sorgten sie für den Stamm und hielten ihn am Leben. Sie besaßen eine natürliche Überlegenheit. Außerdem gehörte ihnen das «Wissen», das sie in einer geheimen Höhle verbargen. Die Männer taten sich zusammen und beschlossen, das Wissen zu stehlen, um ein Gleichgewicht zu schaffen. (Und jetzt kommt der Clou.) Die Frauen erfuhren von der Verschwörung, und anstatt die Männer daran zu hindern, erkannten sie, daß es so kommen mußte, wenn die Geschlechter weiterhin in Frieden zusammenleben sollten. Sie ließen zu, daß die Männer das «Wissen» stahlen, und die hüten es bis zum heutigen Tag.

Ich fragte Eddie, ob er mich bis Warburton begleiten wolle. Es war die nächste Siedlung auf meiner Route nach Westen, etwa dreihundert Kilometer entfernt. Ich war bitter enttäuscht, als er zunächst Einwände erhob und behauptete, für ein solches Unternehmen sei er zu alt und er habe keine richtigen Schuhe. Aber das war kein Problem, denn ich konnte ihm im Laden leicht ein Paar Schuhe beschaffen. Das Argument mit dem Alter leuchtete mir schon eher ein. Er war sehr alt, und ich fragte mich, ob dreißig Kilometer am Tag vielleicht doch zuviel für ihn seien. Natürlich konnte er jederzeit Bub reiten. Als ich mit meinen Bedenken zu Glendle kam, lachte er und versicherte mir, Eddie würde uns beiden noch etwas vorlaufen. Er beruhigte mich mit den Worten, der alte Mann würde sicher mitkommen, denn er habe bei meinem Vorschlag ein gewisses Zwinkern in Eddies Augen beobachtet. Er beglückwünschte mich, denn Eddie sei einer der sehr geachteten alten Männer des Stammes. Am nächsten Morgen kam Eddie und verkündete, er habe beschlossen, mich zu begleiten. Er brauchte ein paar Sachen, und deshalb gingen wir in den Laden, um sie zu kaufen – neue Schuhe und Socken, und für Winkicha eine Zeltplane. Der Laden bestand aus der typischen kleinen Wellblechhütte, und dort wurden die wichtigsten Dinge verkauft – Tee, Zucker, Mehl, gelegentlich Obst und Gemüse, Limonade, Kleider, Wasserkessel. Das Lager wurde alle paar Wochen durch Lieferungen mit Lkw oder einem kleinen Flugzeug aus Alice Springs aufgefüllt.

Am nächsten Morgen machten wir uns reisefertig. Ich hatte in Pipalyatjara viel unnötiges Zeug aussortiert, deshalb war das Gepäck leichter und bequemer zu verstauen. Dieser Vorgang, sich von Dingen zu trennen, dauerte bis zum Ende der Reise, und schließlich besaß ich wirklich nur noch das Allernötigste. Glendle schenkte mir ein paar Luxusdinge, die er in Alice Springs bestellt hatte: Weißwein in kleinen Plastikflaschen und Extrarationen Tabak. Eddie nahm nichts mit, außer seiner Blechdose Arzneimittel. Auf dem Weg hierher hatte ich bemerkt, daß er unter Schmerzen in der Schulter litt. Ich hielt es für Arthritis, aber am Morgen unseres Aufbruchs kam ein alter Mann und redete mit ihm. Glendle lag krank im Bett, und ich erledigte gerade die letzten Handgriffe. Die beiden Männer gingen etwa fünfzig Meter weiter, und vor meinen Augen und den Augen aller anderen, die sich am Wohnwagen versammelt hatten, um uns zu verabschieden, beugte sich Eddie über ein großes Faß. Der alte Mann bewegte die Hände über seinem Rücken hin und her, rieb ihm die Schulter und so weiter. Ich ging hinein zu Glendle, um ihn zu fragen, was das zu bedeuten habe. Er erklärte, es sei der Nankari (der Eingeborenenarzt), der Eddie für die Reise fit mache. Er sagte, vermutlich würde der Arzt einen Kiesel aus Eddies Schulter saugen, den ein Feind ihm dorthin «gesungen» habe. Fünf Minuten später kam Eddie mit dem Kiesel zurück, den der Arzt ihm aus der Schulter geholt hatte.

Viele Aborigines werden krank und sterben, weil sie glauben, «besungen» worden zu sein. Ein «besungener» Mensch muß zur Behandlung zum Nankari. Er ist seine einzige Hoffnung.

Ich konnte mich zwar nicht über das hinwegsetzen, was meine Kultur für möglich hält, aber ich zweifle nicht daran, daß Nankaris bei den Stämmen ebenso erfolgreich heilen wie westliche Ärzte, die die Eingeborenen in den Städten behandeln. Die vernünftigeren Weißen arbeiten inzwischen Hand in Hand mit Nankaris und Hebammen, um die verschiedenen Krankheiten und Leiden der Eingeborenen zu bekämpfen.

Wieder einmal machten mich die unzähligen letzten Handgriffe, das Prüfen und nochmalige Überprüfen der Ausrüstung und des Gepäcks ziemlich nervös. Aber die Siedlung lag kaum fünf Minuten hinter uns, als mich der gleichmäßige Rhythmus des Gehens, der vertraute Klang der Kamelglocken und Eddies Anwesenheit beruhigten.

Wir hielten in Wingelinna noch einmal an, um uns von den Leuten dort zu verabschieden. Es dauerte ungefähr eine Stunde. Immer noch im Bann meiner westlichen Fesseln, drängte es mich wegzukommen, und ich kämpfte nur mit mäßigem Erfolg dagegen an. Als wir uns schließlich von den letzten verabschiedet hatten, wanderten wir in die Nachmittagssonne hinaus. Wir waren noch keinen Kilometer gegangen, als uns ein Wagen mit ein paar jungen Männern einholte – eine halbe Stunde später der nächste. Weiter, weiter, weiter, drängte es in mir. Und schon kam das nächste Auto, und so ging es weiter. Spät am Nachmittag erklärte Eddie, er brauche Pituris, eine tabakähnliche Pflanze, die die Aborigines kauen. Er deutete auf ein Bergtal, das etwa ein oder zwei Kilometer vom Weg entfernt lag. Schweigend gingen wir durch das stille, üppig grüne Tal. Eddie sammelte die Pflanzen, die er wollte, und ich sah zu. Die meditative Ruhe, mit der wir die Pituripflanzen suchten, besänftigte bald meine Nervosität und das Unbehagen darüber, daß der Tag anders verlief, als ich ihn mir vorgestellt hatte. Dieses Tal war so wunderbar sanft und still. Wir sprachen kein Wort, während wir es gelassen durchstreiften. Aber draußen, unter der brutalen Nachmittagssonne, die mir ins Gesicht stach, wie tief ich den Hut auch über die Augen zog, überkam mich sofort das alte Aufbegehren. Ich bemühte mich, es niederzuringen, es endgültig aus meinem Kopf zu vertreiben, aber ich litt unter der unterschiedlichen Zeitauffassung. Ich wußte, welche die richtige war, aber die andere kämpfte ums Überleben: Strukturierung, Reglementierung, Ordnung. Das hatte absolut nichts mit irgend etwas zu tun. Bitter sagte ich immer wieder zu mir: «Mein Gott, wenn das so weitergeht, dauert es Monate, bis wir ankommen. Also was soll das? Ist das hier ein Marathonlauf? Halt die Luft an. Das hier ist der beste Teil deiner Reise. Du hast Eddie bei dir. Also nimm dir Zeit, Idiot. Nimm dir doch Zeit. Aber, aber ... und was ist mit dem geordneten Tagesablauf ...?» Und so ging es weiter und weiter.

Der innere Sturm tobte den ganzen Tag, aber allmählich ließ er nach, und ich stimmte mich auf Eddies Zeitbegriff ein. Er brachte mir etwas über den Fluß der Dinge bei, wie man den richtigen Moment für alles wählt und sich an der Gegenwart erfreut. Ich übergab ihm die Führung.

Nach ein paar Tagen verbesserte sich mein Pitjantjara, aber für eine normale Unterhaltung reichte es immer noch nicht. Es schien nichts auszumachen. Es ist erstaunlich, wie gut man sich mit einem Menschen verständigen kann, wenn einem keine Worte im Weg stehen. Unsere tiefste Kommunikation beruhte auf der geteilten Freude über die Landschaft. Eddie brachte mir bei, die Vogellaute nachzuahmen; wir betrachteten die Hügel, lachten über die komischen Kamele; wir jagten, um ab und zu Fleisch zu haben, ich lernte neue eßbare Pflanzen kennen. Manchmal sangen wir zusammen, manchmal aber auch jeder für sich; wir spielten Fußball mit einem Kiesel – alles ohne Worte; aber klar verständlich. Eddie redete und gestikulierte mit sich selbst, den Hügeln und den Pflanzen. Ein Außenstehender hätte uns für zwei Verrückte gehalten.

Am Abend verließen wir den Weg – Eddie hatte beschlossen, mich durch sein Gebiet zu führen. Eine Woche wanderten wir durch dieses Land, und während der ganzen Zeit schien Eddie mit jedem Schritt an Persönlichkeit zu gewinnen. Er war ein Dingo-Träumer, und seine Verbindung mit bestimmten Plätzen, an denen wir vorüberkamen, verlieh ihm eine Art Energie, Freude und das Bewußtsein, hierher zu gehören. Abends am Lagerfeuer erzählte er mir immer wieder Geschichten und Mythen. Er kannte jede Einzelheit dieses Gebietes ebensogut wie seinen Körper. Er war völlig zu Hause, eins mit dieser Landschaft, und dieses Gefühl übertrug sich langsam auf mich. Die Zeit verging – wurde bedeutungslos. Ich glaube, in meinem ganzen Leben ist es mir nie so gut gegangen. Eddie machte mich auf Dinge aufmerksam, die ich vorher nicht bemerkt hatte – Geräusche, Spuren –, und ich begriff allmählich, wie alles zusammengehörte. Dieses Land war nicht wild, sondern zahm, reich, wohltuend und großzügig, wenn man nur Augen dafür hatte, wenn man wußte, wie man dazugehören konnte. Viele Weiße, die mit den Aborigines zusammenarbeiten, erkennen irgendwann plötzlich die Wichtigkeit und die Bedeutung ihres Landes. Toly schrieb erst kürzlich in einem Brief:

> Dieses Land hier besitzt eine merkwürdige Kraft und Stärke, die in den Aborigines auf vielerlei Weise zum Ausdruck kommt. Ich fühle, auch ich kann daran teilhaben. Diese Kraft entfaltet sich und entfaltet sich und ist unerschöpflich. Es liegt bei dir, etwas daraus zu machen.

Ich habe diese Zeit als einen Abschnitt wunderbarer Ruhe in Erinnerung. Aber alles ist verschwommen, undifferenziert. Wenn ich versuche, die Tage einzeln zu sehen, gelingt es mir nicht. Sehr klar erinnere ich mich an bestimmte Einzelheiten, aber ich habe nicht die leiseste Ahnung, wann und wo sie sich ereigneten. Aber ich entdeckte, daß der alte Knabe meine Tagesleistung von fünfzehn Kilometern mühelos um sechzig überbot. Wenn ich müde wurde, gab er mir Pituri zu kauen. Es schmeckte unglaublich scheußlich, aber es gab mir das Gefühl, die nächsten tausend Meter im Laufschritt zurücklegen zu können, oder als hätte ich achtzig Zigaretten auf einmal geraucht. Er verbrannte die Zweige bestimmter Büsche zu Asche und mischte sie mit dem Pituri, bis ein Klumpen entstand, auf dem er dann herumkaute. Zwischendurch steckte er ihn wie Kaugummi hinters Ohr, um später weiterkauen zu können. Abends bot ich ihm Wein an, aber er lehnte ihn lachend ab und mimte einen betrunkenen alten Mann. Er schlug mir vor, bei meinem Wein zu bleiben und er bei seinem Pituri.

Eddie mischte sich nie in die Handhabung der Kamele ein, und das gefiel mir sehr. Kamele sind auf einen Menschen fixiert und lassen sich nicht gerne von Fremden herumkommandieren. Außerdem behandelte ich sie wie Glas; ich verwöhnte und verhätschelte sie, und ich wußte, Eddies Gefühle Kamelen gegenüber waren nicht annähernd so sentimental. Nur einmal reagierte ich eine Spur gereizt, als der alte Mann darauf bestand, ich müsse Bub befehlen, sich zu setzen, damit er zehn Minuten lang reiten konnte, ehe ich ihn wieder zum Sitzen bringen mußte, weil Eddie wieder absteigen wollte. Nach einem Kilometer wiederholte sich das ganze Spiel noch einmal. Eddie wurde seinerseits leicht gereizt, da er zweifellos nicht verstand, wie jemand Kamele haben konnte, ohne sie für sich arbeiten zu lassen. Sicher sehr vernünftig, aber er vergaß, daß die Kamele zumindest in meinen Augen eher verhätschelte Schoßhündchen waren als Lastesel.

Abends machte ich mich ans Abladen, während Eddie uns einen Windschutz – eine Wilcha – baute. Er ging dabei fachmännisch, schnell und mit minimalem Kraftaufwand vor. Geschickt ist wohl das richtige Wort dafür. Er legte mit alten Baumstämmen einen Halbkreis oder ein U, säuberte den Platz von Dornen und Stacheln, damit wir dort schlafen konnten, und zündete ein wärmendes Feuer an. Wieviele Decken ich ihm auch gab, er legte sich immer drauf und deckte sich nie damit zu. Wenn wir gegessen und uns unterhalten hatten, vergewisserte er sich, daß es mir gutging, packte mich buchstäblich in meinen Schlafsack, rollte sich zusammen, legte den Kopf auf die Hände und schlief ein. Im Lauf der Nacht wachte er immer wieder auf, sah nach mir und hielt das Feuer in Gang. Er aß das fade Essen, das ich dabeihatte, aber ich wußte, ein halbgares Känguruh über dem Feuer wäre ihm lieber gewesen. Känguruhfleisch schmeckt sehr gut. Zuerst sengt man das Fell an, reibt die Haare ab, legt das Tier in ein Gemisch aus Sand und glühenden Kohlen und läßt es eine Stunde lang garen. Das Tier ist dann innen immer noch blutig und rot, aber Fleisch und Innereien sind aromatisch und saftig. Das Töten und Kochen von Känguruhs – eigentlich jeder Nahrung aus dem Busch – unterliegt strengen Regeln. Viele Geschichten erzählen von Menschen, die das Gesetz brachen, indem sie die Tiere nicht richtig töteten und deshalb schreckliche Unfälle erlitten.

Ich hatte zwei Messer bei mir – das eine für Leder, das andere für das Enthäuten von Tieren und Schneiden von Fleisch. Eines Tages fragte Eddie, weshalb ich zwei Messer habe, eins genüge doch. Ich erklärte ihm, das scharfe Messer am Gürtel sei für Wild. «*Marlu kanyala*», sagte ich und mimte Fleisch schneiden. Ich schwöre, der alte Mann bekam beinahe einen Herzschlag. «*Wiya, wiya, mulapa wiya.* Tz tz tz tz.» Voll Entsetzen schüttelte er den Kopf. Dann packte er mich an der Hand und erklärte, ich dürfe unter keinen Umständen das Fleisch eines Känguruhs schneiden oder es enthäuten, oder ihm den Schwanz abschneiden. Er wiederholte das immer wieder, und ich mußte schwören, so etwas niemals zu tun. Und abends mußte ich ihm noch einmal versprechen, daß ich das Gesetz nicht übertreten würde. Ich gab ihm mein Wort. Es war sowieso äußerst unwahrscheinlich, daß ich für mich ein Känguruh schießen würde. Für eine Frau und einen Hund bedeutete das zuviel Fleisch, und außerdem brachte ich es nicht über mich, auf diese hübschen Tiere zu schießen. Eddie zuliebe schoß ich jedesmal, wenn wir an einer der vielen Herden vorüberkamen, aber ich traf nie. Bei Kaninchen kannte ich diese Hemmungen nicht. Die Europäer haben sie, wie auch die Fliegen, eingeschleppt, und sie zerstören inzwischen ganze Landstriche. Obwohl Kaninchen an letzter Stelle der Buschnahrung standen, aßen Diggity und ich oft Kaninchen. Soweit ich weiß, gibt es keine strengen Regeln für die Jagd auf Kaninchen, da sie nicht aus der Traumzeit kommen.

Leider mußten wir irgendwann auf den Weg zurück. Täglich fuhren etwa ein oder zwei Autos an uns vorbei. Meist handelte es sich um Aborigines, die Familien oder Verwandte in einer der beiden Siedlungen besuchten. Es war hübsch, auch einmal die Kehrseite der Medaille zu erleben. Wenn ein Wagen mit Weißen vorüberfuhr, griff Eddie argwöhnisch und mißtrauisch für alle Fälle zum Gewehr. Kamen Schwarze, gab es nur lachende Unterhaltungen; man bot sich gegenseitig Essen, Tabak oder Pituri an. Meist konnten wir schon von weitem sagen, ob Aborigines kamen, denn ihre Autos klangen unweigerlich wie defekte Waschmaschinen. Es ist ein lukratives Geschäft in Alice Springs, heruntergekommene Gebrauchtwagen zu Wahnsinnspreisen an Aborigines zu verkaufen. Glücklicherweise sind die Eingeborenen phantastische Mechaniker, und es gelingt ihnen meist, die Schlitten mit Draht und Bindfaden zusammenzuhalten. In Docker River kursierte die Geschichte von zehn jungen Männern, die in Alice Springs ein Auto gekauft hatten. Nach dreihundert Kilometer, also auf halbem Weg nach Hause, fiel die Karosserie buchstäblich auseinander. Sie stiegen aus, nahmen ihre Gürtel, banden alles wieder fest und fuhren vergnügt weiter.

Eddies Anwesenheit wirkte Wunder – die Aborigines akzeptierten mich. Alle kannten Eddie, und alle mochten ihn. Und wenn sie ihn sahen und meine Kamele, mochten sie auch mich. Eines Tages hielten wir in einem kleinen Lager in der Nähe einer Wasserstelle. Etwa zwanzig Leute lebten dort. Wie saßen vor einer Hütte, unterhielten uns stundenlang, tranken dünnen, kühlen, süßen Tee und kauten Fladenbrot. Als Gast mußte ich aus dem Blechbecher trinken, während alle anderen den Tee direkt aus der Kanne schlürften. In dem Becher hatte man zuvor Teig gerührt, und deshalb schwammen große Klumpen im Tee. Das machte nichts. Meine Einstellung zum Essen hatte sich inzwischen völlig gewandelt. Essen war etwas, was man in den Mund steckte, damit man Kraft zum Gehen hatte – mehr nicht. Ich konnte alles essen, und das tat ich. Auch das Waschen war zu einer überflüssigen Prozedur geworden. Ich war dreckig und stank, und es gefiel mir. Sogar Eddie, der kein leuchtendes Beispiel an Sauberkeit war, meinte, ich solle doch wenigstens einmal täglich Gesicht und Hände waschen. Auch bei Diggity gab es für ihn gewisse Grenzen. Er weigerte sich, sie auch nur ein einziges Mal aus seinem Becher schlappen zu lassen.

Keinem von uns gefiel es nach der Zeit in der Wildnis, wieder auf der Straße zu sein, denn wieder einmal mußten wir uns mit dieser merkwürdigen Spezies, den Touristen, abgeben. Eines Nachmittags, es war sehr heiß, brüllend heiß, und die Fliegen umschwärmten uns zu Milliarden, hatte ich mein drei-Uhr-Nachmittags-Tief, und Eddie summte vor sich hin. Plötzlich stieg am Horizont eine rote Staubwolke auf und wirbelte mit Touristengeschwindigkeit auf uns zu. Wir räumten die Straße, das stachelige Gras, das einem die Füße zerschnitt, war zu dieser Tageszeit leichter zu ertragen als diese Idioten. Aber natürlich sahen sie uns. Es war ein ganzer Konvoi. Leute, die sich wie in einem schlechten Western gemeinsam der großen Einsamkeit aussetzen wollten. Sie rückten alle mit ihren Kameras an. Ich war gereizt; ich dachte nur noch an unseren Lagerplatz und an eine Tasse Tee. Ich wollte in Frieden gelassen werden. Aber diese Leute waren so aufdringlich und unsensibel. Wie gewöhnlich löcherten sie mich mit Fragen, machten dumme Anspielungen über mein Aussehen, als sei ich eine Nummer in ihrer Show. Vielleicht sah ich damals wirklich ein bißchen exzentrisch aus. Im Jahr zuvor hatte ich mir in Alice Springs ein Ohr durchstechen lassen. Es hatte mich Monate gekostet, den Mut für diese barbarische Sitte aufzubringen, aber das Ohr wurde durchstochen. Ich wollte es nicht wieder zuwachsen lassen. Ich hatte den Ohrring verloren und trug deshalb eine Sicherheitsnadel. Ich war dreckig, und unter dem Hut quollen meine sonnengebleichten filzigen Haare hervor. Ich sah wie eine Ralph Steadman-Zeichnung aus. Dann bemerkten sie Eddie. Einer der Männer packte ihn am Arm, schob ihn in Position und sagte: «He Jacky-Jacky, stell dich mal neben das Kamel, Alter.»

Mir verschlug es die Sprache. Ich konnte nicht fassen, was ich gehört hatte. Wie konnte jemand so frech sein und wagen, jemanden wie Eddie «Alter» oder «Jacky-Jacky» zu nennen! Wütend drehte ich mich auf dem Absatz um und ließ den Blödian stehen. Eddie und ich marschierten einfach weiter. Sein Gesicht blieb unbewegt, aber er stimmte mir zu, als ich sagte: «Von jetzt an gibt es keine Fotos mehr. Und wenn sie sich alle auf den Kopf stellen, wir reden nicht mehr mit ihnen.» Ein paar Minuten später kam das letzte Auto des Konvois. Ich wendete meinen alten Trick an, hielt mir den Hut vors Gesicht und schrie: «Keine Fotos!» Eddie tat das gleiche. Aber im Weitergehen hörte ich das Klicken der Fotoapparate. «Verdammte Schweine!» schrie ich. Ich kochte vor Wut. Plötzlich drehte sich Eddie mit seinen ganzen Einmetersechzig um und stolzierte zu ihnen zurück. Sie knipsten ungerührt weiter. Eddie pflanzte sich direkt vor einer Frau auf und zog eine phantastische Show ab. Er verwandelte sich in die perfekte Parodie eines gefährlichen Wilden, gestikulierte mit dem Stock, schrie sie auf Pitjantjara an, verlangte drei Dollar, gackerte irr, hüpfte vor ihnen auf und ab, bis sie alle sprachlos, verwirrt und zu Tode erschrokken waren. Wahrscheinlich hatte man ihnen in Perth erzählt, die Schwarzen seien mörderische Wilde. Sie wichen zurück, gaben ihm alles Geld, das sie in ihren Taschen fanden, und flohen. Eddie kam mit todernstem Gesicht zu mir zurück, und wir explodierten. Wir schlugen uns auf die Schenkel, hielten uns die Seiten und lachten und lachten, das hilflose hysterische Lachen von Kindern, die den Tränen nahe sind. Wir wälzten und kugelten uns vor Lachen. Wir erstickten beinahe daran.

Am meisten beeindruckte mich, daß Eddie eigentlich hätte verbittert sein müssen, es aber keineswegs war. Er machte aus diesem Zwischenfall für sich und mich einen Spaß. Ich weiß nicht, ob er mich damit nicht vielleicht auch moralisch aufrichten wollte. Ich dachte über diesen alten Mann und sein Volk nach. Dachte daran, daß man sie abgeschlachtet, beinahe ausgerottet hatte und sie zwang, in Siedlungen zu leben, die eher Konzentrationslagern glichen; man mischte sich in ihre Angelegenheit, stieß sie herum, rückte ihnen mit Metermaß und Tonband zu Leibe, fotografierte ihre heiligen Zeremonien und veröffentlichte die Bilder mit schwülstigen akademischen, anthropologischen Texten; stahl ihre heiligen Gegenstände, die niemand sehen durfte, und stellte sie ins Museum; man beraubte sie bei jeder Gelegenheit ihrer Kraft und ihrer Integrität; beinahe jeder Weiße im Land schmähte und verunglimpfte sie, und schließlich ließ man sie mit billigem Fusel und an unseren Krankheiten krepieren. Und ich sah, wie dieser wundervolle, halbblinde alte Kauz lachte, als hätte er das alles nie erlebt, als sei er nie die Zielscheibe grausamer, bigotter, ignoranter Verachtung gewesen, als sei sein Leben ganz und gar unbeschwert. Ich dachte: «O.K., alter Mann. Wenn du das kannst, kann ich es auch.»

Wir waren beinahe in Warburton angelangt. Ich hatte keine Karten benutzt; in Eddies Begleitung konnte ich darauf verzichten. Ich fragte einen jungen Eingeborenen, der im Auto vorbeifuhr, wie weit die nächste Siedlung entfernt sei, weil ich hoffte, er würde mir die Kilometer sagen können.

«Hmm. Es ist ein langer Weg bis Warburton. Vielleicht einmal schlafen, zweimal schlafen, auf jeden Fall ist es ein langer Weg.»

«Ach ja, danke, ein langer Weg? ... Ja. Natürlich.»

Es schien verschiedene Kategorien für Entfernungsangaben zu geben, die etwa folgendermaßen aussahen: Ein langer Weg. Ein sehr langer Weg. Weit. Sehr weit und zu weit. Mit der letzten Formulierung beschrieben sie die Entfernung zu meinem Ziel, dem Meer. Ich sagte den Leuten: «Ich gehe zum Meer» (*uru pulka*, der große See). Keiner von ihnen hatte jemals das Meer gesehen, und sie hoben unausweichlich die Augenbrauen, schüttelten langsam den Kopf und sagten: «Ein weiter, weiter, weeiiiiiiter Weg; zu oft schlafen. Zu weit bis zum Uru Pulka. Tzz, tzz tzz tzz.» Sie schüttelten den Kopf und wünschten mir viel Glück, oder sie kicherten, nahmen mich bei der Hand und sahen mich erstaunt an.

Eines Abends, als ich Goliath an einen Baum auf einem Sandhügel hinter unserem Lager festband und Eddie gerade eine Wilcha baute, brausten zwei junge Männer auf Motorrädern heran. Sie sahen mich, hielten an und kletterten zu mir auf den Hügel. Nach zwei Wochen mit Eddie war ich ein anderer Mensch geworden. Ich unterhielt mich mit ihm in Pitjantjara und mit Gesten und lebte in einer anderen Welt – einer Parallelwelt. Es fiel mir schwer, die Realitäten zu wechseln. Es erforderte eine andere Vorstellungswelt und eine andere Art Konversation. Ich spürte, wie ich in meinem Gehirn mühsam die alten rostigen Gänge einlegte, aber es gelang mir; sie waren beide auch sehr nett. Ich hatte mich gerade auf ein halbwegs normales Gespräch eingestimmt, als Eddie, Gewehr in der Hand, mit feindseligem und höchst argwöhnischem Blick auf den Hügel hetzte. Er setzte sich links neben mich, den jungen Männern gegenüber, legte das Gewehr in den Schoß und wollte auf pitjantjara wissen, wer die beiden seien und ob man ihnen trauen könne. Nun folgte eine höchst lächerliche Szene. Ich versuchte allen Anwesenden (die Männer fühlten sich inzwischen deutlich unwohl) zu versichern, daß alles in Ordnung sei und keiner den anderen erschießen würde. Allerdings verhedderte ich mich hoffnungslos mit den Sprachen. Ich redete die Motorradfahrer auf pitjantjara an und erklärte Eddie auf englisch: «Sie sind in Ordnung, wirklich. Ich mache uns schnell eine Tasse Tee.» – Und übersetzte es schnell in seine Sprache. Er erwiderte klar und deutlich: «*Wiya.*»

Man muß keine fremde Sprache sprechen, um ein Nein zu verstehen, besonders nicht aus dem Mund eines finster blickenden Mannes mit einem Gewehr in der Hand. Die Männer verschwanden schnell wie Krabben den Hügel hinunter und brausten in einer Staubwolke davon.

Der Desozialisierungsprozeß – das Abstreifen nutzloser Gewohnheiten und Standards der Gesellschaft, die ich verlassen hatte, um sie wie eine Schlangenhaut loszuwerden, und das Nachwachsen einer neuen, die mehr auf meine gegenwärtige Situation zugeschnitten war – begann, sich bemerkbar zu machen. Ich war froh, daß die Männer wieder gingen, es wäre anstrengend geworden, in ihren Augen nicht unmöglich zu wirken. Ich hätte mich an die Nettigkeiten der Konversation erinnern müssen, an die Trivialitäten der beinahe vergessenen Spielregeln der Interaktion meiner Leute, die sich wie Tiere umkreisen – unsicher und wachsam. Mir gefiel, und mir gefällt immer noch der Mensch, der aus diesem Prozeß davonkommt, weit besser als der von früher oder der von heute. Ich wurde in meinen Augen gesund, normal, vernünftig, aber jedem anderen muß ich wenn schon nicht eindeutig verrückt, dann doch zumindest hoffnungslos merkwürdig, exzentrisch, mit einem leichten Sonnenstich und im Buschrausch befangen erschienen sein.

Am nächsten Abend schlugen wir später als gewöhnlich das Lager auf. Ich entsattelte die Kamele, mein Herz setzte mindestens fünf Schläge aus und sprang dann in meiner Brust wie ein Känguruh. Wo war das Gewehr? Das Gewehr? «Eddie, hast du das Gewehr?» Kein Gewehr. Ich war abhängig von diesem Schießeisen geworden. Ich sah mich bereits von einer Herde riesiger Kamelhengste zu Tode getrampelt. Eddie erklärte, er wolle auf mich warten, während ich den Weg zurückritt, um es zu suchen. Aus einem unerklärlichen Grund hatte ich das Futteral an Zeleikas Sattel gehängt, der dafür nicht vorgesehen war, und das Gewehr war herausgerutscht. Ich sattelte Bub und ritt auf unserer Spur zurück, hinein in das zarte Blau und das rosa Glühen am östlichen Horizont. Ich ritt vielleicht acht Kilometer, während ich überlegte, wann es Bub gelingen würde, mich abzuwerfen und mir den Hals zu brechen. Er scheute vor Felsen, Vögeln und Bäumen, vor allem, was dem Knallkopf als Vorwand dienen konnte. Ich habe mich oft gewundert, daß Bubby dabei nicht einmal einen Herzschlag bekam.

Ein Toyota kam uns entgegen, und natürlich sprang Bub mit einem gewaltigen Satz zur Seite. Im Auto saß ein Geologe, der nicht nur meine Savage 222 hatte, sondern auch etliche Riegel Mars und Limonade. Herrlich! Mit köstlich, scheußlich klebriger Schokolade im Mund diskutierte ich mit diesem Mann eine halbe Stunde lang mitten im Nichts über die Vor- und Nachteile des

Uranabbaus, während am Horizont ein dicker runder Mond auftauchte.

Bubby wollte ins Lager zurückgaloppieren. Ich ließ ihn laufen. «O.K. du kleines Biest. Wenn du so voller Energie steckst, kannst du morgen die Hälfte von Zellys Packen übernehmen.» Er war bei weitem das unzuverlässigste der drei Kamele. Vielleicht lag es daran, daß ich ihn schlecht abgerichtet hatte, vielleicht aber auch, weil er noch jung und übermütig war, oder er hatte seine Hirnlosigkeit geerbt. Eines Tages hatte er Eddie beinahe abgeworfen. Er begann ohne ersichtlichen Grund verrückt zu spielen, und obwohl ich ihn an der Leine führte, konnte ich ihn kaum wieder unter Kontrolle bringen. Eddie klammerte sich die ganze Zeit wie ein Affe an ihn. Ich mußte einfach lachen, aber es tat Eddies Würde keinen Abbruch.

Die Leute fragten mich immer wieder, warum ich auf dieser Reise nicht öfter geritten bin. Aus drei Gründen. Der eine war Bub. Es ist nicht ratsam, fünfhundert Kilometer vom nächsten Menschen entfernt vom Kamel zu fallen, ein Bein zu brechen und hilflos mitansehen zu müssen, wie die Kamele in einer Staubwolke verschwinden. Ich hätte viel lieber die beiden anderen geritten, aber ihre Sättel waren ungeeignet. Der zweite und vielleicht albernste Grund: Ich glaubte, die Kamele hätten bereits genug zu tragen und ich müsse ihnen nicht noch weitere sechzig Kilo zumuten. Der dritte Grund: Füße können sehr schmerzen, aber der Hintern noch viel mehr.

Triumphierend kam ich im Lager an. Ich hatte Eddie inzwischen erzählt, daß in Warburton ein Gewehr auf ihn wartete, und unsere Gespräche endeten Abend für Abend bei diesem Gewehr. Würde ich ihm wirklich ein Gewehr schenken? Würde es so aussehen wie meines? War ich mir ganz sicher, daß es für ihn bestimmt sei und nicht für einen anderen? Immer und immer wieder stellte er diese Fragen, und wenn ich ihm bestätigt hatte, daß er sich keine Sorgen zu machen brauche, lachte er. Dieses Spiel wiederholte sich jeden Abend. Ich versuchte ihm auch von Rick und *National Geographic* zu erzählen, aber wie hieß Zeitschrift auf pitjantjara? Der Gedanke, Richard in Warburton wiederzusehen, beunruhigte mich. Ich wußte, Eddie würde nicht verstehen, warum tausendundein Foto notwendig waren. Ich wußte, er würde ihn nicht mögen. Ich wollte die Beziehung zu meinem Freund nicht gefährden. Andererseits freute ich mich auch darauf, Rick wiederzusehen, und Warburton war nicht mehr weit.

Eddie war an diesem Abend ungewöhnlich redselig. Er sprach über das Gebiet, durch das wir gekommen waren, er erzählte die Geschichte der Orte und erinnerte sich an die Dinge, die wir erlebt hatten. Immer wieder kamen die lustigen Zwischenfälle zur Sprache, wir diskutierten über das, was richtig und falsch gelaufen war. Es folgte das unvermeidliche Gespräch über das Gewehr, über Rick und so weiter. Danach Schweigen. Ich wollte mich schon schlafen legen, als der alte Mann sich noch einmal neben mich setzte und einen kleinen glatten Kieselstein hervorholte. Er legte ihn mir in die Hand und schloß sie darüber. Dann begann er einen langen Monolog, den ich nur teilweise verstand. Der Stein sollte mich vor schwerem Unglück bewahren oder so glaubte ich. Ich legte ihn an einen sicheren Platz. Dann gab er mir einen kleinen Brocken Eisenstein. Ich wußte nicht, wozu der gut sein sollte, und Eddie sagte auch nicht viel darüber. Dann gingen wir schlafen.

Der nächste Abend war der letzte auf unserem gemeinsamen Weg. Eddie beharrte darauf, in Warburton einen zuverlässigen alten Mann ausfindig zu machen, der mich zur Carnegie Farm begleiten sollte. Er erklärte, es müsse ein alter Mann sein, ein Stammesältester, ein *Wati Pulka* (wörtlich ein «großer Mann»); jemand mit einem grauen Bart, nicht irgendein junger Bursche. Das ganz bestimmt nicht. Ich wußte nicht genau, ob ich das wollte. Mit Eddie war ich gern zusammen, aber die nächste Etappe hinter Warburton führte durch wilde Wüste, und ich wollte das allein bewältigen, um mein neugewonnenes Selbstvertrauen auf die Probe zu stellen. Sechshundertfünfzig Kilometer Stachelgraseinöde, bekannt als Gibson Wüste, und soweit ich wußte, ohne eine einzige Wasserstelle. Wie sollte ein alter Mann nach Warburton zurückkommen? Mit Eddie war es einfach; Glendle wollte ihn abholen. Aber selbst ohne sein Angebot gab es genug Verwandte, die hin und her reisten und ihn mitgenommen hätten. Aber Carnegie war eine Rinderfarm und Warburton die letzte Eingeborenensiedlung hier draußen. Nein, das wollte ich nicht. Obwohl sich Eddie nicht gerade über meine Entscheidung freute, fand er sich damit ab.

Richard kam etwa um drei Uhr morgens in unserem Lager an.

Wie es ihm gelungen war, uns zu finden, kann ich bis heute nicht begreifen. Er gehört zu diesen beneidenswerten Menschen, denen das Glück in den Schoß fällt. Es ist ihm immer gelungen, mich ausfindig zu machen, und das oft nur durch eine Kette ungewöhnlicher Zufälle. Aber so ist sein ganzes Leben. Die Zufälle, die ihm ständig helfen, widersprechen jeder statistischen Wahrscheinlichkeit. Er war zwei Tage lang gefahren, hatte kein Auge zugetan und sprühte vor Energie und Enthusiasmus. Jedesmal wenn er mich während der Reise besuchte, war es dasselbe. Der Kulturschock, den er erleben mußte, wenn er direkt nach einer brisanten Titelgeschichte für *Time* in diese schweigende Wüste eintauchte, hätte jeden anderen aus dem Gleichgewicht geworfen. Bei ihm dauerte es meist nur einen Tag.

Er brachte Post mit und Eddies Gewehr. Wir unterhielten uns und lachten, aber es war offensichtlich, daß Eddie weiterschlafen wollte und nicht so genau wußte, was das alles bedeutete. Wir beschlossen, das Auspacken der Geschenke auf den Morgen zu verschieben.

Wir wachten alle früh auf, und es war wie Weihnachten. Eddie geriet über sein neues Gewehr in Ekstase, ich las fieberhaft Briefe von Freunden; Rick fotografierte. Ich hatte Eddie so gut wie möglich auf das alberne Fotografieren vorbereitet. Aber das hier? Rick saß, kniete, hockte, lag auf dem Bauch und klick, klick, klick, klick, klick. Eddie sah mich an und kratzte sich am Kopf. «Wer ist das? Was will er? Wozu all diese Fotos?»

Ich versuchte, es zu erklären, aber was konnte ich schon sagen. «O.K. Rick, das reicht jetzt.» Rick zog eine andere Kamera hervor. «Hier, das ist die Lösung.» Es war eine S.X. 79, eine Polaroid. Er machte ein Bild von Eddie und gab es ihm.

Ich war wütend. «Aha, das sind also die Glasperlen für die Eingeborenen. Also Rick. Er möchte nicht fotografiert werden. Vergiß es.»

Es war unfair. Ich wußte, Rick hatte es nicht so gemeint, und er war verletzt. «Ich habe sie nur mitgebracht», sagte er, «weil Fotografen immer versprechen, die Bilder zu schicken, und es niemals tun. Außerdem ist es eine Art Dialog ... man teilt das Bild sofort mit einem anderen.» Aber ich wußte, Eddie sah darin nur einen billigen Trick, und ich hatte recht. Er mochte Rick nicht. Er wollte

nicht fotografiert werden, und er wollte schon gar nicht mit einem nutzlosen Stück Papier bestochen werden. Die Spannung war da.

Rick fuhr ein paar Kilometer voraus, und Eddie und ich packten schweigend zusammen. Er fragte mich noch einmal, was das alles zu bedeuten habe, und ich versuchte noch einmal, es zu erklären. Hoffnungslos. Was ich befürchtet hatte, trat ein und war nicht mehr aufzuhalten. Wir gingen zusammen auf der Straße entlang. Da stand Ricks Auto mit ihm auf dem Dach und vor seinem Auge ein langes Objektiv. Ich beschloß, es Eddie zu überlassen, mit der Situation fertig zu werden. Als wir uns dem Auto näherten, hob er die Hand und sagte auf englisch: «Kein Foto!», und in Pitjantjara: «Es macht mich krank.» Ich lachte. Rick machte in diesem Moment noch eine Aufnahme und gab sich damit zufrieden. Als das Bild sehr viel später entwickelt wurde, sah man darauf eine Frau, die einen alten Eingeborenen anlächelt, der fröhlich die Hand zum Gruß hebt. Soviel zur Wahrheit von Fotos. Dieses eine Bild spricht Bände – vielmehr lügt Bände. Wenn ich es jetzt ansehe, ist es für mich jedesmal die Summe aller Fotos dieser Reise:

brillante, aufregende, ausgezeichnete Bilder, die kaum etwas mit der Realität zu tun haben. Mir gefallen Ricks Aufnahmen; aber im Grunde sind es die Bilder seines und nicht meines Trips. Ich glaube, der liebe Richard hat das nie begriffen.

Später in Warburton fragte Glendle Eddie, was er mit dem Polaroidbild von sich anfangen würde. «Wahrscheinlich verbrenne ich es», antwortete er nonchalant. Wir wieherten!

Richard gegenüber ist das alles unfair. Er meinte es so gut und versuchte, sich nicht aufzudrängen. Er machte keine Vorschriften oder wollte etwas erzwingen, wie die meisten anderen es getan hätten. Und wenn er nicht ganz begriff, warum Fotos unerwünscht waren, dann war es verständlich. Er hatte nie mit Aborigines zusammengelebt, und wenn er sich manchmal ausgeschlossen und frustriert fühlte, wurde er gut damit fertig. Die schwierige Situation entschärfte sich sehr viel leichter, als ich erwartet hatte.

Warburton war ein Loch. Nach der großartigen Landschaft und dem Charme der winzigen Siedlungen versetzte es mir einen unangenehmen Schock. Kilometerweit keine Bäume. Man hatte sie als Brennholz benutzt. Die Rinder hatten die Gegend um die Wasserstelle kahlgefressen, und man erstickte beinahe in Staubwolken. Obwohl es mitten im Winter war, stürzten sich unzählige Fliegen auf jeden Zentimeter unbedeckte Haut. Und mitten in dieser Trostlosigkeit, umgeben von den Baracken und Hütten der Eingeborenen, erhob sich ein Hügel, auf dem sich hinter Barrikaden und Stacheldraht (vermutlich zum Schutz vor den Eingeborenen) die Gebäude der Weißen drängten. Aber es gab die Kinder. Wie üblich waren sie von überschäumender Lebensfreude und ließen sich im Gegensatz zu den Erwachsenen gerne fotografieren. Rick verteilte die Polaroidbilder dutzendweise.

Trotz der deprimierenden Atmosphäre des Orts herrschte während meines ganzen Aufenthalts eine Art Partystimmung. Glendle kam; es gab den Lehrer von Warburton und Rick. Eddie nahm mich immer wieder mit ins Lager, um mich mit seinen Freunden und Bekannten bekannt zu machen. Dann saßen wir auf der Erde, ließen friedlich die Zeit verstreichen und redeten stundenlang über den Trip, über mein Ziel, über die schöne Zeit, die wir zusammen erlebt hatten, und über Kamele, Kamele, Kamele, Kamele. Ein alter Mann fragte, ob ich mit Eddie geschlafen habe. Im ersten Moment fühlte ich mich etwas brüskiert, aber dann realisierte ich, daß er es wörtlich meinte. Mit jemandem in einer Wilcha zu schlafen, bedeuteten Freundschaft und Zusammengehörigkeit. Diese Leute waren so vernünftig.

Beim Abschied sah Eddie mich von der Seite an, nahm mich am Arm, lächelte und schüttelte den Kopf. Er wickelte das Gewehr in ein Hemd, legte es auf die Pritsche, überlegte es sich anders, nahm es nach vorne, änderte seine Meinung noch einmal und legte es wieder sorgsam nach hinten. Er winkte aus dem Fenster, und dann verschwanden er, Glendle und Glendles Freund *Wala Karnka* (die ‹Schnelle Krähe›) in einer Staubwolke.

Ich verbrachte eine Woche in Warburton und schwebte wie auf Wolken. Das war ein völlig neues Gefühl für mich. Soviel auf dem Trip war falsch, leer und unbedeutend gewesen und so vieles in meinem Leben davor langweilig und berechenbar, daß ich jetzt, als dieses Glücksgefühl in mir aufstieg, glaubte, in der warmen, blauen Luft zu fliegen. Mein Glücklichsein strahlte aus, färbte auf die anderen ab. Es wuchs und wurde von vielen geteilt. Und doch war in den letzten fünf Monaten nichts so geschehen, wie ich es mir vorgestellt hatte. Nichts war nach Plan gegangen, keine meiner Erwartungen hatte sich erfüllt. Es hatte keinen Punkt gegeben, an dem ich hätte sagen können: «Ja, dafür habe ich es getan», oder: «Das wollte ich.» Im Grunde genommen war das meiste schlichtweg mühsam und ermüdend gewesen.

Aber wenn man Tag um Tag, Monat um Monat dreißig Kilometer wandert, dann ereignen sich merkwürdige Dinge. Dinge, die einem erst im nachhinein bewußt werden. So erinnerte ich mich minutiös und in Technicolor an jedes Ereignis meiner Vergangenheit und an die beteiligten Menschen. Ich erinnerte mich Wort für Wort an jedes Gespräch, das ich in meiner Kindheit mit angehört hatte. Auf diese Weise gelang es mir, die Ereignisse mit einer Art emotionaler Distanziertheit zu betrachten, als habe sie ein anderer Mensch erlebt. Ich entdeckte Menschen wieder und lernte sie kennen, die seit langem tot und vergessen waren. Ich grub Dinge aus, von denen ich nicht mehr ahnte, daß sie existierten: Menschen, Gesichter, Namen, Orte, Gefühle, bruchstückhaftes Wissen – alles wartete darauf, untersucht zu werden. Es war ein gründlicher Reinigungsprozeß von allem Müll und Dreck, der sich in meinem Kopf angesammelt hatte – eine sanfte Katharsis. Und vermutlich konnte ich deshalb meine derzeitigen Beziehungen zu Menschen und zu mir selbst besser erkennen. Ich war glücklich. Es gibt einfach kein anderes Wort dafür.

Richard sprach von einem Wunder. Ich lachte ihn deshalb aus und spottete, weil er einen derart suspekten Ausdruck benutzte. Aber es wühlte ihn tief auf. Heute blicke ich auf diese Zeit mit einer Art ungläubigem Sehnen zurück. Wir begannen tatsächlich in Begriffen wie Wunder und Schicksal zu sprechen. Insgeheim glaubten wir beide an eine Macht, die außerhalb von uns liegt, an der man teilhaben konnte, wenn man im Einklang mit dem Geschehen stand. O je.

10

Ich verließ Warburton irgendwann im Juli. Vor mir lag eine Strekke, auf der ich etwa einen Monat lang keinen Menschen sehen würde. Auf dieser Etappe würde meine Fähigkeit zum Überleben zum erstenmal wirklich auf die Probe gestellt. Und wenn ich umkam, dann wahrscheinlich irgendwo in dieser weiten, tückischen Leere. Aber trotzdem sah ich dem mit einer neu gefundenen Ruhe, Furchtlosigkeit und gefestigtem Selbstvertrauen entgegen.

Der Gunbarrel Highway (die Australier haben einen merkwürdigen Sinn für Humor) bestand aus zwei parallelen Wagenspuren, die sich manchmal in Nichts auflösten, aber im allgemeinen kerzengerade durch höchst unwirtliches, wasserloses Niemandsland nach Westen führten – und das Hunderte von Kilometern. Ursprünglich hatte man den Weg als Vermessungslinie geschaffen, und jetzt fuhren hier im Durchschnitt sechs Landrover im Jahr.

Ich zog neue Sandalen an. Ich hatte alles mögliche ausprobiert, aber Sandalen waren bei weitem das beste. Stiefel waren zu schwer und zu warm; in Turnschuhen ging man morgens etwa eine Stunde lang bequem, aber dann entstanden durch Schweiß und Sand Krusten unter den Ballen. Sandalen schützten die Füße zwar nicht vor Dornen, Stacheln und messerscharfen Grashalmen, aber nach ein bis zwei qualvollen Tagen und etlichen Blasen waren sie eingelaufen. Zu diesem Zeitpunkt war ich so fit, daß mir Kälte und Schmerzen praktisch nichts anhaben konnten. Meine Schmerzschwelle hatte absurde Höhen erreicht. Menschen (besonders Männer), die sich verletzen und vorgeben konnten, nichts zu spüren, hatten mich immer mit ehrfurchtsvollem Neid erfüllt. Jetzt war es bei mir nicht anders. Einen Schnitt oder eine tiefe Fleischwunde registrierte ich nur mit einem gemurmelten «Oh» und dachte schon nicht mehr daran. Meist nahm mich das, was ich gerade tat, so sehr in Anspruch, daß mir keine Zeit blieb, mich um so etwas zu kümmern.

Rick fuhr mit dem Auto nach Wiluna, unserem nächsten Treffpunkt. Ich bat ihn, ein paar Fässer Wasser auf dem Weg für mich abzustellen, denn ich würde jeden Tropfen Wasser brauchen. Das Gebiet war trocken und heiß. Und vermutlich würden die Kamele nur wenig Futter finden. Eingeborene hätten mir zwar Wasserstellen zeigen können, aber auf den Karten waren keine verzeichnet. Ich wollte auch nicht auf dem ganzen Weg Ricks frische Spuren vor mir sehen, obwohl ich das ein bißchen lächerlich von mir fand. Ich machte mir größere Sorgen um seine Sicherheit als um meine. Wenn er eine Panne hätte ... Ich vergewisserte mich, daß er genug Wasser für sich mitnahm. In einer Notlage konnte ich ihn dann mitnehmen. Auch Glendle hatte sich nicht davon abbringen lassen, mir auf halbem Weg zwei Tonnen Wasser abzuladen. Dazu mußte er insgesamt eintausendfünfhundert Kilometer durch die trostlose Stachelkopfgraswüste fahren – das sind Freunde.

Ich machte mich mit meinen neuen Sandalen auf den Weg und beschloß nach ein paar Stunden, den Weg zu verlassen und querfeldein zu gehen. Außer Dünen, Stachelkopfgras und dem unermeßlichen Raum gab es nichts. Vielleicht ging ich jetzt über einen Boden, den noch kein Mensch vor mir betreten hatte. Mich umgab soviel Raum – reine, jungfräuliche Wüste, die noch nicht einmal von Rindern gestört wurde. In dieser riesigen Weite fehlte selbst der kleinste Hinweis auf Menschen. Die Dünen verliefen hier nicht in parallelen Wellen, wie ich es zuvor erlebt hatte; sie schienen so aufgewühlt wie eine stürmische See. Hier hatte es kein Buschfeuer gegeben, und deshalb wirkten sie auch ganz an-

ders – nicht so sauber oder so irreführend üppig grün. Das trostlose, ungenießbare Stachelkopfgras überzog sie und gab ihnen Halt.

Auf dem Trip gewann ich ein Bewußtsein und Verständnis für das Land. Ich lernte, mich auf das Land zu verlassen. Die Weite und die Leere, die mir zuerst bedrohlich erschienen, waren jetzt eine Wohltat. In mir wuchs das Gefühl der Freiheit. Ich fühlte mich heiter und gelöst. Das Gefühl von Raum wirkt tief im australischen Kollektivbewußtsein. Es ist erschreckend, denn die meisten Menschen drängen sich an der Ostküste, wo das Leben einfach und der Raum etwas Faßbares ist, und dennoch schafft er ein Gefühl für Potential und Möglichkeiten, wie es vermutlich in keinem europäischen Land mehr existiert. Aber es wird nicht mehr lange dauern, ehe auch dieses Land besiegt, eingezäunt und bezwungen ist. Aber hier, hier war es frei, unverdorben und, wie es schien, unzerstörbar.

Auf meinem Weg durch dieses Gebiet beschäftigte mich der Raum auf eine höchst intensive, aber doch nicht völlig bewußte Art. Die Bewegungen, Strukturen und die Zusammenhänge der

Dinge erschlossen sich mir durch den Bauch. Ich sah die Tierspuren nicht nur, sondern sie sagten mir etwas. Ich sah einen Vogel nicht nur, ich kannte ihn im Zusammenhang mit seinem Tun und dessen Wirkungen. Die Umgebung erzählte mir alles über sich selbst, ohne daß mir dieser Vorgang deutlich bewußt wurde. Sie wurde ein lebendiges Wesen, und ich war Teil dieses Wesens. Diesen Vorgang kann ich nur anhand eines Beispiels beschreiben: Ich sah im Sand die Spuren eines Käfers. Früher wäre dies lediglich ein hübsches Muster gewesen, über das ich nicht weiter nachdachte. Jetzt wurden die Spuren zu einem Signal, zu dem mir spontane Assoziationen kamen – Art des Käfers, seine Laufrichtung und warum er in diese Richtung lief, wie alt die Spuren waren, und wem er als Futter diente. Am Anfang der Reise lernte ich gewisse rudimentäre Dinge über das, was mich in der Wüste erwartete. Inzwischen wußte ich genug und besaß ein System, mit dem ich lernen konnte zu lernen. Mir fiel eine neue Pflanze auf. Ich erkannte sie sofort, weil mir ihre Zugehörigkeit zu anderen Pflanzen und Tieren in diesem Gebiet ins Auge fiel. Ich sah und kannte die Pflanze, und ohne ihr einen Namen geben zu können, betrachtete ich sie als ein Ganzes mit ihrer Umgebung. Früher war etwas nur eine Sache, die lediglich existierte. Jetzt wurde sie etwas, auf das alles andere reagierte und mit dem alles in Beziehung stand und umgekehrt. Wenn ich einen Gesteinsbrocken aufhob, konnte ich nicht mehr einfach sagen: «Dies ist ein Stein.» Ich sagte: «Er ist Teil eines Systems», oder präziser: «Auf diesen Stein wirkt alles ein, und so wirkt auch er.» Nachdem diese Denkweise für mich selbstverständlich geworden war, verlor auch ich mich in diesem System, und meine Grenzen dehnten sich ins Grenzenlose. Am Anfang der Reise wußte ich irgendwie, daß dies geschehen konnte. Und der Gedanke erschreckte mich. Ich stellte es mir als ein chaotisches Prinzip vor und wehrte mich mit Händen und Füßen dagegen. Um mich zu schützen, hatte ich mir ein Gebäude aus Gewohnheiten und Routine errichtet; damals brauchte ich das unbedingt. Denn wenn man zersplittert und unsicher ist, erschrickt man zu Tode, wenn man feststellt, daß die eigenen Grenzen sich auflösen. Um in der Wüste zu überleben, muß man die Zerrissenheit überwinden – und zwar schnell. Es ist keine mystische Erfahrung – es ist gefährlich, ein solches Wort damit in Zusammenhang zu bringen. Solche Begriffe sind zu abgedroschen und anfällig für Fehlinterpretationen. Es ist etwas, was geschieht. Ursache und Wirkung. Das Überleben an unterschiedlichen Plätzen erfordert je nach Umgebung unterschiedliche Dinge. Die Fähigkeit zu überleben ist vielleicht die Fähigkeit, sich von der Umgebung verändern zu lassen.

Der Wechsel zu diesem Realitätsbewußtsein war ein langer Kampf gegen die alte Konditionierung gewesen. Es handelte sich nicht um eine bewußte Auseinandersetzung; es drängte sich mir auf, und ich konnte es annehmen oder ablehnen. Die Ablehnung hatte mich an den Rand des Wahnsinns gebracht. Das Ich, dem ich früher das Überleben anvertraute, war hier draußen in einer anderen Umgebung zum Feind geworden. Diese innere Auseinandersetzung hätte ich beinahe nicht verkraftet. Die intellektuellen und kritischen Fähigkeiten taten alles Erdenkliche, um die Grenzen aufrechtzuerhalten. Sie beschworen die Erinnerung herauf. Sie klammerten sich an Zeit und Maßeinheiten. Aber sie mußten den ersten Platz räumen, denn sie waren einfach nicht länger erforderlich. Das Unbewußte wurde viel aktiver und wichtiger – und zwar in Form von Träumen und Gefühlen. Ich entwickelte ein zunehmendes Bewußtsein für den Charakter eines bestimmten Punkts – ob es ein guter Ort mit einem beruhigenden Einfluß war, oder ob er mich abschreckte. Dies alles verband sich mit der Realität der Aborigines und ihrer Vision von der Welt, mit der sie untrennbar verbunden waren. Das wurde an ihrer Sprache deutlich. In Pitjantjara, und ich vermute auch in allen anderen Eingeborenensprachen, gibt es kein Wort für ‹existieren›. Das ganze Universum steht in einer unaufhörlichen Interaktion. Man kann nicht sagen: Dies ist ein Felsen. Man kann nur sagen: Dort sitzt, lehnt, steht, fällt, liegt ein Felsen.

Das Ich schien keine Entität zu sein, die irgendwo im Kopf lebte, sondern eine Reaktion zwischen Geist und treibender Kraft. Wenn der Stimulus nicht sozial war, fiel es dem Ich schwer, sein Wesen zu definieren und seine Dimensionen zu erkennen. In der Wüste wird das Ich mehr und mehr zur Wüste. Es muß so werden, um zu überleben. Es wird grenzenlos und wurzelt mehr im Unbewußten als im Bewußten – die sinnlosen Gewohnheiten fallen ab, und das Ich beschäftigt sich mehr mit Realitäten, die mit dem

Überleben in Zusammenhang stehen. Aber es liegt in seiner Natur, daß es sich verzweifelt assimilieren und die Informationen verstehen will, die auf das Ich einstürmen. In einer Wüste bedeutet das beinahe immer, daß sie in die Sprache der Mystik übersetzt werden.

Ich versuche damit folgendes zu sagen: Wenn man im Staub geht, im Staub schläft, im Staub steht, sich im Staub entleert, sich im Staub wälzt, vom Staub bedeckt ist und Staub ißt, und wenn es niemanden gibt, der einen an die Regeln der Gesellschaft erinnert, und es nichts gibt, das die Verbindung mit dieser Gesellschaft aufrechterhält, dann bereitet man sich besser auf ein paar ungeahnte Veränderungen vor. Die Aborigines scheinen in völliger Übereinstimmung mit sich und ihrem Land zu leben, und ich erfuhr an mir die embryonalen Anfänge dieser Übereinstimmung. Das tat mir gut.

Meine Angst hatte jetzt ebenfalls eine andere Qualität. Sie war direkt und nützlich. Sie machte mich nicht unfähig oder behinderte mein Können. Es war die natürliche, gesunde Angst, die für das Überleben notwendig ist.

Ich redete zwar ununterbrochen mit mir selbst, mit Diggity oder der Landschaft, aber ich fühlte mich nicht einsam. Im Gegenteil, wenn ich plötzlich einem anderen Menschen begegnet wäre, hätte ich mich entweder versteckt oder ihn wie einen Busch, einen Felsen oder eine Eidechse behandelt.

Es war mühsam, über die Dünen zu wandern. Nichts als hochkraxeln und wieder runterrutschen. Die Kamele waren jetzt in ihrem Element und arbeiteten wie die Teufel. Sie gaben nie auf, beklagten sich nie – auch wenn eins über ein Stachelkopfgraspolster stolperte und am Nasenzügel des Nachfolgenden zerrte. Welch stoische Tiere. Das Stachelkopfgras, dieses allgegenwärtige Gewächs in der Wüste wurde einem so über, daß man am liebsten jeden Busch einzeln verbrannt hätte. Diese Büschel hatten im allgemeinen einen Durchmesser von zwei Metern und waren etwa ein Meter zwanzig hoch. Sie standen dicht beisammen. Sie erschwerten das Gehen, machten es ermüdend und quälend. Ein solcher Busch ist nichts als Stacheln. Die winzigen Widerhäkchen am Ende der Halme bohren sich ins Fleisch, wo sie brennen und jukken. Bald würde ich die Dünen hinter mir lassen und die endlose, flache, heiße, von Stachelkopfgras überzogene Wüste erreichen, in der es nur hin und wieder eine flache Mulde mit Mulga oder mit einigem Glück auch andere Leckerbissen für die Kamele gab. Ich fragte mich, wie es den Kamelen in dieser Wüste ergehen würde.

Ich legte Kilometer um endlose Kilometer zurück. Ich schleppte mich über diese monotonen, endlosen Dünen und beschloß irgendwann, daß die Freuden des Alleinseins in keinem Verhältnis zur Energie standen, die ich aufbringen mußte, um die Wüste zu durchqueren. Ich hatte meinen Kompaß verloren. Aber ich geriet nicht in Panik, sondern folgte meiner Spur zurück, bis ich ihn wiederfand. Trotzdem ein dummer Fehler. Es fiel mir sogar schwer, den Kompaßkurs einzuhalten. Vielleicht stand plötzlich ein Hindernis vor mir – ein undurchdringliches Dickicht von Mulgabüschen. Versuchte ich, mir einen Weg hindurchzubahnen, verfingen sich die Äste im Gepäck, in den Kleidern und rissen mich blutig. Ich mußte aufgeben. Das bedeutete manchmal einen Umweg von ein oder zwei Kilometern. Oder ich mußte einen Hügel mit scharfkantigem Laterit umwandern. Ich beschloß, wieder auf den Weg zurückzugehen. Ich hatte keine Ahnung, wie deutlich erkennbar er war oder ob ich vielleicht gerade auf eine felsige Stelle stieß, wo ich Ricks Reifenspuren nicht sehen würde. An diesem Tag ging ich beinahe fünfzig Kilometer in der Hoffnung, den Weg vor dem Dunkelwerden zu erreichen. Das brachte mich beinahe um. Ich hatte das Gefühl, kein Hüftgelenk mehr zu haben. Das Gehen schmerzte unbeschreiblich. Ich hinkte, und das zehrte mehr an meiner Energie als die Sonne, die mir das Gesicht verbrannte, mir die Lippen austrocknete und aufspringen ließ. Wie sich herausstellte, war der Weg leicht erkennbar, und ich schlug das Lager auf, sobald ich ihn sah.

Im Morgengrauen lag der Gunbarrel Highway in seiner ganzen Endlosigkeit vor mir, rechts und links die unermeßliche Stachelwüste. Die Halme schimmerten zart gold und rosa. Aber sobald die Sonne höher stand, wurden sie zu einem trostlosen graugrünen Schrecken. Gras wogte im kühlen Morgenwind, und die Rispen wirkten zart und attraktiv. Wie sehr das Land täuschen konnte. Die extremen Temperaturunterschiede mußte man am eigenen Leib spüren, um sie zu glauben. Sie reichten von eiskalten Minusgraden im fahlen Morgengrauen bis hin zur kochendheißen Mittagshitze und sanken über die ersehnte Abendkühle wieder zur kristallklaren, eisigen Nacht. Ich trug nur Hosen, dünne Hemden und einen Schaffellmantel, den ich meist beim Auf- und Abladen auszog. (Das Beladen dauerte jetzt nur noch eine halbe Stunde!) Ich lernte, mich warm zu zittern. Ich lernte auch, während des Tages nicht zu trinken. Morgens trank ich vier oder fünf Becher Tee, mittags vielleicht einen halben Becher und dann nichts mehr, bis ich abends das Lager aufgeschlagen hatte. Dann stürzte ich acht bis neun Becher Flüssigkeit hinunter. Es ist merkwürdig, tagsüber pressen Sonne und trockene Luft einem den Schweiß literweise aus dem Körper, aber je mehr man trinkt, desto durstiger wird man.

Die Ebene war so eintönig, daß die kleinste landschaftliche Veränderung eine wahre Wohltat bedeutete. Eine armselige kleine Senke, die nur im Vergleich zur Umgebung anziehend wirkte, riß mich zu Begeisterungsstürmen hin. Eines Tages kampierte ich in einem Staubloch unter ein paar kümmerlichen, schattenlosen Bäumen. Aber sie bedeuteten in diesem Moment für mein ästhetisches Empfinden mehr als das Tadsch Mahal. Hier gab es Futter für die Kamele, und sie konnten sich nach Herzenslust im Staub wälzen. Am späten Nachmittag waren sie bereits entsattelt und begannen sofort zu spielen. Ich beobachtete sie eine Weile lachend, zog dann plötzlich spontan alle Kleider aus und spielte mit. Wir strampelten, rollten uns auf der Erde und bedeckten uns mit Staub. Diggity freute sich wahnsinnig. An mir hingen dicke, orangene Staubkrusten, und die Haare waren völlig verfilzt. Ich hatte noch nie in meinem Leben so ehrlich und selbstvergessen gespielt und mich gefreut. Ich bin sicher, daß die meisten von uns vergessen haben, wie man spielt. Wir haben Spielregeln erfunden, und die treibende Kraft beim Spiel ist der Wettbewerb. Der Wunsch zu gewinnen und jemanden zu schlagen hat das Spielen ersetzt – das Spielen um des Spielens willen.

Als ich am nächsten Morgen aufbrach, nahm ich den Wecker, zog ihn auf, stellte ihn auf vier Uhr und ließ ihn tickend auf einem Baumstumpf in der Nähe unseres Staubbads zurück. Ein passendes und angemessenes Ende für dieses heimtückische kleine Instrument. Und damit war auch diese Angewohnheit überwunden. Zur Feier der Stunde machte ich ein paar ungeschickte kleine Tanzschritte, wie eine Tänzerin mit Blei in den Schuhen. Vermutlich sah ich mit meinen ausgelatschten Sandalen, den ausgebeulten, dreckigen Hosen, dem zerrissenen Hemd, den schwieligen Händen und Füßen und dem dreckverschmierten Gesicht eher wie eine alte Vogelscheuche aus. Ich gefiel mir so. Es war eine große Erleichterung, von Kostümierungen, dem hübschen und attraktiven Aussehen befreit zu sein. Vor allem befreit von der schrecklichen, verlogenen, verblödenden Attraktivität, hinter der sich Frauen verstecken. Ich zog mir den Hut über den Kopf, so daß nur noch die Ohren darunter hervorsahen. «Ich darf das nicht vergessen, wenn ich zurück bin. Ich darf nicht wieder in diese Falle laufen. Ich muß mich den Leuten zeigen, wie ich bin. So? Ja, warum nicht?» Aber dann wurde mir klar, daß die Regeln in einem Kontext nicht notwendigerweise auch für einen anderen gelten. Dort wäre dies nur eine andere Verkleidung. Dort gab es keine Nacktheit. Das konnte sich doch niemand leisten. Alle hatten ihr gesellschaftliches Ich so undurchdringlich gemacht. Nur der Alkohol öffnete die Pforten, und die Nacktheit dahinter war häßlich. Warum war das so? Warum umkreisten sich die Leute voll verzehrender Angst und voll Neid, wenn alles Illusion war, was fürchteten oder beneideten sie? Warum errichteten sie psychologische Wälle und Barrikaden, die nur ein Dr. im Panzerknacken durchbrechen konnte, die nicht einmal sie selber von innen überwinden konnten? Und wieder einmal verglich ich die europäische Gesellschaft mit der der Aborigines, die archetypisch paranoide, habgierige, destruktive mit der anderen, der gesunden. Ich wollte die Wüste nie mehr verlassen. Ich wußte, ich würde diesen Wunsch vergessen.

Ich hatte ungefähr die Hälfte des Weges hinter mich gebracht. Ich wußte nicht, wann genau ich die Hälfte erreichte, denn inzwischen hatte ich begriffen, daß die Zeit in der Wüste sich weigerte, sich selbst zu strukturieren. Sie zog es vor, in Schnörkeln, Wirbeln und Tunnels zu fließen – und außerdem: Wen kümmerte es?

Etwa fünf Kilometer vor mir lagen ein paar Hügel. Heiß. Es war heiß. Seit Tagen hatte ich nur Stacheln und Dornen gesehen. Oh, wie sehr wünschte ich mir, in diesen Hügeln zu sein. Ich konnte Bäume erkennen. Bäume. Und was schwebte da plötzlich aus der flirrenden Hitze wie Gespenter auf mich zu – nicht ein, nicht zwei, noch nicht einmal drei, sondern vier wilde Kamelhengste mit Schaum vor dem Maul ... auf der Suche nach Kämpfen und Kamelstuten.

Gut. Keine Panik, D. Bitte keinen kalten Schweiß, der dir in gelben Bächen den Rücken herunterläuft und dir von den Augenbrauen tropft. Geh einfach in Deckung (ob ein Büschel Stachelkopfgras genügt?) und knall sie ab.

Gut. Aber das Schwierige ist, ich mag Kamele. Ich tu ihnen nicht gerne weh. Ich bin die Freundin aller Kamele. Ich gab einen Warnschuß ab, in der Hoffnung, sie würden vor Entsetzen davonrennen. Eines der wilden Kamele sagte: «Was ist dat denn? Eine Mücke?» und rannte weiter. Arrogante Sau. O. K. Muß ich eben eins erschießen. Wenn die anderen Blut riechen, hauen sie ab. Ich ging näher, kniete mich hin und zielte auf den Kopf. Aber als ich abdrückte, geschah nichts. Nichts. Zip. Ladehemmung. Gewehr kaputt. «O Gott», sagte ich, als ein kalter Schauer mir den Rücken runterlief, und ich sah mich schon schreiend den ganzen Weg nach Warburton zurücklaufen. «O Gott, o Gott», sagte ich, als die Kamele näher kamen. Ich schmiß das Gewehr auf den Boden, schrie es an und versuchte es mit dem Messer in Gang zu bringen – es nützte nichts.

Ich entdeckte den verkohlten Stumpf eines Korkbaums und band Bub daran fest. Als weitere Vorsichtsmaßnahme befestigte ich den Nasenzügel an seinem Bein, wohl wissend, daß er ihn wie ein Stück Bindfaden zerreißen, den Baumstumpf entwurzeln und sich davonmachen würde, wenn er wirklich Angst bekam. Mir blieb keine Zeit, an Diggity oder Goliath zu denken, denn die wilden Kamele waren nur noch drei Meter entfernt, und sie waren GROSS. Dookie und Zelly tanzten auf und ab wie Jojos und waren mehr als gereizt. Ich warf einen Stein auf einen der Hengste. Er gurgelte und stellte seine Maulblase zur Schau (ein schrecklich widerwärtig rosa, violett und grüner, schleimiger Ballon, der unbeschreiblich stinkt und den die Kamelstuten perverserweise attraktiv finden), schüttelte den Kopf, und wir spielten Katz und Maus. Ich warf einen zweiten Stein und bedrohte ihn mit meinem Spaten. Er wich zurück und sah mich an, als sei ich eine Verrückte. Wir spielten einen halben Nachmittag lang Kamele vertreiben, und es bedurfte noch vieler anderer, gerissener Antikamelmanöver, um sie loszuwerden. Zu meiner großen Erleichterung fanden sie es irgendwann langweilig, mich zu terrorisieren, stolzierten davon und verschwanden wie eine Fata Morgana am klebrig dunstigen Horizont. Keiner der Hengste hatte wirklich angegriffen – ich wäre nicht mehr am Leben, wenn sie es getan hätten –, und ich dachte, es sei unnötige Vorsicht gewesen, die anderen Hengste alle zu erschießen. Dann erinnerte ich mich an Dookies Raserei und beglückwünschte mich.

Es war ein sehr langer Nachmittag – einer der längsten meines Lebens. Aber ich überstand ihn. O. K. Mein Gehirn hatte ein bißchen mehr zu tun, das Gewehr war hinüber und das Messer natürlich auch. Mein Verstand hatte mich gerettet, wo mein Gewehr versagte.

> Der wichtigste Unterschied zwischen einem Abenteurer und einem Selbstmörder besteht darin, daß der Abenteurer sich einen Fluchtweg offenhält (je schmaler der Fluchtweg, desto größer das Abenteuer). Ein Weg, dessen Verlauf und Breite vielleicht von unbekannten Faktoren bestimmt werden. Es sind die Nerven und der Verstand des Abenteurers, die darüber entscheiden, ob er diesen Fluchtweg erfolgreich zurücklegt. Es ist immer belebend, sich nur auf seine Nerven zu verlassen oder den Verstand bis an seine Grenzen zu treiben.
>
> Tom Robbins, *sogar cowgirls kriegen mal blues*

Ja, so ist es.

An diesem Abend schlug ich mein Lager im Schutz zweier einladender Hügel auf, und ich schrieb Briefe. Es wurden glückliche, ruhige, positive Briefe. Ich dachte immer wieder daran, daß ich eigentlich vor Angst zittern müßte; daß ich schreiben müßte, um meine Fassung wiederzugewinnen; daß ich an Freunde schreiben müßte, weil ich sie zu meinem Schutz brauchte. Ich dachte, eigentlich müßte ich mir wünschen, bei ihnen und in Sicherheit zu sein. Statt dessen schrieb ich, daß ich nicht um alles in der Welt mit ihnen tauschen wolle, daß Sicherheit ein Mythos sei und ein heimtückischer kleiner Teufel. Ich habe einen dieser Briefe hier aufgenommen, den ich im Verlauf mehrerer Tage schrieb. Briefe kamen für mich damals einem Tagebuch am nächsten. Sie beschreiben deutlicher, was geschah, als ich es in meiner engen Londoner Wohnung kann.

Lieber Steve,
ich sitze hier an meinem kleinen Feuer, dreihundert Kilometer von allem und jedem entfernt; der Kessel singt Teeshanties; die Kamele kommen bim bam vom abendlichen Mampfen zurück, und neben mir auf dem Schlafsack furzt Diggity still, aber atemberaubend vor sich hin. Ich habe einen zauberhaften Lagerplatz gefunden, umrahmt von zarter Mulgaspitze, gepolstert mit weichem, roten Sand und beschützt von zwei rotgelben Hügeln. Ein kleines Stückchen Paradies auf dem einsamen Wüstenweg, wo ich ein paar Tage bleiben will, um mein «Wa» zu stärken. Ich sah heute morgen vor Sonnenaufgang (ein grauer seidiger Himmel mit der Venus) eine Krähe, die sich vom Winde tragen ließ und ihre Kreise durch die Luft zog. Ging bei Sonnenaufgang auf die Jagd, sah ein Kanyala und verfehlte es. Gott sei Dank. Aber wir sind fleischhungrig. Kam zurück und briet mir ein knuspriges, goldenes Fladenbrot. Und dann gönnte ich mir eine Wäsche – seit Wochen das erste Wasser, das mit oder ohne Seife meine stinkende Haut berührte. Uuuuiiiiiii. Es wundert mich, daß auf mir nicht inzwischen irgendwo Champignons wachsen.

Ich mußte gerade unterbrechen, um die Kamele zu vertreiben, die sich wieder einmal an meine Essenvorräte heranmachten. Freche, impertinente Biester. Aber ich liebe sie.

Jetzt weht mir ein kühler Wind um meine besockten und besandalten Füße. Es wird hier rhythmisch wiedergekäut; das Eukalyptus- und das Sandelholz im Feuer ringen wie Karatekämpfer mit der Kälte. Bumm didi bumm didi bumm klopft mein Herz, wie schön ist das Leben. Worte können das einfach nicht beschreiben. Worte sind die Erinnerung, der es nach dem Tanz wieder unter den Füßen juckt ...

Ein paar Tage später. Das heißt, vor ein paar Tagen in deiner Zeit. In meiner Zeit könnte ich ebensogut sagen, ich hätte das morgen oder in tausend Jahren geschrieben. Die Zeit ist hier draußen anders. Vielleicht bin ich in ein schwarzes Loch gerutscht. Wir wollen uns nicht in Zeitkonzepten verlieren – oder? Ich könnte dann wirklich den Faden verlieren.

Heute war ein Hammer von einem Tag – das ist es immer noch. Obwohl ich jetzt auf glitzernde Stacheln und abgestorbene Bäume blicke ... aber ich will der Reihe nach erzählen.

Der Tag heute fing so an wie die meisten anderen auch. Allerdings standen Wolken am Himmel. Genau gesagt: zwei Wolken. Sie spähten rosarot über den nördlichen Horizont. «Regen», war, glaube ich, mein erster Gedanke, als sich das erste Licht in die Augen und unter die Decken drängte. Aber die Wolken lösten sich in Sekundenschnelle auf. Und als nächstes dachte ich: «Ich höre keine Kamelglocken.» Richtig, die Kamele hatten sich ebenfalls in Luft aufgelöst ... zwei jedenfalls. Das dritte löste sich nicht auf, wie ich bald entdecken sollte, weil es nicht laufen konnte.

Ein sehr kluger Freund sagte einmal in Alice Springs zu mir: «Wenn unterwegs etwas schief läuft, gerate nicht in Panik. Stell Teewasser auf, setz dich hin und denke klar und ruhig nach.»

Also stellte ich Teewasser auf, setzte mich und ging mit Diggity die ins Auge springenden Tat-Fakten durch.

1. Wir sind von allem zweihundert Kilometer entfernt.
2. Wir haben zwei Kamele verloren.
3. Wir haben ein Kamel. In seinem Fuß hat es ein Loch; es ist groß genug, daß du dich darin zusammenrollen und schlafen könntest.
4. Wir haben für sechs Tage Wasser.
5. Meine kaputte Hüfte tut immer noch entsetzlich weh.
6. Dies ist ein toller Platz, um den Rest des Lebens hier zu verbringen. Nach meinen Berechnungen dürfte sich das um eine Woche handeln.

Nachdem ich das alles ordentlich zusammengestellt hatte, geriet ich in Panik. Ich fand meine verlorenen Schäfchen Stunden später und brachte sie zurück ins Lager. Sie bereuten. Übrig blieb das Problem mit dem Krüppel. Dookie ist normalerweise ein ruhiger, zuverlässiger Bursche. Aber mit einem Loch im Fuß verwandelt er sich in einen wilden Dämon. Er trat um sich, stieß, drehte und wand sich, knurrte, kotzte, rollte sich auf dem Boden, schnappte und gurgelte. Schließlich mußte ich ihn wie ein Paket verschnüren, um an seinen Fuß zu kommen. Das klingt auf dem Papier einfach, aber ich schwöre, ich habe bei dem Kampf fünf Liter Schweiß vergossen. Und erinnere dich, was ich vorher (Punkt fünf, glaube ich) über mein armes, altes Hüftgelenk gesagt habe, das etwa an sieben Stellen ausgerenkt ist ... es ist immer dasselbe: genau *dahin* trat Dookie mit dem Vorderbein. Aber einer langen Klage kurzer Sinn: Ich zwang ihn auf die Knie, verschnürte ihn und schabte vier Sandberge und sechs Felsen aus dem Loch im Fuß. Ich stopfte es mit Watte aus und beschmierte es mit Terramycin, klebte ein Pflaster drüber, sprach: «Heile, heile Segen ...», und dann machten wir uns auf den Weg.

Ach du meine Güte. GERADE kommt eine ganze Herde Kamele ins Lager ... während ich schreibe. Ich kann absolut nichts tun, und deshalb schreibe ich, um meine Panik zu unterdrücken. Warum? Oh, warum muß das immer mir passieren? Scheint in Ordnung zu sein! Gott sei Dank, es sind keine Hengste dabei. Vorsichtshalber habe ich das Gewehr geladen – das Gewehr, das nicht funktioniert, mußt du wissen ... nun ja, man weiß nie. Manchmal geschehen auch Wunder. Also, wo war ich? Ich muß schreiben, denn ich bin verzweifelt. Also gut. Verließ mittags das Lager und kam an den schönsten Platz, den ich je gesehen habe – die Mungillisenke.

Ich will versuchen, sie dir zu beschreiben. Man kommt einen Abhang hinunter und ist plötzlich in einem anderen Land: überall Schatten und lachsfarbener Sand. Riesige Eukalyptus glitzern und schwanken im Wind. Vögel zwitschern und flöten, rechts liegt wie eine Meeresbucht, die seit Ewigkeiten kein Wasser mehr gesehen hat, die Senke. Sie ist trocken, flach und an allen Seiten von niedrigen Dünen, Bäumen und Melden umgeben, an denen rote Beeren hängen. Manche Bäume haben glatte rosa Stämme, die im Abendlicht wie schillernde Seide blutrot schimmern. Die Blätter sind glänzend, dunkel, dunkelgrün. Ich weiß, die meisten Leute würden durch diese fünf Kilometer Himmel hindurchfahren, ohne auch nur einen Blick darauf zu werfen und schon gar nicht ihren Gebetsteppich ausrollen. Aber mir wurde ganz flau im Magen vor Staunen – ich wünschte, ich könnte es dir erklären. Was für ein Flecken Land – so bewegend, so wunderbar kraftvoll. Ich blieb aber nicht lange. Dookies Loch im Fuß wuchs in meiner Vorstellung und meinem Gewissen wie Pilze in den Tropen.

Jetzt bin ich hier und spitze die Ohren nach dem Gurgeln der Kamelhengste (leider gibt's immer auch Papas, wo Mamas sind).

Komisch mit diesem Trip, weißt du. An einem Tag schwebe ich vor Begeisterung in den Wolken (nachdem ich dort war, kann ich sagen, für einen Besuch sind sie ein schöner Platz, aber leben möchte ich dort nicht. Kann ich mir nicht leisten ...) und am nächsten ...

Während ich jetzt auf die glänzenden Dornen und toten Bäume blicke, muß ich dir sagen, wenn ich ganz ehrlich sein soll – aber das muß zwischen uns bleiben, ich möchte nicht, daß es sich rumspricht –, bin ich dieses Abenteuer ein ganz klein bißchen leid. Inzwischen schleichen sich langsam schon Phantasien durch das Stachelkopfgras, Skelette und Felsspalten – Wunschträume von Orten, an denen ich jetzt gerne wäre.

Dort wo der kühle Klee beinahe bis zur Hüfte reicht, wo es keine Flutwellen, Taifune, verirrte Meteore, Kamele, schauerliche Nachtgeräusche, keine brüllende, stechende, krebserzeugende Sonne gibt, keine Hitzewellen und nackten Felsen, kein Stachelkopfgras und keine Fliegen. Ich wäre gern an einem Ort, wo es viele Avocados, Wasser und nette Leute gibt, die einem morgens Tee bringen, wo es Ananas und rauschende Palmen gibt, wo eine leichte Brise vom Meer weht, wo am Himmel duftige kleine Wolken schweben und sich in schimmernden Bächen spiegeln. Vielleicht auf einer Seidenfarm, wo man sitzt und den Seidenraupen zuhört, die Geld für einen spinnen, während man gemütlich Äolsharfen für ein paar besonders gute Freunde bastelt. Und wenn man keine Lust mehr dazu hat, schlendert man in das japanische Bad im Garten, ißt eisgekühlte rosa Wassermelonen in zierlichen Scheiben, während einem der ein Meter achtzig große, schlanke Sklave den Rücken mit Eiswürfeln kühlt und ...

Entschuldige, entschuldige Stevie, meine Phantasie ist mit mir durchgegangen.

Aber du weißt, was ich meine.

Mein Gott, was gäbe ich im Moment nicht alles für ein freundliches Gesicht ... sogar für ein unfreundliches Gesicht. Wie schön wäre irgendein menschlicher Laut. Ja sogar ein ordentlich lauter menschlicher Furz hinter dem dürren Gestrüpp dort drüben wäre schon etwas. Ich muß verrückt sein. Ich sitze hier und überlege, ob ich hier jemals wieder lebendig herauskomme, überlege, ob ich je wieder das Neonlicht und den Gestank von Sydney erlebe, schreibe wie verrückt Briefe an Leute, die nur noch in entfernten Winkeln meiner Erinnerung existieren, die schon alle tot sein können, und ich kann nur lachen und Witze reißen. Wenn ich hier draußen diese Welt verlasse, erzähle allen, daß ich es lachend tat, hörst du? Und daß es mir gefiel. Mir wirklich gefiel.

Einen Brief zu beenden ist schwerer, als ihn anzufangen. Der volle goldene Mond schiebt sich gerade im Osten über die Baumwipfel. Lohnt sich das alles für einen Mondaufgang? In diesem Stadium ja. Meine Haut ist so trocken wie ein Hundekuchen, mein linkes Bein kann ich wohl wegwerfen, meine Lippen sind aufgesprungen und voller Blasen. Ich habe kein Toilettenpapier mehr und muß Gras benutzen, ein Hautkrebs versucht, meine Nase zu erobern (wie bewahrt man die Fassung, wenn einem bei einer Cocktail Party bei *National Geographic* die Nase in den Martini fällt?). Ich werde langsam aber sicher sonderbar. Ich fürchte mich so vor dem Sterben, daß ich morgens aufwache, weil mir die Knie zittern. Lohnt sich das alles? Ja Kamerad, es lohnt sich.

Ich kann nicht schlafen. Der Tee kommt mir aus Ohren, Augen und Nase, und es geht mir so gut. Ich könnte den Mond dort anheulen (und Arcturus und Aldebaran und Spica und Antares etc.). Ich möchte es wirklich jemandem sagen – Stevie, hörst du mir zu? Es geht mir phantastisch. Das Leben ist so fröhlich, so traurig, so vergänglich, so verrückt, so sinnlos und so verdammt komisch. Was ist los mit mir, daß ich mich so toll fühle? Bin ich dem Buschwahn verfallen? Bin ich mondsüchtig? Wahrscheinlich beides, und es macht mir nichts aus. Es ist das Paradies, und ich wollte, ich könnte dir etwas davon abgeben.

Briefeschreiben mitten in der Wüste scheint vielleicht ein bißchen sonderbar zu sein, besonders da es Monate dauern würde, ehe ich sie abschicken konnte. Vermutlich sah ich meine Freunde früher, als sie mir antworten konnten. Aber es half mir, Ereignisse und Gefühle festzuhalten. Mein Tagebuch war ein Mischmasch solcher Briefe, die meist nicht abgeschickt wurden, und belangloser Sätze wie: «Es ist Juli oder August; heute morgen habe ich die Kamele verloren.» Dann folgte ein Monat ohne eine einzige Eintragung.

Solche komischen Briefe spiegeln die Stimmung in diesem Monat auf dem Gunbarrel Highway wider. Ich wurde nicht unruhig, ich überspielte keine Furcht, ich lernte nur, mein Schicksal zu akzeptieren, gleichgültig, wie es aussehen würde.

Der Vorfall mit den verlorenen Kamelen war haarsträubender, als die Briefe vermuten lassen. Wilde Kamele hatten sie in der Nacht aufgeschreckt, und ich verschlief das Ganze. Am nächsten Morgen erzählten mir die Spuren, was sich ereignet hatte. Entweder hatte ich sie am Abend vorher zu locker oder überhaupt nicht gefesselt. Sallay hätte der Schlag getroffen, wenn er das erfahren hätte. Aber ich dachte: «Wir sind in der trockenen Wüste; die Kamele arbeiten schwer. Sie müssen sich weit genug vom Lager entfernen können, um genügend Futter zu finden. Goliath band ich immer gewissenhaft fest und glaubte, Zeleika würde ihn nie im Stich lassen.» (Ein paar Monate später sollte sie meinen Glauben gründlich erschüttern.) Außerdem dachte ich inzwischen, sie jederzeit aufspüren zu können.

Kamele aufspüren ist eine Kombination aus sechstem Sinn, dem Wissen um das Verhalten von Kamelen, scharfen Augen und Übung. Wir lagerten an diesem Tag in einer zementharten Lehmsenke mit dem üblichen stacheligen Gestrüpp. Ein Preßlufthammer hätte auf diesem Boden kaum einen Kratzer hinterlassen. Ich mußte das Lager so lange umkreisen, bis ich ihre Spuren fand (die sich mit den Spuren anderer Kamele vermischten), und versuchen, in etwa ihre Richtung beizubehalten. Ich mußte nach abgerissenen Zweigen, abgegrasten Stellen und frischem Kot suchen. (Ich konnte den Kot meiner Kamele von dem aller anderen unterscheiden.) Das alles erforderte viel frustrierendes Umhergehen im Kreis. Wie sich herausstellte, waren sie nicht zu weit gelaufen. Ich fand sie nach ein paar Kilometern. Aufgeregt und nervös trabten sie bereits wieder in Richtung Lager. Wie verirrte Kinder kamen sie geradeswegs auf mich zu und baten um Vergebung. Ihre Freunde hatten sie verlassen. Anstatt mich furchtbar zu erschrecken, verstärkte dieser Vorfall mein Vertrauen in die Tiere, und ich ließ sie weiterhin ungefesselt nachts auf Futtersuche gehen. Es mag unglaublich klingen, aber die Kamele nahmen in diesem Monat tatsächlich etwas zu.

Es schien, als sei ein Fußmarsch von dreißig Kilometern am Tag nicht genug. Oft ging ich mit Diggity auf die Jagd oder erkundete die Umgebung, nachdem ich die Kamele nachmittags von ihrer

Last befreit hatte. Auf einem solchen Ausflug verirrte ich mich einmal. Nicht richtig, nur ein bißchen, aber mir wurde es trotzdem flau im Magen. Natürlich konnte ich meine Spur zurückverfolgen, aber das kostete Zeit, und es wurde schon dunkel. Wenn ich früher wollte, daß Diggity mich nach Hause führte, sagte ich einfach zu ihr: «Marsch, nach Hause Mädchen.» Sie hielt das für eine Art Strafe, legte die lächerlichen Ohren an, rollte mit den gelbbraunen Augen, zog den Schwanz ein und warf mir einen Blick über die Schulter zu, der unmißverständlich verkündete: «Was soll das! Was hab ich falsch gemacht?» Aber an diesem Abend hatte sie ihren großen Durchbruch.

Sie begriff die Situation sofort. Ich konnte förmlich sehen, wie ihr ein Licht aufging. Sie bellte mich an, lief ein paar Meter vorwärts, drehte sich um, bellte, rannte zurück, leckte mir die Hand, sprang wieder voraus und so weiter. Ich tat, als würde ich sie nicht verstehen. Sie geriet vor Kummer außer sich. Sie wiederholte das Ganze, und diesmal folgte ich ihr. Sie war begeistert und überglücklich. Sie hatte etwas begriffen und war stolz darauf. Als wir wieder im Lager anlangten, umarmte ich sie und lobte sie überschwenglich. Ich könnte schwören, Diggity lachte. Und dieser Ausdruck von Stolz, diese unmißverständliche Freude, etwas verstanden zu haben, den Grund und die Notwendigkeit dafür eingesehen zu haben, versetzte sie in ausgelassenes, hysterisches Entzücken. Wenn sie sich über etwas oder jemanden freute, wedelte sie nicht mit dem Schwanz, sondern ließ ihn kreisen, und krümmte ihren Körper wie eine Schlange in S-Kurven.

Ich bin sicher, Diggity war mehr als ein Hund, oder etwas anderes als ein Hund. Ich habe oft gedacht, ihr Vater müsse wohl ein Tierarzt gewesen sein. In ihr vereinten sich alle guten Qualitäten eines Hundes und eines Menschen – und sie war eine geduldige Zuhörerin. Inzwischen war sie ein schwarzglänzendes, gesundes Muskelpaket geworden. Durch ihr ständiges Hin und Herlaufen und die Jagd nach Eidechsen muß sie täglich wohl hundert Kilometer zurückgelegt haben. Der Trip brachte mich gezwungenermaßen allen Tieren näher, aber meine Beziehung zu Diggity war etwas Besonderes. Es gibt nur wenige Menschen, mit denen ich das Wort Liebe so leicht in Zusammenhang bringen kann wie mit diesem wunderbaren kleinen Hund. Es ist sehr schwer, diese gegenseitige Abhängigkeit zu beschreiben, ohne neurotisch zu wirken. Aber ich liebte sie, war richtiggehend in sie vernarrt und hätte sie am liebsten aufgefressen. Und sie entzog mir nie, niemals, nicht ein einziges Mal ihre Hingabe, gleichgültig wie launisch, gemein oder zornig ich mich benahm. Ich werde nie verstehen, warum Hunde sich Menschen anschließen.

O. K., ihr verkalkten alten Freudianer, ihr ehrwürdigen Laingianer, ihr könnt euch auf meine Psyche stürzen. Ich habe eine Schwäche eingestanden: Hunde.

Tierliebhabern, besonders Frauen, wirft man oft vor, neurotisch und unfähig zu sein, mit anderen Menschen erfolgreich in Beziehung zu treten. Wie oft haben Freunde sich über meine Beziehung zu Diggity geäußert – meist mit dem entsprechend bedenklichen Blick von Psychiatern: «Hast du schon einmal daran gedacht, ein Kind zu haben?» Dieser Vorwurf führt bei mir jedesmal zu einer explosiven Antwort, denn ich glaube, Gott hat uns in seiner unendlichen Weisheit drei Dinge gegeben, um das Leben erträglich zu machen: Hoffnung, Witze und Hunde. Das Beste davon sind die Hunde.

Inzwischen kampierte ich ganz gern neben oder auf dem Weg. Die Vorstellung, daß hier jemand entlangkommen würde, war seit langem in den Bereich des Absurden gerückt. Aber mit Verrückten hatte ich nicht gerechnet. Eines Nachts weckte mich dröhnender Motorenlärm. Ich raffte mich aus tiefstem Schlaf auf. Diggity bellte wütend, und aus dem Dunkel rief eine Stimme: «He, ist das die Kamellady? Hier ist der Easy Rider. Darf ich näher kommen?»

«Was zum ...?»

Vor mir tauchte eine Gestalt auf, der Diggity am Hosenbein hing. Wie sich herausstellte war der «Easy Rider» ein Verrückter, der eine Suzuki testete, indem er sie an der breitesten Stelle quer durch Australien jagte – er brauste, so schnell er konnte, über Stachelkopfgras, Dornen und Sand. Ihm fielen die Augen beinahe aus dem Kopf, er schlug sich immer wieder auf die Oberarme, beklagte sich über die Kälte und deutete an, er würde gern hier kampieren. Er war ein Maniak, und die Geschwindigkeit hatte ihm vermutlich den Verstand geraubt. Er wollte irgendeinen Rekord brechen.

Ich wollte ihn ganz bestimmt nicht hier oder in der Nähe haben, und Diggity stimmte mir nachdrücklich zu. Ohne ausgesprochen unhöflich zu sein, machte ich ihm das klar. Er setzte sich und sabbelte eine halbe Stunde lang, während Diggity am Fußende des Schlafsacks knurrte. Ich gähnte bedeutungsvoll und nachdrücklich, sagte wenig außer: «Hmm, o wirklich, das ist aber nett (gähn, hmm) was du nicht sagst...» Er sei schon seit einigen Kilometern meinen Spuren gefolgt, erklärte er, und wenn man bedachte, daß er aus der anderen Richtung kam, war das eine beachtliche Leistung. Schließlich fuhr er weiter. Ich kratzte mich nachdenklich am Kopf, schüttelte ihn, um ganz sicher zu sein, daß ich nicht träumte, und legte mich wieder schlafen. Wenn ich geahnt hätte, was er tat, sobald er in die Zivilisation zurückgekehrt war, hätte ich ihm auf der Stelle den dicken Hals umgedreht.

Wir näherten uns Carnegie. Einerseits wollte ich nur noch in der Wüste und allein sein, andererseits gingen mir langsam die Vorräte aus. Meine letzte Mahlzeit, bevor ich dort ankam, bestand tatsächlich aus Hundekuchen, angereichert mit Puddingpulver, Zucker, Milch und Wasser. Der Gedanke, wieder Menschen zu sehen, machte mich nervös. Inzwischen war ich völlig entprogrammiert. Ich ging meistens nackt, denn die Kleider stanken nicht nur, sie waren auch unnötig. Meine Haut hatte die Farbe von Terrakotta und die Beschaffenheit von Sattelleder. Die Sonne konnte ihr nichts mehr anhaben. Auf den Hut verzichtete ich aber nicht, denn meine Nase schälte sich so oft, daß ich glaubte, sie würde eines Tages verschwinden und zurück bliebe ein Stück schnaubender Knorpel. Ich konnte mich wirklich nicht mehr an gutes Benehmen erinnern. Was macht es schon, dachte ich, wenn alle Knöpfe an Hemd und Hose abgerissen sind? Wer wird es bemerken oder Anstoß daran nehmen? Und Menstruationsblut? Ich scherte mich einen Teufel darum, ob es den Gesetzen der Schwerkraft folgte und mir am Bein herunterlief, aber würden andere ebenso denken? Würde es sie verwirren und beunruhigen? Aber warum um Himmels willen sollte es? Eine Wunde würde ich doch auch nicht verlegen verstecken. Meine Verwirrung quälte mich, denn ich wußte es einfach nicht. Ich staune, wie schnell und gründlich ich das Gefühl für die Bedeutung gesellschaftlichen Verhaltens verloren hatte. Und das Bewußtsein ihrer Absurdität hat mich seitdem nie wieder verlassen. Ich habe langsam einen Sinn für Nettigkeiten wiedergewonnen, aber ich hoffe, die Besessenheit mit gesellschaftlichen Formen und fraulicher Schicklichkeit wird mir immer als das erscheinen, was sie ist: ein perverser, destruktiver Schwachsinn.

Es ist erstaunlich, die beiden Fragen, die mir am häufigsten zu meinem Trip gestellt wurden (nach dem üblichen «Warum hast du diese Reise gemacht?») sind ... «Was hast du gemacht, wenn dir das Toilettenpapier ausging?» und (sie wird mir immer unter großem Gekicher von Frauen in irgendeiner Ecke gestellt) «Was hast du gemacht, wenn dir die Tampons ausgingen?» Was um Himmels willen stellen sich die Leute vor? Glauben sie, ich bin in die nächste Drogerie gelaufen? Also gut. Für alle, die vor Neugierde über Körperfunktionen bald sterben, sei gesagt: Wenn ich kein Toilettenpapier hatte, benutzte ich glatte Steine, Gras, und wenn ich Glück hatte, fand ich eine freundliche Wüstenpflanze, die als Katzenschwanz bekannt ist. Wenn ich keine Tampons hatte, machte es mir auch nichts aus.

Ich glaube, einer meiner größten Durchbrüche auf dieser Reise war, daß ich die Kunst des sanften Furzens erlernte. Ich hatte nie zuvor gefurzt. Nun ja, vielleicht ein oder zweimal, aber dann nur armselige kleine Pfffts. Gott weiß, wo all diese Luft blieb. Sie muß mir wohl nachts durch die Hautporen entwichen sein. Ah, aber jetzt, jetzt konnte ich furzen, daß es nur so schallte – gute, solide Donnerschläge, die die Kamele erschreckten und die Tauben in Scharen aus dem Stachelkopfgras aufflattern ließen. Diggity und ich veranstalteten Wettkämpfe: Sie gewann immer, was den Gestank anging, und ich, was die Resonanz betraf.

Ich kam in Carnegie an und fand es verlassen, trostloser und deprimierender, als ich sagen kann. Sobald ich den Zaun erreichte, veränderte sich das Land plötzlich und dramatisch. Es war ruiniert, zerstört, von Rindern kahlgefressen. Vernichtet. Ich stand so im Einklang mit dem wunderbaren, unberührten Land, das ich durchwandert hatte, daß ich den Wechsel wie einen Schlag ins Gesicht empfand. Wie konnte man so etwas tun? Wie konnte man das Land mit Rindern überschwemmen und es mit dem heftigen australischen Motto «Nur schnell reich werden» derart veröden? Es gab nichts, aber auch nichts zu fressen für meine Kamele. Ich glaubte, den schlimmsten Teil hinter mir zu haben, und mußte erleben, daß die wahre Wüste begann, die Wüste des Menschen. Ich sollte nicht zu hart mit den Viehzüchtern sein. Sie litten unter einer vierjährigen Dürre, und viele Rinder waren verendet. Aber es gibt gutes und schlechtes Management. Meiner Meinung nach bekam jeder, der das Land überweidete, genau das, was er verdiente. Einige Pflanzenarten sind aus dem Weideland für immer verschwunden, und daran ist nur das gierige schlechte Management schuld. Die ungenießbaren, giftigen Pflanzen (wie der Terebinthstrauch) haben sich ausgebreitet. Ich hatte diese Pflanze bisher nur hin und wieder gesehen, aber hier wuchs sie überall. Es war das einzige Grün, das am Leben geblieben war, und es gedieh prächtig. Sogar das Mulga, das einzige, was meine Kamele am Leben erhielt, war braun und trocken.

Plötzlich tauchten aus heiterem Himmel zwei freundliche junge Männer auf. Sie waren nach Carnegie gekommen, um sich einen alten Jeep zu holen, den sie auf dem Schrottplatz entdeckt hatten. Auch sie wußten nicht, daß dieser Ort verlassen war. Offensichtlich war die Farm erst vor kurzem aufgegeben worden. Die beiden waren unglaublich freundlich. Der eine nähte einen Lederschuh für Dookies Fuß, und sie boten mir große Mengen Lebensmittel an. Ich gab ihnen Geld, das sie jedoch ablehnten. Ich mußte ihnen erst erkläre, daß ich die Scheine als Toilettenpapier benutzte oder um Feuer anzuzünden, ehe sie es annahmen. Und dann wütete ich über den Ruin des Landes. Ich wies sie auf den Unterschied zwischen dieser Seite des Zauns und der anderen hin. Für mich war es ein Unterschied wie Tag und Nacht, aber sie hatten es noch nicht einmal bemerkt. Das verblüffte mich. Konnten sie nicht sehen? Nein. Ehe man den Unterschied sehen kann, müssen einem erst die Augen geöffnet, muß man Teil des Landes werden. Vor einem halben Jahr hätte ich vermutlich auch nichts gesehen.

Ich hatte mit dieser Entwicklung nicht gerechnet. Ich dachte, von da an sei der Trip ein Kinderspiel. Ich wollte geradeswegs durch das Weideland nach Wiluna gehen. Ich änderte meine Meinung und brütete über der Karte. Ich beschloß, nach Norden zur Glenayle Farm zu marschieren und dort auf die Canningstock Route zu stoßen. Ich dachte, dort gäbe es keine Rinder und noch besser, keine Menschen. Ich hatte entsetzliche Geschichten über diese Route gehört. Man hatte sie vor Jahren aufgegeben, da auf dieser Strecke zu viele Rinder und Kamele umkamen. Der Weg führte durch eine der schlimmsten Wüsten Australiens. Es gab Brunnen entlang der Straße, aber da sie nicht mehr gepflegt wurden, waren die meisten mit Sicherheit versandet. Ich wollte versuchen, nur den leichtesten, südlichsten Teil der Strecke zu benutzen, und jemand hatte mir gesagt, es sei eine herrliche Landschaft. Ich machte mich also in Richtung Glenayle auf.

Inzwischen brauchten wir alle dringend eine Ruhepause. Obwohl die Gegend um Glenayle besser aussah (ich schloß daraus, daß die Farmer hier in größerer Harmonie mit dem Land lebten und wahrscheinlich das Salz der Erde waren), mußten sich die Kamele sehr bemühen, um ihre Mägen zu füllen. Meine Besorgnis war eigentlich absurd, denn Kamele überleben, wo alles andere stirbt. Aber besonders Zeleika war nur noch Haut und Knochen. Ihr Höcker schrumpfte zu einem traurigen Büschel Haare über hervorstehenden Rippen. Ich verteilte ihre Last auf die beiden anderen, aber dies war nicht das Problem. Für sie gab es nur Goliath. Er schwamm in Fett und war hoffnungslos verwöhnt. Je dünner sie wurde, desto mehr verschlechterte sich meine Beziehung zu diesem kleinen Schmarotzer. Ich konnte nichts gegen sein Säugen tun. Ich bastelte einen Eutersack, aber es gelang ihm immer wieder, ihn mit der Schnauze wegzuzerren. Nachts kam sie zu ihm zurück, und ich konnte ihn noch so eng an den Baum binden, er trank Unmengen von Milch. Wenn wir mittags rasteten, setzte ich die Kamele für eine Stunde in den Schatten. Sie verdienten die Ruhe und freuten sich darauf. Sie saßen genüßlich wiederkäuend da, starrten ins Weite und hingen ernsten Kamelgedanken über den Sinn des Lebens nach. Aber ich hatte das Vergnügen, Goliath von seiner Mutter fernzuhalten. Kaum wendete ich den Blick, schlich er sich zu seiner Mutter, stieß und bedrängte sie und verlangte Milch. Wenn sie sich weigerte, nahm er ihren Nasenzügel ins Maul und zog daran. Dann sprang sie brüllend auf die Beine, und er schoß wie ein Blitz ans Euter. Vielleicht war er ein Quälgeist, aber dumm war er nicht. Er entwickelte noch eine andere schlechte Gewohnheit. Er galoppierte plötzlich neben den Kamelen her und versetzte mir einen schnellen Tritt. Das konnte ich ihm aber abgewöhnen. Ich hielt einen Mulgastock dicht am Körper und zog ihm mit voller Kraft eins über die Beine, wenn er gefährlich nahe an mir vorbeijagte. – Ein kurzer, heftiger Schock; er blieb wie angewurzelt stehen und sann auf Rache. Ich bewunderte widerwillig Zeleikas Selbstaufopferung, dachte aber, sie sei mit ihrem Erstgeborenen doch übertrieben nachsichtig.

Sogar die wilden Tiere starben. Sie lebten auf dem Gebiet der Farm, wo es noch Wasser in Wasserlöchern, bei den Windrädern, in Tanks und Trögen gab, aber die Rinder hatten das wenige Futter weggefressen. Ich kampierte nachts selten in der Nähe solcher Wasserstellen. Dort lagen immer verwesende Tierkadaver im Staub, diese qualverzerrten Körper hoben kaum die Stimmung. Ich versuchte, die Wasserstellen mittags zu erreichen, damit die Tiere trinken und ich mich waschen konnte. Dann wanderte ich noch etwa fünfzehn Kilometer weiter und schlug das Lager dort auf, wo ein bißchen mehr Futter wuchs. Das war nicht immer möglich. In der Nacht bevor ich Glenayle erreichte, lagerte ich etwa einen Kilometer von einer Wasserstelle entfernt.

Ich hatte Diggity nie bestraft, wenn sie Känguruhs jagte, da ich wußte, sie würde nie eines fangen. Aber in dieser Nacht hetzte sie einem armen, rappeldürren Riesenkänguruh nach, das zum Wasser wollte. Ehe ich meine fünf Sinne beisammen hatte und sie zurückrufen konnte, war sie in der Dunkelheit verschwunden. Ich schlief wieder ein. Einige Zeit später kam sie zum Schlafsack zurück und leckte mich winselnd wach. Sie drängte mich aufzustehen und ihr zu folgen. «Mein Gott Dig, du hast es doch hoffentlich nicht erwischt?» Winsel, winsel, kratz, leck. Ich lud das Gewehr und folgte ihr. Sie führte mich direkt zu ihrer Beute, einem riesigen grauen männlichen Känguruh kurz vor dem Verenden. Ich glaube, es war einfach zu schwach gewesen, um die Jagd zu überstehen. Diggity hatte es nicht angerührt; ich glaube, sie hätte gar nicht gewußt wie; das arme alte Känguruh hatte der Schlag getroffen. Es lag auf der Seite und keuchte schwach. Ich schlug ihm auf den Kopf. Am nächsten Morgen kamen wir an dem toten Tier vorüber. Ich nahm das Messer, wollte Schwanz und Keule abschneiden und erstarrte. Was hatte Eddie über das Schneiden von Fleisch gesagt? «Aber das gilt nicht für dich, du bist eine Weiße. Bist du sicher? Woher willst du das wissen?» Ich konnte das ganze Känguruh nicht tragen, es war viel zu schwer. Aber dieses köstliche Fleisch verderben zu lassen, erschien mir verrückt. Nach fünf Minuten Unschlüssigkeit steckte ich das Messer weg und ging weiter.

Wenn Glaubensinhalte einer Kultur in die Sprache einer anderen übersetzt werden, taucht oft das Wort «Aberglaube» auf. Vielleicht war es Aberglaube, daß ich dieses Känguruh nicht anrührte, vielleicht lag es aber auch daran, daß ich zu viel gesehen hatte, um Wahrheit von Schwindel unterscheiden zu können. Da ich unsicher war, konnte ich es mir nicht leisten, Risiken einzugehen.

Ich hatte recht mit meiner Vermutung über die Leute auf der Glenayle Farm. Sie waren nicht nur das Salz der Erde, sondern charmant, freundlich, großzügig und taten, als bemerkten sie mein exzentrisches Verhalten nicht. Sie unterhielten sich freundlich, während ich rülpste, mich kratzte, Tee schlürfte und wie ein hungriger Wolf selbstgebackene Hörnchen verschlang.

Ich tauchte eines Nachmittags vor ihrer Haustür auf. Auf der anderen Seite des Zauns stand eine grauhaarige, gepflegte Dame in einem frischgebügelten Sommerkleid und goß ihre Blumen. Ohne auch nur die Augenbrauen zu heben, sagte sie: «Oh, guten Tag. Schön Sie zu sehen. Wollen Sie nicht zu einer Tasse Tee hereinkommen?»

Eileen, Henry und ihr Sohn Lou luden mich ein, eine Woche bei ihnen zu bleiben. Ich freute mich darüber. Es waren angenehme Leute. Sie päppelten mich auf und umsorgten mich mit der echten Gastfreundlichkeit der Leute im Busch. Diese Großzügigkeit und Offenheit ist Teil der Buschethik, und ich bin sicher, sie ist universell. Sie geht Hand in Hand mit dem Glauben an Ehrlichkeit, harter Arbeit, Einfachheit und der Liebe zum Land. Meine Kamele brauchten alle ein bißchen Ruhe, ehe wir auf der Canningstock Route weiterzogen. Henry überließ mir für sie die Pferdekoppel. Sie bestand aus ein paar Quadratkilometern Felsen, grauem, ungenießbarem Stachelkopfgras und Staub. Aber es wuchs dort noch ein bißchen Mulga, es gab ein paar langweilige Blutholzbäume und eine leuchtend grüne Akazie, die vermutlich kein Wasser brauchte – oder ihre Wurzeln gruben sich mindestens hundert Meter in die Erde. Davon sollten meine Kamele sich im nächsten Monat ernähren.

Je besser ich die Leute kennenlernte, desto mehr beeindruckten mich ihre gleichbleibende Freundlichkeit und gute Laune. Sie hatten allen Grund, die Hände zu ringen, sich die Haare zu raufen und ihr Schicksal zu bejammern. Überall brachen die Rinder tot zusammen, die Pferde waren nur noch Haut und Knochen und versuchten schon Stachelkopfgras zu fressen – und es war keine Wolke in Sicht. Glenayle Farm lag am weitesten draußen in der Wüste. Vielleicht machte diese Einsamkeit die Wards zu einer so harmonischen Familie. Und Henry kannte den Busch. Er liebte das Land, und keiner von ihnen hätte für allen Regen der Welt mit einem Städter getauscht. Sie nahmen mich zum Viehtreiben mit – sie versuchten, ein paar Stiere einzufangen ehe sie verendeten. Das Geld, das sie dafür bekamen, würde gerade für die Frachtkosten reichen – wenn überhaupt. Wir kampierten draußen, aßen abends Rindfleisch, lachten und sangen zu Slim Dusty um die Wette.

Für alle, die es nicht wissen. Slim Dusty ist zur Zeit der größte australische Country- und Western-Sänger. Obwohl die meisten meiner Freunde die Nase rümpfen, wenn ich ihn spiele, weiß ich, sie müßten nur einmal das *Mount Isa Rodeo* erlebt haben, um anders zu denken. Erst wenn man ein solches Fest im Busch erlebt hat und morgens um vier über den Lautsprecher mit einem Slim Dusty Song aus einem Schnapstraum gerissen und an die wichtigen Dinge des Lebens erinnert wird – etwa wilde Pferde zureiten, Lassowerfen und Trinken –, erst wenn man ihn eine ganze Woche lang von morgens bis abends jaulen und schmachten gehört hat; wenn man sich in die Kneipe am Ort gewagt hat, die als Schlangengrube verrufen ist, um mit den anderen lassowerfenden, sporenklirrenden, peitschenknallenden Typen einen zu heben und zum blechernen Scheppern einer Cowboygitarre und der Glitter-Flitter-Cowgirl-Band den Urandangi Dandy getanzt hat; und wenn man dann, Wunder über Wunder, am letzten Abend des Rodeos unter den sinnlos betrunkenen Zuschauern gesessen und Slim Dusty mit Cowboyhut, rotem Seidenhemd und einer überraschend guten Band live erlebt und mit Tränen in den Augen und in seinem Bier *«A tall dark man in the saddle»* mitgegrölt hat – erst dann kann man wirklich die ganze emotionale Kraft dieses australischen Buschpoeten verstehen.

Am letzten Tag in Glenayle machte ich mich auf die Suche nach den Kamelen. Zugenommen hatten sie gerade nicht, aber die Knochen wirkten nicht mehr so spitz, und Zeleika erinnerte weniger an eine Trauerweide. Alles in allem schienen sie gut in Form zu sein, und mehr konnte ich mir nicht wünschen. Wie üblich kam Bub als erster angestürmt und bettelte um ein paar Leckerbissen. Ich gab ihm seinen Teil und achtete dabei nicht auf die anderen. Dookie, der immer schnell eifersüchtig wurde und sich als Boss der ganzen Truppe, mich eingeschlossen, betrachtete, nahm meinen Kopf in sein Maul und umschloß ihn wie ein Sturzhelm. Er sabberte mir eine Sekunde lang in die Haare, dann ließ er los, drehte sich auf den Hinterbeinen um, buckelte und sprang sehr zufrieden mit sich davon. Er hätte meinen Schädel wie eine Traube zerquetschen können ... normalerweise erlaubte ich meinen Tieren solche Freiheiten nicht. Wie konnte ich wissen, ob sie sich nicht eines Tages darauf einigten, daß sie keine Lust mehr hatten, über den halben Kontinent geschleppt zu werden, und meutern würden. Aber was konnte ich machen? Dookie sah mich so kokett von der Seite an, um sich zu vergewissern, daß ich den Spaß verstanden hatte.

Henry ging die Karte mit mir durch und zeigte mir, wo ich bei Brunnen zehn auf die Canning Route stoßen sollte. Er erklärte mir, welche Wege vorhanden waren, welche nicht, und wo ich nach Süden abbiegen mußte. Er wußte, welche Brunnen entlang der Straße Wasser enthielten. Straße? Es überraschte mich. Ich hatte mit einer überwucherten und fast unsichtbaren Spur gerechnet und geglaubt, ich müsse mich auf den Kompaß verlassen. Der Bergbau war einer der Gründe für die Erschließung wilder Gebiete. Straßen tauchten aus dem Nichts auf und verschwanden wieder im Nichts.

In gewisser Weise war ich enttäuscht. Die Canning Route sollte mich durch die letzte unbesiedelte Strecke führen, bevor ich mein Ziel erreichte. Traurig dachte ich beim Packen, daß sich das Kernstück der Reise seinem Ende näherte. Ich rechnete mir aus, daß ich noch drei Wochen bis Wiluna brauchen würde, die erste Stadt seit Alice Springs.

Die beiden ersten Tage waren schrecklich. Verbrannte, nackte Erde, überall häßlicher grauer Staub. Ich wurde zweimal krank, direkt nacheinander, und das war das einzige Mal auf der Reise. In einem Brunnen hatte ich abends ein eiskaltes Bad genommen und wanderte nackt umher, um trocken zu werden. Nachts wachte ich mit einem schweren Blasenkatarrh auf. Tabletten – Gott sei Dank hatte ich welche gekauft. Aber ich verbrachte eine schlaflose Nacht. Ein oder zwei Tage später bekam ich heftige Magenkrämpfe. Daran war zweifellos das schlechte Wasser schuld, das ich getrunken hatte. Sie überfielen mich in einem plötzlichen und unkontrollierbaren Anfall. Während ich mich noch aus der Hose kämpfte und murmelte oh, oh, scheußlich, ah, konnte ich es nicht mehr halten – wie peinlich. Der Desozialisierungsprozeß hatte seine Grenze erreicht. Ich verbrannte die Hose, nachdem ich einen Eimer Wasser verschwendet hatte, um sie zu säubern.

Aber dann begann das Land wieder zu wirken. Der wenige Regen in den letzten vier Jahren war hier in diesem nördlicheren Wüstengebiet niedergegangen und hatte die Rinderfarmen im Süden nicht erreicht. Der Pflanzenwuchs war keineswegs üppig, aber die Tiere fanden wenigstens etwas zu fressen. Am Anfang der Reise hätte ich darüber die Nase gerümpft; jetzt fand ich es hier schon grün. Es war eine großartige, fossile Urlandschaft. Eine zerklüftete, bizarre Einöde mit Sandsteinfelsen. Hier herrschte absolutes Schweigen, und die Evolution schien diesen Ort nicht erreicht zu haben. Vielleicht war es das Land Gottes, aber für Kamele war es nicht geschaffen. Der felsige Boden strengte sie an, und sie verletzten sich die Füße. Sie schleppten eine volle Ladung Wasser, und ich wußte, sobald ich einen geeigneten Platz mit Wasser und Futter fand, mußte ich ihnen eine Ruhepause gönnen.

Auf der Karte sah der Brunnen sehr vielversprechend aus. Mir war heiß, und ich war wütend, weil ich jeden Moment erwartete, auf das Bachbett zu stoßen, das auf der Karte eingezeichnet war. Es kam nicht. Der Hügel rechts hörte nicht auf. Ich brüllte Diggity an und gab ihr einen Tritt, weil sie die Kamele erschreckte. Ich kochte vor Wut. Die arme kleine Dig wußte nicht, was sie verbrochen hatte und trottete geknickt mit eingekniffenem Schwanz hinterher. In letzter Zeit hatte sie viele Strafen erdulden müssen oder das, was sie dafür hielt. Die Wards hatten mir einen Ledermaulkorb gegeben, um sie vor den Strychninködern zu schützen, die vom Flugzeug aus überall in der Wüste abgeworfen wurden, um die australischen Wildhunde, die Dingos, auszurotten. Aber sie haßte den Maulkorb. Sie winselte und scharrte an ihm und bot ein Bild des Jammers und des Elends. Schließlich nahm ich ihn wieder ab. Sie ging nicht an Kadaver, und ich fütterte sie gut genug, damit sie nicht in Versuchung geriet.

Schließlich erreichte ich das Ende des Hügels und ging über hohe Sanddünen. Als ich die letzte erklettert hatte, lag vor mir eine unendlich weite Senke im pastellblauen Dunst. Darin schwammen und schimmerten bizarre Hügel, an deren Fuß feuerfarbene Dünen züngelten. In der Ferne erhoben sich magische violette Berge. Wer hat schon einmal gehört, daß Berge brüllen und rufen? Diese hier taten es – sie brüllten wie riesige Löwen. Es war ein Ton, der nur für die Ohren von Wahnsinnigen und Tauben bestimmt sein konnte. Der Anblick lähmte mich. Selbst in meinen Träumen hatte ich eine solch wilde, schöne Landschaft noch nie gesehen.

Hier vereinigten sich verschiedene Landschaften zu einem Ganzen. Die weiten Ebenen und Plateaus mit Stachelkopfgras unter fernen blauen Dunstschleiern, die leuchtenden Sanddünen, das tiefe Rot verwitterter Sandsteinhügel, und durch alles wand sich ein trockenes Flußbett – grün und grell glitzerndes Weiß. Wir liefen die Düne hinunter und suchten den Brunnen. Die Kamele sahen das Futter und wollten so schnell wie möglich dorthin. Der Brunnen war nicht leicht zu finden; die Akazien hatten ihn überwachsen. Er war drei Meter tief und roch sumpfig und faulig. Aber er enthielt ein bißchen Wasser, das für die nächsten Tage reichen würde. Es schmeckte scheußlich – wie Schlammsuppe. Aber mit genügend Kaffee konnte ich es hinunterwürgen. Über dem Brunnen hing ein uralter durchlöcherter Eimer, der völlig unbrauchbar war. Zwanzig Liter in meinem Blechkanister hochzuhieven war ein Unternehmen, das mir beinahe einen dreifachen Bruch einbrachte.

Die Kamele spielten an diesem Abend im weißen Sand. Die dikke rote untergehende Sonne fiel auf die Staubwolken, die sie aufwirbelten, und verwandelte sie in Gold. Ich lag auf einem weichen Laubbett, das tausend goldene Feuerblitze in alle Richtungen schickte. Der Wind trug mir die nächtlichen Rufe und das Seufzen der Blätter zu; ich lag in einer Kathedrale aus schwarz-silbernen riesigen geisterhaften Eukalypthusbäumen, die den dünnen silbernen Platinmond in ihren Zweigen wiegten. Ich hatte das Herz der

Welt gefunden. In diesem Palast schlief ich ein, und die Berge verblaßten am Rand meines Bewußtseins. Das Herz der Welt, das Paradies.

Ich beschloß, so lange zu bleiben, wie das Wasser erlaubte. Rick und alle Pflichten waren so fern, waren so weit weg. Ich dachte keinen Moment darüber nach. Ich wollte über die Sandhügel und zu diesen fernen Bergen reiten. Aber zuerst mußten sich die Kamele ausruhen. Hier gab es genug zu fressen: Salzbusch, Kameldorn, Mulga – alles, was ihre kleinen Herzen sich wünschen konnten. Diggity und ich erkundeten die Gegend. In Pine Ridge fanden wir eine Höhle mit Eingeborenenzeichnungen. Wir kletterten eine enge, gefährliche Felsspalte nach oben, und der Wind pfiff heulend auf uns herunter. Wir schafften es bis zur flachen Spitze, wo bizarre Felsverwerfungen mächtige Pfeiler und riesige Stufen bildeten. Der schneidende Wind hatte die Bäume hier oben zu knorrigen Krüppeln gemacht. Am fernen Horizont sah ich, wie ein Sandsturm eine rote Wolke aufpeitschte – eine Szene aus *Beau Geste*. Noch weiter westlich entdeckten wir uralte Wüstenpalmen – die *black boys*. Aus rauhen schwarzen Stümpfen schießen wie Fontänen grüne Nadeln und drängen sich wie eine fremde Rasse auf einem vergessenen Planeten dicht zusammen. Der Ort hatte etwas gespenstisch Halluzinatorisches an sich. Ich glaubte, mit der Schwerelosigkeit eines Drachen durch die Lüfte zu gleiten. Ein unbekanntes Gefühl ergriff mich – Freude.

Die Tage waren wie die Kristallisation alles Guten auf meinem Trip. Ich kam der Vollkommenheit so nahe, wie ich es niemals zu hoffen gewagt hatte. Ich führte mir vor Augen, was ich gelernt hatte; ich entdeckte Fähigkeiten und Energien, die ich mir in diesen fernen, traumähnlichen Tagen vor dem Trip nicht hätte träumen lassen. Ich fand Menschen meiner Vergangenheit wieder, und meine Gefühle ihnen gegenüber klärten sich. Ich lernte, was Liebe ist. Ich lernte, daß Liebe das Bestmögliche für die Menschen will, die dir am Herzen liegen, selbst wenn du dich damit ausschließt. Ich erkannte, daß ich früher Menschen besitzen wollte, ohne sie zu lieben, und daß ich sie jetzt lieben und ihnen das Beste wünschen konnte, ohne sie zu brauchen. Ich begriff, was Freiheit und Sicherheit bedeuten, das Bedürfnis, an den Fundamenten der Gewohnheit zu rütteln. Nur unaufhörliche große Wachsamkeit gegenüber den eigenen Schwächen kann dich von den eigenen Bedürfnissen befreien. Diese Wachsamkeit erfordert eine moralische Kraft, die die meisten Menschen nicht aufbringen. Wir sinken in vorgeprägte Verhaltensformen zurück. Sie bieten Sicherheit; sie fesseln uns und machen uns auf Kosten der Freiheit zufrieden. Solche Verhaltensmuster zu durchbrechen, sich den Verführungen der Sicherheit zu entziehen, ist ein aussichtsloser Kampf, aber einer der wenigen Kämpfe, die sich lohnen. Frei zu sein, heißt zu lernen, sich ständig zu überprüfen und zu spielen. Es bietet keine Sicherheit. Ich hatte gelernt, meine Ängste als Treppenstufen zu benutzen und nicht als Barrikaden. Und das wichtigste von allem: Ich hatte gelernt zu lachen. Ich fühlte mich unbesiegbar, unverletzbar. Ich war über mich selbst hinausgewachsen, und ich glaubte, ich könne mich jetzt ausruhen. Es gab nichts, was ich von der Wüste noch lernen konnte. Ich wünschte mir, das alles nicht zu vergessen. Ich wünschte mir, diesen Ort nicht zu vergessen, was er für mich bedeutete und wie ich hierhergekommen war. Ich wollte es mir so fest einprägen, daß ich es nie, nie, nie vergessen würde.

In der Vergangenheit hatten mich die Anfälle von Niedergeschlagenheit und Verzweiflung immer im Kreis herumgeführt. An diesem Platz hier schien ein Hinweisschild zu stehen: «Hier ist es»; hier ist der Punkt, durch den du hindurch mußt; von dem du dich befreien mußt, ehe du noch etwas lernen kannst. Es schien, als habe mein Ich mich immer wieder an diesen Punkt geführt – es ergriff jede Gelegenheit, um ihn mir zu zeigen. Es war, als gäbe es dort einen Knopf, den ich nur drücken mußte, wenn ich den Mut dazu aufbrachte, wenn ich mich nur erinnerte. Ah, aber wir vergessen es immer wieder; wir sind zu faul, oder zu ängstlich, oder zu sicher, daß uns noch so viel Zeit bleibt. Und so gestalten wir uns die Abgründe zu bequemen Plätzen (den gesunden?), an denen wir nicht zuviel nachdenken müssen. Wo Leben nichts anderes ist, als sich durchzuschlagen, und wir nur halbwach überleben.

Und ich glaubte, es geschafft zu haben. Ich glaubte, ein Wunder bewirkt zu haben, das nichts mit Zufall zu tun hatte; ich glaubte, Teil einer merkwürdigen und machtvollen Sequenz von Ereignissen zu sein, die man Schicksal nennt; ich glaubte, nichts und niemanden mehr zu brauchen. Und in dieser Nacht erhielt ich die nachdrücklichste und grausamste Lektion: Der Tod kommt plötzlich, ist endgültig und kommt aus dem Nichts. Er hatte den Moment meiner größten Zufriedenheit abgewartet und dann zugeschlagen. In dieser Nacht fraß Diggity einen vergifteten Köder.

Ich hatte nur noch wenig Hundefutter, war zu faul und zu high, um ihr ein Tier zu schießen. Deshalb rationierte ich das Futter. Sie weckte mich und kroch verlegen in den Schlafsack. «Was ist los, Dig? Wo warst du, mein Hündchen?» Sie leckte mir ausgiebig über das Gesicht, kroch unter die Decke und rollte sich wie üblich an meinem Bauch zusammen. Ich drückte sie an mich. Plötzlich mußte sie wieder raus und begann zu würgen. Ich erstarrte: «Nein, nein, es kann nicht wahr sein! O Gott, bitte nur das nicht!» Sie kam wieder zurück und leckte mir über das Gesicht. «Es ist in Ordnung, Dig, du bist nur ein bißchen krank. Keine Angst Kleines. Komm, drück dich an mich, damit es dir warm wird, und morgen ist alles wieder gut.» Innerhalb weniger Minuten war sie wieder draußen. Das durfte nicht wahr sein. Mein kleiner Hund konnte nicht vergiftet sein. Es war unmöglich; es konnte ihr doch nicht widerfahren. Ich stand auf und betrachtete, was sie erbrochen hatte. Ich weiß noch, daß ich schrecklich zitterte und immer wieder murmelte: «Schon in Ordnung Dig, es wird schon wieder gut. Mach dir keine Sorgen.» Sie hatte ein totes Tier gefressen, aber es roch nicht alt. Ich sagte mir immer wieder vor, daß sie nicht vergiftet sein konnte. Ich zwang mich, daran zu glauben, aber ich wußte, es stimmte nicht. Ich überlegte fieberhaft, was man bei einer Strychninvergiftung tun konnte. «Ich muß sie an den Pfoten packen und mich so lange mit ihr im Kreis drehen, bis sie alles erbrochen hat. Aber selbst wenn ich es sofort tue, überlebt sie es nicht. Nun ja, ich tu es nicht, denn sie ist ja nicht vergiftet. Sie ist nicht vergiftet ... Du bist meine Diggity, und dir kann so etwas nicht passieren.» Diggity lief unruhig herum, würgte heftig, kam wieder zu mir, um bei mir Sicherheit zu finden. Sie wußte es. Plötzlich rannte sie zu einem der schwarzen Akazienbüsche und drehte sich nach mir um. Sie bellte und heulte mich an, und ich wußte, sie hatte Halluzinationen. Ich wußte, sie starb. Ihre zwei spiegelnden Augen brannten ein Bild in mein Gehirn, das nie verblassen wird. Sie kam zu mir und preßte den Kopf gegen meine Beine. Ich nahm sie hoch und drehte mich mit ihr im Kreis. Rund und rund und rund und rund. Sie strampelte und wehrte sich. Ich tat, als sei es ein Spiel. Ich setzte sie wieder ab, sie raste ins Gebüsch und bellte wie wahnsinnig. Ich rannte nach dem Gewehr. Ich lud es und ging zurück. Sie lag zuckend auf der Seite. Ich erschoß sie. Erstarrt kniete ich lange Zeit neben ihr, dann schwankte ich zum Schlafsack zurück und legte mich hinein. Ich zuckte unkontrollierbar am ganzen Körper. Ich übergab mich. Kissen und Decken waren naß von Schweiß. Ich glaubte, ich würde ebenfalls sterben. Ich dachte, sie hätte mich vergiftet, als sie mich leckte. «Fühlt man sich so, wenn man stirbt? Sterbe ich? Nein, nein, es ist nur der Schock. Schluß jetzt! Du mußt schlafen!» Ich tat etwas, was mir nie zuvor und nie mehr danach gelungen ist. Ich schaltete ab und zwang mich in sofortige tiefe Bewußtlosigkeit.

Lange vor Sonnenaufgang erwachte ich. Die trostlose kalte Dämmerung war hell genug, damit ich fand, was ich brauchte. Ich fing die Kamele ein, gab ihnen Wasser, packte meine Sachen, belud die Tiere und zwang mich, etwas zu trinken. Ich fühlte nichts. Dann war es plötzlich Zeit, den Platz zu verlassen, denn ich wußte nicht, was ich tun sollte. Ich hatte den großen Wunsch, den Hund zu begraben. Ich sagte mir, es sei lächerlich. Es war natürlich und richtig, daß der Körper auf der Erde zerfiel. Aber ich hatte das überwältigende Bedürfnis, den Tod zu ritualisieren, das Geschehene wirklich und faßbar zu machen. Ich ging zu Diggitys Leiche zurück, sah sie an und versuchte, daß alles in mir sich dem stellte, was ich dort sah. Ich begrub sie nicht. Aber ich verabschiedete mich von einem Wesen, das ich bedingungslos und ohne Vorbehalte geliebt hatte. Ich sagte Adieu und Danke. Ich weinte zum ersten Mal. Ich bedeckte den Körper mit einer Handvoll Blätter. Ich ging in den Morgen und fühlte nichts. In mir war alles starr und leer. Ich wußte nur das eine: Ich mußte weitergehen.

Vierter Teil
Am anderen Ende

11

An diesem Tag bin ich mindestens fünfzig Kilometer gelaufen. Ich hatte Angst, stehenzubleiben. Ich fürchtete, daß das Gefühl der Schuld, des Verlustes und der Einsamkeit mich überwältigen würde. Schließlich schlug ich in einer trockenen Wasserrinne das Lager auf und machte ein großes Feuer. Ich hoffte, so erschöpft zu sein, um auf der Stelle einzuschlafen, ohne an etwas denken zu müssen. Ich war in einem merkwürdigen Zustand. Ich erwartete, von meinen Gefühlen überrollt zu werden, aber statt dessen war ich kühl, rational, nüchtern und fand mich mit der neuen Situation ab. Ich beschloß, den Trip in Wiluna abzubrechen – aber nicht, weil ich davonlaufen wollte, sondern weil ich glaubte, daß er zu Ende war. Er hatte einen psychologischen Abschluß gefunden. Er war einfach am Ende angelangt, wie ein Roman auf der letzten Seite. In dieser Nacht, wie in den meisten Nächten der folgenden Monate träumte ich, daß Diggity gesund sei. Ich erlebte in meinen Träumen das Ereignis noch einmal, allerdings überlebte sie immer und verzieh mir. In diesen Träumen verhielt sie sich oft wie ein Mensch und redete mit mir. Sie war beunruhigend lebendig. Wenn ich erwachte, umgab mich die Realität der Einsamkeit, und ich staunte über die Kraft, mit der ich das hinnehmen konnte.

Es mag merkwürdig wirken, daß der Tod eines Hundes eine so tiefgreifende Wirkung auf einen Menschen haben konnte, aber man darf nicht vergessen, daß Diggity in meiner Isolation eine zärtlich geliebte Freundin geworden war – mehr als nur ein Haustier. Ich bin sicher, wenn sie in der Stadt auf dieselbe Weise umgekommen wäre, wo mich Menschen umgaben, hätte ihr Tod mich nicht annähernd so stark berührt. Aber hier draußen und in meinem veränderten und erweiterten Bewußtseinszustand war ihr Tod so dramatisch wie der eines Menschen, denn genau das war sie für mich weitgehend geworden. Sie hatte den Platz der Menschen eingenommen.

Henry Ward hatte mir auf der Karte gezeigt, wo ich mich nach Süden wenden sollte. Nach meiner Markierung auf der Karte schien das einige Kilometer hinter einem bestimmten Wasserloch zu sein. Offensichtlich hatte ich einen Fehler gemacht – ich ging noch immer durch eine monotone Ebene direkt nach Westen und sah, wie der Paß, oder das, was ich dafür hielt, allmählich in den Hügeln hinter mir verschwand. In dieser Nacht kampierte ich auf einem kleinen Sandhügel, der wie eine Insel wirkte, die von der Flut verschont worden war. Es war eine merkwürdig bedrückende Gegend. Eine tote Ebene mit weißem Gipsstaub, aus dem in Abständen von drei oder vier Metern Sukkulenten ragten. In dieser unendlichen Weite erhob sich hin und wieder eine erstarrte Sandwoge, auf der größere Bäume und Gestrüpp wuchsen. Diese Landschaft wirkte trostlos und verlassen, und mir war unheimlich zumute.

Ich beschloß an diesem Abend, das gehaßte Funkradio zu benutzen, um mir von Henry noch einmal den Weg erklären zu lassen. Es war weniger Panik als ein Gefühl des Unbehagens, das mich dazu veranlaßte. Ich wollte mit jemandem sprechen. Alles war so still. Es gab keine Diggity, mit der ich spielen oder reden oder die ich auf den Arm nehmen konnte. Ich brauchte eine halbe Stunde, um das unselige Ding aufzubauen – ich mußte einen langen Draht über einen Baum legen und einen anderen auf den Boden. Es funktionierte nicht. Ich schleppte dieses Monster bereits zweieinhalbtausend Kilometer mit mir herum, hatte es tausendmal auf- und abgeladen – und jetzt, wo ich es einmal brauchte, funktionierte es nicht. Vermutlich war es schon die ganze Zeit kaputt gewesen.

In dieser Nacht weckte mich ein Geräusch, das mir die Haare zu Berge und das Blut in den Adern erstarren ließ – ein leiser, hoher, schriller Ton, der lauter und lauter wurde. Ich hatte noch nie Angst in der Dunkelheit gehabt, und wenn ich ein Geräusch hörte, ohne es einordnen zu können, beunruhigte mich das nicht weiter. Außerdem war Diggity immer dagewesen, um mich zu schützen und zu trösten. Aber das? Mir liefen Schauer den Rücken rauf und runter. Ich stand auf und ging um das Lager. Es herrschte vollkommene Stille; das Geräusch war jetzt eine langgezogene, einförmige Klage. Ich bemerkte die ersten, verräterischen Zeichen einer Panik – für dieses Geräusch mußte es doch eine rationale Erklärung geben.

Entweder gab es sie, oder ich verlor den Verstand, oder ein Geist war unterwegs, der mich zum Wahnsinn treiben wollte. Dann spürte ich den ersten Windhauch. Natürlich, das Geräusch, das ich hörte, kam vom Wind, der durch die Wipfel der Bäume pfiff, unter denen ich lag. Am Boden regte sich kein Lüftchen. Aber jetzt ließ mich der Morgenwind, diese scharfe, starke kalte Brise, vor Kälte zittern, und das Holz im Feuer glühte rot auf. Ich kletterte frierend und schnatternd in den Schlafsack zurück und versuchte, wieder einzuschlafen. Was hätte ich nicht alles darum gegeben, gerade jetzt in diesem Augenblick den vertrauten, warmen Hundekörper im Arm halten zu können – der Gedanke bereitete mir körperliche Schmerzen. Ohne Diggity war ich plötzlich für all diese irrationalen und bedrohlichen Gefühle der Verletzbarkeit und der Furcht anfällig.

Die nächsten acht oder zehn Tage vergingen in einem zeitlosen Nebel. Der Boden glitt unbemerkt unter meinen Füßen dahin, bis mich ein Punkt in der Landschaft aus meiner geistigen Tretmühle riß. Ich hatte immer wieder das merkwürdige Gefühl, daß ich absolut stillstand und mit meinen Füßen die Welt drehte.

Ich erreichte ein beinahe ausgetrocknetes, grünes, fauliges Wasserloch. Dort lagen viele verwesende Kadaver von Rindern, Pferden und Känguruhs. Auf dem hohen Ufer sah ich die Reste von Steinmauern. Vermutlich waren es Jagdstände von Aborigines – wahrscheinlich Tausende von Jahren alt. Die Jäger warteten geduldig im Gegenwind hinter den Mauern, bis das Wild zum Wasser kam, dann sprangen sie mit ihren Speeren hervor. Früher hätten sie die Wasserstelle sauber gehalten. Jetzt gab es keine Jäger mehr, die sich um diese potentiell schönen Tränken kümmerten, und sogar meine Kamele rümpften die Nase. Es war eine ekelhafte Kloake. Sie stank nach Tod und Verwesung. Vorsichtshalber gab ich den Kamelen an diesem Abend genug Wasser aus dem Kanister zu saufen, ehe ich sie laufen ließ. Glücklicherweise war es zu kalt, und sie hatten keine Lust auf ein Bad.

In diesen Tagen kam ich in die eindrucksvollste, surrealste Landschaft, die ich bisher auf dem Trip gesehen hatte. Ich nahm mir einen ganzen Tag, um sie zu erforschen. Im zerklüfteten Plateau hatte sich eine riesige runde Senke gebildet. Bis zum Horizont standen Felsen in allen erdenklichen Farben. Manche Felswände waren so glatt und glänzend wie Porzellan; sie schimmerten blendend weiß, rosa, grün, violett, braun, rot und so weiter. Überall in der Senke wuchs Meerfenchel. Damals dachte ich, es hieße «Sandfeuer» – ein passender Name. Wenn die Pflanze vertrocknet, nimmt sie tausend Farben an – Regenbogenfarben, die das Leuchten und Schillern der Felsen aufnehmen. Und in dieser vergessenen Welt erhoben sich bizarre Hügel aus Felsbrocken und runden, glatten Steinen. Eine Marslandschaft, die man durch eine bunte Brille betrachtet. Ich hob einen kleinen Steinbrocken auf und nahm ihn mit – einen blaßrosa Sandstein mit Glitter und auf einer Seite winzige scharfkantige Furchen.

Aber selbst der Erkundungsgang erschien mir leer und nichtssagend. Ich mußte mich dazu zwingen. So war es jetzt mit allem, was ich tat – ohne Spontaneität und mit Anstrengung. Ich hörte sogar auf, abends für mich zu kochen. Ich wühlte in den Tüten und suchte mir irgend etwas Eßbares und zwang mich dazu, etwas zu knabbern, obwohl ich keinen Hunger hatte.

Auch die Lehmmulden fesselten meine Aufmerksamkeit auf dieser Strecke. Kilometer um Kilometer erstreckte sich ein vollkommen flacher, brauner und hartgebackener Boden. Hier wuchs nicht ein einziger Grashalm, kein Baum, noch nicht einmal ein Büschel Stachelkopfgras, und es gab kein Tier – nichts als hohe, dünne, gewundene, braune Staubsäulen, die in einen brennenden, beinahe weißen Himmel gesaugt wurden. Wenn ich vor einer solchen Lehmmulde stand, hatte ich das Gefühl, über ein ruhiges Meer zu blicken – nur daß man auf diesem Meer gehen konnte. Hinter einer riesigen Mulde fand ich ihre Miniaturausgabe mit einem Durchmesser von ungefähr hundert Metern. Ein Ballsaal im Busch. Ein Amphitheater in der Wüste. Es war Mittag, und ich band die Kamele zum Ausruhen fest. Ich zog in dieser brennenden, klaren, strahlenden, trockenen Hitze die Kleider aus und tanzte. Ich tanzte, bis ich nicht mehr tanzen konnte – ich tanzte alles aus mir heraus: Diggity, den Trip, Rick, den Artikel ... alles. Ich schrie, heulte ... ich weinte und hüpfte, verdrehte meinen Körper, bis er mir den Dienst verweigerte. Schweißgebadet und staubbedeckt kroch ich auf allen vieren zurück zu den Kamelen. Ich zitterte vor Erschöpfung. Der Staub war mir in Ohren, Nase und Mund eingedrungen. Ich schlief vielleicht eine

Stunde. Ich wachte auf und fühlte mich geheilt, schwerelos und war bereit zu allem.

Ich ging jetzt wieder über Farmland. Die Wege wurden hier oft benutzt. An der nächsten Wasserstelle nahm ich ein Bad, schwamm, wusch mir die Haare und die Klamotten und hängte sie zum Trocknen an den Sattel – das dauert hier draußen vielleicht fünf Minuten. Beim Weitergehen gab ich mir das Versprechen, abends etwas Ordentliches zu essen – ich war zu benommen, zu wirr im Kopf, um so weiterzumachen, und ich mußte mich wieder auf die Erde zurückbringen. Von weitem sah ich ein Auto auf mich zukommen, das eine rote Staubwolke hinter sich herzog, die bis zum Horizont reichte. Ich glaubte, es seien Farmer, die die Wasserstellen überprüften. Ich zog mich hastig an und versuchte, meine Gedanken zu ordnen und mich auf eine kurze, einfache Unterhaltung vorzubereiten. Die Leute im Busch sind meist nicht sehr gesprächig. Aber vor diesem Auto fürchtete ich mich richtig.

Es waren keine Leute aus dem Busch. Es waren die Schakale, Hyänen, Schmarotzer und Parias der Regenbogenpresse. Als ich das erste Teleobjektiv auf mich gerichtet sah, war es zu spät, um mich zu verstecken oder das Gewehr herauszuholen und abzudrücken, oder auch nur zu realisieren, daß ich verrückt genug war, so etwas zu tun. Und schon quollen sie aus dem Wagen heraus.

«Wir geben Ihnen tausend Dollar für die Geschichte.»

«Haut ab! Laßt mich in Ruhe. Es interessiert mich nicht.»

Das Herz klopfte mir bis zum Hals.

«Na Mensch Mädchen, du wirst doch wenigstens ein kaltes Bier mit uns trinken.»

Sie hatten die menschliche Psyche so gut im Griff, daß sie mich mit einem Bier bestechen konnten; aber für tausend Dollar ließ ich mich nicht kaufen. Ich ging auf die Bestechung ein – mehr um herauszufinden, was draußen in der Welt geschah, und ich wollte wissen, warum sie hier waren. Und ganz nebenbei stellten sie mir ein paar Fragen.

«Wo ist der Hund?»

Ich hatte keine Ahnung, wie ich mich gegen diese Leute wehren konnte – wieder einmal kannte ich die Spielregeln nicht mehr. Entweder konnte ich sie nur zum Teufel jagen oder zum fügsamen, nervösen Dummchen werden, das mühsam Fassung bewahrte.

«Diggity ist tot. Aber druckt das bitte nicht, denn darüber wären ein paar alte Freunde zu Hause sehr traurig.»

«Gut. O. K.!»

«Ist das ein Versprechen? Euer Wort?»

«Ja, ja!»

Aber natürlich druckten sie es. Sie flogen mit ihrer Schlagzeile nach Perth zurück, schreiben eine erfundene Geschichte, und das Märchen von der romantischen, geheimnisvollen Kamellady wurde in die Welt gesetzt.

An diesem Abend schlug ich mein Lager weit weg von der Straße in einem Dickicht auf. Damit hatte ich überhaupt nicht gerechnet. Diese kleinen Flugzeuge, die den ganzen Tag herumschwirrten und mich schon irgendwie neugierig gemacht hatten, galten mir. Was war nur in die Leute gefahren? Ich hatte an den Reportern eine leichte Hysterie bemerkt, wenn sie von den Presseberichten sprachen, die bisher veröffentlicht worden waren. «Weltweit», hatten sie gesagt. Ich konnte es nicht glauben. Und sie eilten nach Hause, um ihre Rolle in der großen, häßlichen Farce zu spielen, mit dem Slogan: «Die Öffentlichkeit hat ein Recht darauf zu erfahren ...» Ich beschloß, hier ein paar Tage zu warten. Wenn die Presse mich tatsächlich verfolgte, war es besser, ich hielt mich versteckt, bis sich die Aufregung gelegt hatte.

Der «Easy Rider» hatte das alles in Gang gebracht. Er war in die Zivilisation zurückgekehrt, und auf der Suche nach jedem erreichbaren Blitzlicht, vor dem er posieren konnte, erzählte er die Geschichte dieser phantastischen Frau, mit der er in der Wüste «eine Nacht verbracht» hatte. Das hörte sich dann etwa so an: «Es war so romantisch. Ihre nackten Schultern ragten aus dem Schlafsack, die Kamelglocken bimmelten, und wir unterhielten uns stundenlang im Mondlicht. Ich fragte sie nicht, warum sie in der Wüste war, und sie fragte mich nicht, warum ich hier war. Wir verstanden uns ohne Worte.» Keine schlechte Beschreibung einer Verrückten mit einem Sonnenstich in einem verschwitzten, verdreckten Schlafsack, an dem der Kamelmist hing, die ihre Stacheln ausgefahren hatte und unschuldig Fragen mit Ja und Nein beantwortete. Diese Kröte. Vielleicht glaubte er aber auch, mir etwas Gutes zu tun.

Als die ersten Autos mit Fernsehkameras und allem ankamen, floh ich in die Büsche. Diese Kerle hatten einen Eingeborenen als

Spurenleser angeheuert. Aber mein Kampfgeist kehrte zurück. Diese Leute waren so dumm, so schwerfällig – und wenigstens hier war ich ihnen überlegen. Ich kicherte vor mich hin und stimmte in meinem Versteck lautloses indianisches Kriegsgeheul an. Ich umkreiste das Dickicht und war schließlich nur noch fünf Meter von ihnen entfernt. Ich hatte auf einem sandigen Platz kampiert, und jeder Dummkopf hätte mich mühelos finden können. Meine Fußabdrücke leuchteten wie Straßenlaternen oder wie Lkw-Spuren in einer Düne.

«Also, wo ist sie?» fragte einer der Männer, ein fetter mit großen Schweißflecken im T-shirt und einem mißmutigen Blick in der entsprechenden Visage, den schwarzen Spurenleser.

«Tja Chef, die Kamellady ist clever. Sie scheint ihre Spuren zu verwischen. Ich kann nicht sehen, wohin sie gegangen ist.» Er schüttelte den Kopf und rieb sich nachdenklich am Kinn.

Yippee, hugh, hugh. Dafür wäre ich ihm am liebsten um den Hals gefallen. Er wußte genau, wo ich war, und stand auf meiner Seite. Der Dicke fluchte und gab ihm widerwillig die zehn Dollar Lohn. Der Eingeborene lächelte, steckte das Geld in die Tasche, und sie fuhren davon – die staubigen zweihundert Kilometer zurück nach Wiluna.

Ich ging wieder in mein Lager, legte frisches Holz aufs Feuer. Ich fühlte mich splitternackt. Überrannt ... als habe man mir die Haut abgezogen. Ich fühlte mich schwach, und die Spannung drückte wie ein kalter Stein auf meinen Magen. Was um alles in der Welt war los? Ich war nicht der erste Mensch, der einen solchen Trip unternahm. Wodurch erregte ich Aufmerksamkeit? Ich kannte das Ausmaß der Erregung noch nicht. Ich dachte daran, meine Spuren zu verwischen. Aber das würde keinen Eingeborenen täuschen – einem würde es schließlich doch gelingen, mich zu finden. Ich wollte sie mit Warnschüssen vertreiben, ließ den Gedanken aber sofort wieder fallen, denn das wäre nur Stoff für eine neue Geschichte.

Und dann raste Ricks Auto mit höllischer Geschwindigkeit an mir vorüber, und andere Autos folgten ihm. «Um Himmels willen, was ist denn los?» Fünf Minuten später kam Rick zurück, sah meine Spuren und kam ins Lager gefahren. Er hatte gerade noch Zeit, in ein paar Worten die Lage zu umreißen, bevor sie alle aus ihren Autos stürzten. Ein paar kamen von Londoner Zeitungen, andere vom Fernsehen oder von der australischen Presse. Ich fauchte, knurrte und knirschte mit den Zähnen. Ich raste ins Gebüsch, stellte mich hinter einen Baum und forderte sie klipp und klar auf, die Kameras wegzulegen. Rick erzählte mir später, ich hätte mich wie eine Verrückte benommen und auch so ausgesehen. Genau das hatten sie erwartet. Ich hatte mir die Haare in salzigem Brackwasser gewaschen und sah jetzt wie ein ausgeblichenes, verfilztes, struppiges Stachelschwein aus. Die Fetzen hingen mir vom Leib, und von der Sonne war ich schwarz gebrannt; in der letzten Woche hatte ich kaum geschlafen und konnte nicht mehr aus den Augen blicken. Ich war völlig durcheinander; ich hatte Diggitys Tod noch nicht überwunden und konnte mit der Invasion intergalaktischer Krieger – denn so wirkten sie auf mich – nicht fertigwerden. Ich schäumte und raste so sehr, daß sie verlegen von einem Fuß auf den anderen traten und schließlich taten, was ich verlangte. Ich kam zurück, und dumm wie ich war, lenkte ich ein. Die Neugierde siegte. Rückblickend wundere ich mich über mich selbst. Wieso bin ich Leuten gegenüber sofort nachsichtig, gegen die ich mich wehren muß, weil sie mich überrennen wollen? Aber ich erlaubte ihnen trotzdem nicht, Fotos zu machen. Einer fotografierte mein Lagerfeuer mit der Bemerkung: «Die schmeißen mich raus, wenn ich mit leeren Händen zurückkomme.»

Ein Mann entschuldigte sich sogar, nachdem er das Fernsehen als Medium verteidigt und mich beschimpft hatte, daß ich mich der Öffentlichkeit entziehen wolle. Er sagte: «Es ist komisch, daß einem die Wahrheit immer wieder im Weg steht.»

Andere Journalisten rationalisierten meine Publicity-Feindlichkeit, indem sie sagten und später auch druckten, ich hätte einen Vertrag mit einer Zeitschrift, und der Trip sei von ihr bezahlt. Deshalb könnte ich nicht darüber reden. Warum verstehen sie nicht, daß es Menschen gibt, die nicht berühmt sein wollen? Wenn man seine Anonymität verloren hat, kann man sie für keinen Preis wieder zurückkaufen.

Richard spielte den Beschützer. Ich war ihm dankbar, denn ich fühlte mich zu schwach und zu verwirrt, um für mich selbst zu sprechen. Außerdem sprach er ihre Sprache. Schließlich gingen sie; Rick und ich konnten endlich miteinander reden. Er berichtete mir seine eigene Leidensgeschichte. In einer obskuren ausländischen Zeitung hatte er gelesen, daß die Kamellady verschollen sei. Vier Tage lang hatte er nicht geschlafen, um mich vor den anderen Reportern zu erreichen – immer von dem Gedanken getrieben, ich könne vielleicht tatsächlich tot sein. In Wiluna hängten sich die Journalisten an ihn, und es gelang ihm nicht mehr, sie loszuwerden. Er zeigte mir ein paar Zeitungen, und ich sah Bilder von mir, wie ich in die Kamera lächle.

Sprachlos fragte ich: «Wie zum Teufel kommen sie zu solchen Aufnahmen?»

«Touristen haben sie an die Zeitungen verkauft.»

«Mein Gooott.»

Manche Artikel waren wenigstens lustig. Darin standen Sachen wie: «Robyn Davidson lebte von Beeren und Bananen (?); sie erklärt, wenn sie am Verhungern sei, würde sie die Kamele töten, um sich von ihrem Fleisch zu ernähren.» Oder: «Zu Robyn Davidson kam eines Nachts ein einsamer, geheimnisvoller Eingeborener und begleitete sie eine Zeitlang. Dann verschwand er so unauffällig, wie er gekommen war.» Oder (aus einer amerikanischen Zeitschrift für den Buschwanderer): «In dieser Woche keine Pluspunkte für die Kamellady Robyn Davidson, denn sie schießt australische Wildkamele. Wahrscheinlich glaubt sie, auf Großwildjagd zu sein.» Idioten.

Und aus Feinden waren plötzlich Freunde geworden. Alle Leute in Alice Springs, die damals, als ich unbekannt und arm dort lebte, keinen Finger für mich gerührt hätten, schwammen plötzlich mit auf der Woge der Publicity. «Aber sicher kannte ich sie», erklärten sie den Reportern, «ich habe ihr alles über Kamele beigebracht.»

Jetzt erst erkannte ich, worauf ich mich eingelassen hatte und wie schwachsinnig ich gewesen war, es nicht vorauszusehen. Es schien, daß die Kombination Frau, Wüste, Kamele und Einsamkeit in der nüchternen, herzlosen, gequälten Psyche unserer Zeit einen schwachen Punkt berührte. Sie beflügelte die Phantasie der Menschen, die sich in einer verrückten Welt hilflos, entfremdet und machtlos fühlen. Und ausgerechnet ich wählte diese Kombination. Die Reaktion kam völlig unerwartet, und sie war sehr sehr merkwürdig. Ich war jetzt öffentliches Eigentum. Ich war ein Symbol des Feminismus; eine Zielscheibe des Spotts für engstirnige Sexisten und eine verrückte, verantwortungslose Abenteurerin (allerdings nicht so verrückt, wie ich im Falle eines Fehlschlags gewesen wäre). Aber das Schlimmste von allem, ich war jetzt ein wunderbares Wesen. Ich hatte etwas Mutiges und Ungewöhnliches getan, von dem ein normaler Sterblicher nur träumen konnte. Und das genaue Gegenteil wollte ich vermitteln. Ich wollte den Leuten sagen: Jeder kann alles tun. Wenn ich mich durch die Wüste schleppen konnte, konnte jeder alles tun. Ganz besonders galt das für Frauen, die ihre Feigheit so lange als Selbstschutz benutzt haben, daß sie eine Gewohnheit geworden ist.

Für kleine Mädchen ist die Welt ein gefährlicher Ort. Außerdem sind kleine Mädchen zerbrechlicher, zarter, fragiler als kleine Jungen. «Paß auf! Sei vorsichtig! Paß um Himmels willen auf! Klettre nicht auf Bäume, mach dich nicht schmutzig, laß dich nicht von fremden Männern mitnehmen. Du mußt nichts lernen, aber du mußt zuhören.» Und die Schnecke streckt ihre Fühler aus, sieht dieses und beobachtet jenes. Sie sieht alles von unten und nur die Gefahren. So verschwendet sie das meiste ihrer Energie; sie will den Kreislauf durchbrechen, den Druck der Millionen kleinen Daumen abschütteln, die versuchen, ihre Energie, ihre Kreativität, ihre Kraft und ihr Selbstvertrauen zu unterdrücken. Sie haben sie dazu gebracht, sich so viele Hindernisse in den Weg zu legen; Hindernisse, die ihr alle Möglichkeiten verbauen und den Mut rauben. Das Wissen um ihre Wertlosigkeit macht sie befangen und schränkt sie ein.

Und jetzt wurde ein Märchen geschaffen, in dem ich als die andere, die außergewöhnliche Frau auftrat. Die Gesellschaft brauchte eine Heldin. Wenn die Menschen anfangen würden, ihre Phantasien zu leben, wenn sie sich weigern würden, die sinnlose Langeweile hinzunehmen, die ihnen als das Normale angeboten wird, könnte man sie nicht mehr so leicht unter Kontrolle halten. Deshalb der Begriff Kamel*lady*. Als Mann hätte ich mich glücklich schätzen können, in der *Wiluna Times* erwähnt zu werden, und die internationale Presse hätte nicht im Traum daran gedacht, mir Schlagzeilen zu widmen. Ich kann mir auch nicht vorstellen, daß sie den Begriff Kamel*gentleman* geprägt hätten. In dem Wort Kamellady lag so etwas Nettes, Herablassendes, Verniedlichendes. Etikettieren, einordnen – welch wunderbarer Trick.

Rick hatte in der Stadt Peter Muir kennengelernt, einen Ex-Dogger, einen brillanten Fährtensucher, und wie sich herausstellte einer der besten, vielseitigsten Buschkenner, die ich je getroffen habe – eine aussterbende Rasse. Er besuchte uns mit seiner Frau Dolly und den Kindern. Es tat gut, ruhige, angenehme Menschen zu treffen. Wir sprachen über das Land, durch das ich gekommen war. Peter Muir kannte es wahrscheinlich besser als jeder andere. Sein ganzes Leben lang pendelte er zwischen Weißen und Eingeborenen hin und her, und er vereinte die besten Seiten beider Kulturen in sich.

Er berichtete uns, was in Wiluna geschah. In der Stadt wimmelte es von Journalisten, die jedem Geld anboten, der mich finden würde – eine Art Belagerung. Die Polizei erhielt Tag und Nacht Anrufe aus der ganzen Welt, und verständlicherweise hätten mir die Beamten am liebsten den Hals umgedreht. Das Funkgerät des Arztes wurde von Anrufern blockiert, und echte Notfälle hatten keine Chance, ihn zu erreichen. Ich war inzwischen richtig wütend – ohnmächtig vor Zorn. Seltsamerweise standen die Leute in der Stadt alle auf meiner Seite (in Wiluna lebten etwa zwanzig Weiße und in den Lagern außerhalb eine Menge Schwarzer). Als sie erfuhren, daß ich die Publicity nicht wollte, taten sie alles, um mich zu schützen. Die Stadt igelte sich ein.

Peter und Dolly boten an, mich in ihrem zweiten Haus zu verstecken, das ein paar Kilometer außerhalb von Wiluna lag. Die Leute in Cunyu gaben mir ihre Pferdekoppel für die Kamele und stellten sich bei Fragen nach meinem Verbleib taub.

«Die Kamellady? Tut mir leid. Ich habe keine Ahnung, wo sie ist.»

Ich fuhr mit Rick nach Wiluna, und er sagte, er habe dafür gesorgt, daß Jenny und Toly kommen würden. Der gute Rick. Sie waren genau die Menschen, die ich jetzt brauchte.

Wir besorgten ein paar Luxusdinge für unser Versteck und fuhren dann nach Meekatharra, eine etwas größere Stadt hundertfünfzig Kilometer westlich, um Jen und Toly vom Flugplatz abzuholen. Als ich sie wiedersah, brachte ich kein Wort hervor. Ich umarmte sie schweigend. Dann fuhren wir in die Stadt, um Kaffee zu trinken und zu klönen. Sie zu sehen und anzufassen, tat unendlich gut. Sie verstanden mich. Sie glätteten mein gesträubtes Gefieder und brachten mich dazu, über diesen ganzen Wahnsinn zu lachen. Ich kam mir wieder weniger wie eine gesuchte Kriminelle und mehr wie ein normales menschliches Wesen vor. Ich habe es schon einmal gesagt: In bestimmten Winkeln Australiens nimmt Freundschaft beinahe die Stelle von Religion ein. Die Vertrautheit und das Zusammengehörigkeitsgefühl lassen sich nicht mit dem Freundschaftsbegriff anderer vergleichen, die darunter Parties verstehen, auf denen man geistreich Beruf und Karriere diskutiert oder ‹interessante› Leute trifft, die alle mißtrauisch und vorsichtig sind und nichts mehr fürchten, als vielleicht doch nicht interessant zu sein.

Und es gab Post, tonnenweise Post. Briefe von lieben Freunden und zahllosen Unbekannten, in denen mehr oder weniger immer dasselbe stand: «Du hast etwas getan, was ich gern tun würde, aber ich hatte nie den Mut dazu.» Die Leute entschuldigten sich beinahe bei mir dafür, und ihre Briefe frustrierten mich und machten mich zutiefst ratlos. Ich hätte sie am liebsten an den Schultern gepackt, sie geschüttelt und ihnen gesagt, daß mein Trip weit weniger mit Mut zu tun habe als mit Glück und Ausdauer. Manche kamen von jungen Männern, die sich auf Seite drei in allen Einzelheiten beschrieben (meist die großen, gutaussehenden Blonden); dann erzählten sie von einem großen Dschungel in Peru und fragten, ob ich Lust hätte, diesen Urwald mit ihnen zu erforschen. Es kamen Briefe von Rentnern und Kindern und erstaunlich viele von Leuten in Psychiatrien. Diese Briefe waren am interessantesten, aber auch am schwierigsten zu lesen. Darin gab es viele Diagramme, Pfeile und merkwürdig unverständliche Botschaften, die ich vor einer Woche sicher mühelos entziffert hätte. Ein alter Freund telegrafierte: «Man sagt, das Sandmeer des Ryo-An sei noch größer ...» Das gefiel mir.

Wir lachten, machten Witze und vergossen ein paar Tränen an diesem Tag. Wir gingen in die Kneipe und spielten Billard. Eine Frau (die ansässige Reporterin der A. B. C.) bemerkte Ricks Kamera und fragte ihn, ob er wisse, wo die Kamellady sei. Rick antwortete, er habe gehört, sie würde in etwa einer Woche Meekatharra erreichen und dann nach Süden weitergehen. Aber er bat sie darum, dies keinesfalls zu veröffentlichen, da die Kamellady äußerst publicityscheu sei. Sie wiegte bedenklich den Kopf, es sei ja schrecklich mit diesem armen Mädchen, usw. und rannte sofort nach Hause, um eine Meldung zu formulieren, die alle auf die falsche Fährte setzte. Wir schlugen uns auf die Schenkel. Rick stand mit völlig unschuldigem Gesicht vor ihr und appellierte an ihre Diskretion und ihren Anstand, wohl wissend, daß es nichts helfen würde. Ich lernte Ricks Talent zu schätzen, die Leute auf die sanfte Weise zu manipulieren. Wir beluden den Toyota mit weiteren Essensvorräten und fuhren zu unserem Schlupfloch nach Wiluna zurück.

Wir schliefen alle in einem Zimmer. Wir machten Feuer im Kamin, hüllten uns in Decken, grillten Marshmallows und redeten und redeten und redeten. Wir tranken richtigen Kaffee und Baileys, wir kochten Spinatauflauf und andere kulinarische Genüsse. Und wir besuchten die Kamele in Cunyu. Da ich mit einer solchen Begeisterung von der Landschaft sprach, durch die ich gekommen war, andererseits aber auch wußte, daß ich es durch den Schock über Diggity Tod nicht *wirklich* gesehen hatte, beschlossen wir, ein Stück auf der Canning Route zurückzufahren.

Am Anfang ging alles gut; die Farmwege waren O. K. Aber sobald wir weiter in die Wüste vordrangen, fuhren wir nur noch im Schrittempo. Ich wollte gerade in Hymnen über die Wildnis, die unberührte, reine Natur ausbrechen, über den Zauber, die Einsamkeit und Freiheit dieses Landes, als wir um eine Kurve bogen und auf einer Sandbank einen Hubschrauber sahen. Uraniumsucher. War denn nichts mehr heilig?

Wir verbrachten zwei oder drei glückliche Tage auf der Canning Route. Dann kehrten wir nach Wiluna zurück, wo gerade ein Sportfest stattfand. Die Farmer aus einem Umkreis von mehreren hundert Kilometern kamen, um daran teilzunehmen. Im Busch gibt es nicht so viele gesellschaftliche Ereignisse, und selbst in einer Dürreperiode versucht jeder, so etwas nicht zu verpassen. In dieser alten Geisterstadt mit den vielen leerstehenden Gebäuden, die im Goldrausch einmal geblüht hatte, gibt es nur noch zerbrochene Fensterscheiben und bekritzelte Hauswände. Normalerweise wohnen dort nur der Polizist, der Wirt, der Postbeamte und der Ladenbesitzer, aber mit einem Schlag verwandelte sich Wiluna in eine Wüstenmetropole – die schattenhafte Reminiszenz an eine lebendige Vergangenheit. Am Abend sollte ein Tanz stattfinden; meine Freunde und ich waren herzlich eingeladen. Als wir jedoch ankamen, stand am Eingang des verfallenen Saals ein Türsteher im Anzug. Er kannte uns nicht und erklärte, wir könnten nicht hinein, weil die Männer keine Krawatte trugen. Dies war die höfliche Methode, Aborigines draußen zu halten – und am Eingang standen Gruppen von Schwarzen.

Für mich war es eine schwierige Situation. Jen und Toly ärgerten sich über die Behandlung dieser Leute, während ich zwischen beiden Fronten stand. Ich mochte die Farmer und wußte, daß sie sich nicht für Rassisten hielten, aber sie sahen nur die verkommenen Lager um die Stadt, die Gewalt, den Schmutz und den unvorstellbaren Mangel an Arbeitsmoral. Den älteren Aborigines begegnen sie meist mit gutmütiger Achtung. Sie sehen nur die Gegenwart und können sich nicht über ihre Werte hinwegsetzen, den Niedergang und ihren Anteil daran begreifen – sei es in der Vergangenheit oder heute. Wiluna war reich an sozialen Problemen und ein gutes Beispiel dafür, wohin die Zerstörung einer Kultur führen kann.

Einen Tag später verließen wir Wiluna. Der letzte Abend mit Jen und Toly unterwegs überzeugte sie endlich davon, daß sich Kamele wie Menschen verhalten. Meine hatten die Angewohnheit, in der Nähe des Lagers zu bleiben und auf Leckerbissen zu warten. Oder sie steckten ihre Mäuler mit den langen Lippen in die Taschen mit den Vorräten, sobald ich ihnen den Rücken zukehrte. Beim Abendessen unterhielt Dookie uns auf seine Weise. Er versuchte, sich eine große Dose Honig aus einer Satteltasche zu ergaunern, die in meiner Nähe stand. Ich schickte ihn zum Teufel. Es folgte das Spiel «Mal sehen, wie weit ich gehen kann, ehe Rob mir eine überzieht». Nonchalant näherte er sich Zentimeter um Zentimeter seinem Ziel. Als Mensch hätte er die Hände auf dem Rücken verschränkt, in den Himmel geguckt und gepfiffen. Wir taten, als bemerkten wir nichts, beobachteten ihn aber beim Essen aus den Augenwinkeln. Plötzlich war er an der Tasche. Ich gab ihm einen Klaps auf die Schnauze, und er zog sich zehn Zentimeter zurück. Wir aßen weiter. Toly krümmte sich vor Lachen, als Dookie nun vorgab, an einem abgestorbenen Busch zu knabbern. Dabei rollte er mit den Augen und verschlang mit gierigen Blicken den Honig in der Tasche. Als er glaubte, wir seien durch das Ablenkungsmanöver von seiner Unschuld überzeugt, stürzte er sich auf die Tasche und wollte sich mit ihr davonmachen. «Also gut Rob, ich nehme alles zurück. Du vermenschlichst deine Kamele nicht.»

Ein Zwischenfall mit Bub auf dem Gunbarrel Highway hatte mich endgültig gelehrt, die Lebensmittel abends sicher zu verstauen. Ich hatte eine Dose Kirschen aufgemacht (der höchste Luxus hier draußen), und um das Vergnügen zu verlängern, bewahrte ich die halbe Dose für das Frühstück auf und stellte sie neben den Schlafsack. Als ich morgens aufwachte, lag Bubs Kopf in meinem Schoß mit verräterischen Kirschenflecken um die Lippen. Es war unmöglich, ihnen das Schnorren abzugewöhnen. Irgendwie gefiel es mir auch, ich mußte darüber lachen, und ich verstärkte es noch, indem ich ihnen gab, was ich entbehren konnte. Ihnen war alles recht. Ich brauchte nur einen Mulgazweig abzureißen, etwas, was sie ohnedies gerade fraßen, und schon kämpften sie darum, nur weil ich ihn in der Hand hielt.

Die nächsten Wochen mit Rick waren unbeschwert und angenehm. Es ist merkwürdig. Wenn man in der Wüste mit einem Menschen zusammen ist, wird man entweder zu erbitterten Feinden oder besten Freunden. Anfangs war es ein ständiges Hin und Her gewesen. Jetzt festigte sich die Freundschaft ohne das belastende Gefühl, daß er mir etwas geraubt hatte, oder besser ausgedrückt, ich fand mich mit der Entwicklung der Dinge ab. Hinzu kam, daß Rick ein anderer Mensch geworden war. Einen Menschen in seinen besten und seinen schlechtesten Stunden zu erleben, seines gesellschaftlichen Status beraubt – den nackten Menschen –, schafft eine unerschütterliche Basis, die man gemeinsame Erfahrung nennt. Rick hatte durch den Trip viel gelernt. Manchmal glaube ich, er hat weit mehr davon gehabt als ich. Gemeinsam erlebten wir etwas Wunderbares, das uns fundamental veränderte. Ich glaube, wir kannten uns inzwischen gegenseitig sehr gut. Und er hatte seinen Platz hinter der Kamera aufgegeben und gehörte zur Reise.

Auf diesem Abschnitt war die Futtersituation für die Kamele schlechter, als ich befürchtet hatte. Aber mit Rick war das kein großes Problem. Er muß mehr als tausend Kilometer extra kutschiert sein, um aus Mekatharra Hafer oder Klee herbeizuschaffen. Diggitys Tod hatte ihn tief getroffen. Ich glaube, er hatte nie selbst ein Tier gehabt und noch nie eine so enge Beziehung zu einem Tier erlebt. Die beiden liebten sich heiß und innig, und Diggity hatte noch nie einen Menschen so ins Herz geschlossen.

Wiluna lag schon einige Wochen hinter uns, als Rick eines Nachts sehr spät ins Lager zurückkehrte. Er hatte einige hundert mühsame Kilometer hinter sich, um Futter zu holen; war hundemüde und fühlte sich nicht gut. Er weckte mich aus einem besonders beunruhigenden Traum: Diggity umkreiste winselnd das Lager, weigerte sich aber, zu kommen, als ich sie rief. Rick war am Ende seiner Kräfte und fragte, als er bei mir am Schlafsack stand: «Sag mal, was macht Diggity denn da drüben? ... ich habe sie beinahe überfahren, als ich ins Lager kam.» Er hatte es vergessen. Ich weiß nicht, wie ich das erklären soll – ich will es auch nicht versuchen, es blieb in diesen Wochen nicht bei dem einen Vorfall.

Inzwischen führten wir die Kamele abwechselnd – besser gesagt, mißmutig und nervös erlaubte ich Rick ab und zu, die Leine in die Hand zu nehmen. Er machte das auch sehr gut, aber Dookie haßte ihn mit glühender Leidenschaft. Oh, wie mir das gefiel. Wenn Rick versuchte, ihn zu irgend etwas zu bringen, hob Dookie den Kopf, rollte mit den Augen, blähte den Hals und gurgelte drohend so, wie er sich vage erinnerte, daß Hengste es tun. Im Klartext hieß das: «Du bist nicht mein Boss, und wenn du auch nur wagst mich anzurühren, zerreiß ich dich in tausend Stücke, du Würstchen.» Ich wußte, Dookie würde Rick nicht wirklich etwas tun – na ja, mit neunundneunzigprozentiger Sicherheit. Aber Rick zog es vor, Dookie mir zu überlassen. Es war echt komisch. Ich stand zum Beispiel neben Rick und sagte, er solle versuchen, ihm die Nasenzügel anzulegen. Dookie fiel sofort in seine Rolle, senkte den Kopf zu mir herunter, schnupperte, zupfte zärtlich an mir herum und war die Liebe selbst, um diesem hergelaufenen Eindringling zu zeigen, wem seine Zuneigung gehörte.

Ich kann nicht genug Gutes über die Kamele sagen. Und schließlich trugen sie auch beim Honig den Sieg davon. Rick und ich waren zu einer Farm gefahren, um *National Geographic* eine Nachricht zu schicken, und als wir zurückkamen, hatten sie das ganze Lager auf den Kopf gestellt. Überall klebte Honig – auf den Taschen, den Schlafsäcken, auf Kamelschnauzen, Kamelwimpern, Kamelhöckern, einfach überall. Sie wußten genau, was sie angerichtet hatten, und als sie mich sahen, verschwanden sie schleunigst.

Die Farmer, die ich in dieser Gegend kennenlernte, waren alle unglaublich freundlich. Auch ihnen konnte man nicht ansehen, daß die Dürre sie ruinierte. Sie fütterten uns und die Kamele, bis wir nur noch rollten. Und sie erzählten, daß in Carnarvon zweifellos ein Begrüßungskomitee auf uns warten würde. Ich wollte dort das Meer erreichen. Mein Gott, sofort einen neuen Plan entwerfen! Vor ein paar Monaten hatte ich unterwegs ein paar Leute kennengelernt. Sie gehörten zu den wenigen, die ich spontan mochte. Ihnen gehörte eine Schaffarm nahe am Meer, ein paar hundert Kilometer südlich von Carnarvon. Sie hatten mich eingeladen, sie zu besuchen, und genau das wollte ich jetzt tun. Und wenn sie bereit waren, die Kamele zu übernehmen, löste sich damit auch eines meiner größten Probleme.

12

Vor mir lagen nur noch wenige hundert Kilometer, als das letzte Unglück passierte. Durch Ricks Anwesenheit wiegte ich mich in trügerischer Sicherheit. Was konnte jetzt noch schiefgehen? Wir hatten so viel durchgemacht und waren so weit gekommen. Ich glaubte, der Rest sei ein Kinderspiel. Wir zogen durch das Farmland am Gascoyne River. Die Futtersituation besserte sich leicht, Rick war da, und alles schien in Ordnung zu sein. Plötzlich traten bei Zeleika innere Blutungen auf.

Ich wußte nicht, ob das Blut aus der Vagina oder der Harnröhre kam. Unsicher schloß ich auf eine Harnröhreninfektion und gab ihr täglich vierzig von meinen Tabletten, die ich in einer Orange versteckte. Außerdem injizierte ich gewaltige Mengen Terramycin und hoffte das Beste. Sie hatte Goliath auf der ganzen Strecke gesäugt und war nur noch Haut und Knochen. Rick fuhr zur nächsten Farm, Dalgety Downs, um zu sehen, ob er dort ein bißchen Kraftfutter und Medikamente bekommen konnte. Zeleika fraß nicht mehr, und ich glaubte, sie würde sterben.

Die Leute in Dalgety schickten Rick mit allem möglichen beladen zurück und gaben ihm sogar einen Viehwagen mit, um Zelly bequem zur Farm transportieren zu können. Dort sollte sie sich ausruhen und aufgepäppelt werden – die Gastfreundschaft der Farmer.

Die widerspenstige alte Kuh wollte von dem Transporter nichts wissen. Wir versuchten alles, wir schaufelten eine Rampe aus Sand – nichts. Wir spannten Seile hinter ihr, versuchten sie zu bestechen und zu locken, wir schlugen sie, aber weder Geld noch gute Worte konnten sie dazu bewegen, einen Fuß auf dieses Ding zu setzen. Ich beschloß zu packen und nach Dalgety zu laufen. Zelly sollte selbst entscheiden, ob sie uns folgen wollte. Sie überraschte mich. Goliath hin, Goliath her, sie marschierte in Richtung Alice Springs. Zweimal versuchte ich es, und zweimal ging sie geradeswegs nach Osten – nach Hause. Ich band sie wieder fest und zog langsam nach Dalgety.

Wir lagerten an diesem Abend an einer Wasserstelle und hörten plötzlich das Brummen eines kleinen Flugzeugs über unseren Köpfen. Es kreiste ein paarmal, schaukelte in der Luft und landete zu unserer Verwunderung auf dem zerfurchten Weg. Rick setzte sich ins Auto, um herauszufinden, wer dieser mutige, verrückte Pilot war. Zehn Minuten später kam er zurück. Auf der Kühlerhaube saß ein Mann mit einem wagenradgroßen Hut, Reitstiefeln und Sporen. Er sprang ab, drückte mir herzlich die Hand und stellte sich vor. Er erklärte, er habe von meinem kranken Kamel gehört und sei vorbeigekommen, um zu sehen, ob ich etwas brauche. Ihm gehörte eine Farm, die wir passiert hatten, aber er sei gerade unterwegs gewesen. Ich führte ihn zu den Kamelen, und er erzählte mir eifrig, sein Vater habe früher Kamele besessen, und er wisse noch ein bißchen was über sie. «Das alte Mädchen ist ganz schön heruntergekommen», sagte ich, «sie sieht aus wie 'ne Vogelscheuche. Futter für die Krähen, die arme alte Kuh.» Zeleika ähnelte mittlerweile eher einer Überlebenden aus Auschwitz und stand neben den beiden gesunden, kräftigen Hengsten. Der Mann ging gelassen zu Dookie, musterte ihn nachdenklich, schüttelte langsam den Kopf und sagte traurig: «Da habt ihr wirklich ein krankes Kamel. Armes altes Wrack. Tzzz tzzz. Ich hab keine Ahnung, was man für sie noch tun kann.» Richard und ich versuchten höflich zu bleiben und unser Kichern zu unterdrücken, während der Mann uns etwas über Kamele erzählte. Dann fuhr Richard ihn zum Flugzeug zurück, er startete in einer Staubwolke, schaukelte noch einmal hin und her und flog davon. Wir lachen immer noch darüber.

Einen Tag später erreichten wir Dalgety. Margot und David Steadman verliebten sich auf Anhieb in die Kamele und verwöhnten sie nach Strich und Faden. Zeleikas Zustand hatte sich nach einer Woche soweit gebessert, daß ich dachte, sie würde es bis zur Küste schaffen. Ich hoffte, das Meerwasser würde ihr gut tun. Mit Hilfe der Rinderzäune hielt ich ihr Goliath vom Leib, und das trug sehr zu ihrer Erholung bei. Goliath schrie, heulte und verfluchte mich unablässig, obwohl ich ihm eimerweise Milch und Melasse gab. Dieses kleine Biest. Das Ganze war auch für Zeleika traumatisch. Immer wieder versuchte sie, ihr Euter durch das Gatter zu pressen, damit er trinken konnte. Ich verhätschelte sie noch eine Woche, und schließlich sah sie besser aus als während der ganzen Reise. Frühmorgens gelangen ihr schon wieder ein oder zwei Sprünge.

Ich beschloß, sie auf die Woodleigh Farm zu bringen, wo Jan und David Thomson uns schon sehnsüchtig erwarteten. Die Farm lag nur etwa achtzig Kilometer vom Meer entfernt und gesegnete einhundertfünfzig Kilometer von Carnarvon, dem Begrüßungskomitee und der Presse. Der Gedanke an Journalisten machte mich immer noch nervös, und ich wollte sicher sein, nicht wieder von ihnen gejagt zu werden. Deshalb beschlossen wir, über das Funkradio der Steadmans ein irreführendes Telegramm von mir an Rick zu schicken: «Zeleika noch krank, werde erst Mitte November Carnarvon erreichen» – ein übler, aber guter Trick, wie ich später herausfinden sollte. Ich wollte diese kurze Strecke allein zurücklegen und hatte mit Rick verabredet, ihn ein paar Wochen später in Woodleigh zu treffen.

Das Wetter änderte sich. In der Wüste gibt es keinen richtigen Frühling oder Herbst. Es ist entweder kalt, heiß, sehr heiß oder verdammt heiß. Und jetzt wurde es verdammt heiß. Die Farmen um Dalgety lagen auf gutem, fruchtbarem Land, aber weiter südlich war die Situation anders. Endlose rote Sanddünen, mit struppigen kleinen Wanyubäumen bewachsen – eine Art Mulga, die als vernünftiges Kamelfutter gilt. Aber meine rührten sie nicht an; sie kannten Wanyus nicht. Innerhalb weniger Tage verloren sie die Kondition, die sie in Dalgety gewonnen hatten. Ich versuchte, sie zu überzeugen, wie gut das Futter sei, aber sie glaubten mir nicht; sie trauten mir nicht. Und außer Wanyu wuchs buchstäblich nichts. Als wir Callytharra erreichten, die letzte Farm vor Woodleigh, machte ich mir wieder Sorgen um sie.

Diesmal retteten mich George und Lorna. Ich zog bei ihnen ein – eine winzige Wellblechhütte mit viel Charme, aber mitten in einer kochend heißen staubigen Senke und umgeben von rostigen und kaputten Maschinen und gezähmten Wildziegen. Diese beiden Menschen setzten mich in Erstaunen. Sie besaßen nichts – keine Elektrizität, kein Geld, und die Dürre setzte ihnen schlimm zu. Sie waren außergewöhnlich. Sie teilten alles, was sie hatten, mit mir. Eine alte Flasche Bier, die Lorna weiß Gott wie lange unter dem Bett versteckt hatte, falls eines der Pferde eine Kolik bekommen sollte, wurde zur Feier des Tages hervorgeholt. Sie gab mir teures Futter für die Kamele und umsorgte mich wie eine verlorene Tochter. Beide waren das vollkommene Beispiel «echter Kämpfer», wie man das in Australien nennt. Lorna, zwischen fünfzig und sechzig (genau ließ sich das nicht sagen) ritt immer noch Pferde ohne Sattel ein. George hielt seine Wasserpumpen und Maschinerie mit Draht und Fußtritten in Gang. Irgendwie schafften sie es; sie blieben freundlich, großzügig, warmherzig und beklagten sich über nichts. Als ich sie verließ, kamen sie am nächsten Abend mit ihrer alten Klapperkiste angefahren, um mir Kamelfutter und eine Flasche warmer Limonade zu bringen. Unterwegs waren sie mit dem Wagen steckengeblieben; aber George brachte ihn wieder in Ordnung, und sie kamen spät abends im Lager an. Von allen Leuten, die ich auf diesem Trip im Busch kennenlernte, verkörpern Lorna und George für mich den Kampfgeist am besten.

Mich trennten nur noch wenige Tage von Woodleigh, und natürlich begann alles auseinanderzufallen. Im Gepäck gab es Löcher und Risse, die Sättel begannen über Nacht zu scheuern, und mein letztes Paar ordentlicher Sandalen ging in die Brüche. Ich mußte sie mit Riemen wieder zusammenflicken, aber sie schmerzten und schnitten mir ins Fleisch. Barfuß konnte ich auch nicht mehr gehen, denn man hätte Spiegeleier im Sand braten können. Und überall dasselbe: salzige warme Wasserstellen. Ich hatte nur noch einen Wunsch. Nach Woodleigh zu kommen, mich in den Schatten zu setzen und becherweise Tee zu trinken. Ich hatte wegen der Hitze meine Kleider ausgezogen und stand plötzlich vor der Farm. Sie war auf der Karte fünfzehn Kilometer später eingezeichnet. Ich zog mir schnell etwas an und stürmte zum Haus.

Ich weiß nicht, worüber sich Jan und David mehr freuten – über mich oder die Kamele. Ich wußte, hier konnten meine Tiere glücklich und verwöhnt ihrem Alter entgegensehen – bis heute sind meine Freunde auf Woodleigh die einzigen Menschen, mit denen ich bis zum Erbrechen über Kamele sprechen kann, und ich weiß, sie verstehen mich. Sie hängen genauso wie ich an ihnen und unterwerfen sich bereitwillig jeder ihrer Launen. Dookie, Bub, Zelly und Goliath hätten es nicht besser treffen können. Dies war ihr neues Zuhause, und sie nahmen es sofort in Besitz.

Ein paar Tage später kam Rick – hektisch, quirlig und überdreht nach seinen Abenteuern in der Welt draußen. Diesmal hatte er in Borneo von Hubschraubern aus fotografieren müssen. Er erzählte mir, daß ein Mechaniker, als er am Tag zuvor das Auto in Carnarvon zur Reparatur gebracht hatte, gefragt hatte: «Haben Sie schon gehört, was mit Ihrer Freundin los ist? Eins ihrer Kamele ist krank, und sie wird erst Mitte November hier sein.»

Jan und David boten mir an, die Kamele mit einem Viehwagen in die Nähe des Meeres zu bringen – mir war das nur recht, von dort brauchte ich nur noch zehn Kilometer zu laufen. Ich war keine Puristin – besonders nicht bei dieser Hitze. Diesmal band ich die Kamele fest. Goliath sprang freiwillig als letzter auf den Wagen. Er wollte seine Milchquelle nicht verlieren.

Jan und David ließen mich mit den Kamelen allein und versprachen, uns in einer Woche wieder abzuholen. Ich sattelte die Kamele und ritt die letzten Kilometer. Ich tat das mit gemischten Gefühlen: Ich wollte nicht, daß der Trip zu Ende ging. Am liebsten wäre ich zurück nach Alice Springs geritten oder auf die Canningroute oder irgendwohin. Mir gefiel dieses Leben. Ich genoß es. Ich fühlte mich sogar außerordentlich geeignet dafür. Im Geist sah ich mich schon für den Rest meines Lebens als Nomadin, die mit einer Herde Kamele durch die Wüste zieht ... und ich liebte meine Tiere. Der Gedanke, sie zurückzulassen, war unerträglich. Ich wollte auch nicht, daß Rick am Meer auf mich wartete. Ich wollte noch ein bißchen alleine sein. Ich bat ihn, wenigstens keine Fotos zu machen. Er bekam diesen verdrießlichen und verstockten Blick. Ja ja, ich lächelte und dachte gequält: «Wie der Anfang so das Ende.» Und so wichtig war es eigentlich auch nicht. Eine dichterische Gerechtigkeit.

Hinter der letzten Düne glitzerte die Sonne auf dem Indischen Ozean. Die Kamele rochen das Wasser und gerieten aus dem Häuschen. Und hier endete mein Trip. Alles war so verschwommen und unwirklich wie am Anfang. Es fiel mir leichter, in Ricks Objektiv zu sehen – zu sehen, wie ich in einen klischeehaften Sonnenuntergang ritt. Es fiel mir leichter, neben meinen Freunden zu stehen und der verrückten Frau mit den Kamelen zum Abschied zuzuwinken – der beißende Staubgeruch umgab uns, und in unseren Augen stand die Furcht, daß zuviel ungesagt geblieben war. Ich fühlte unbeschreibliche Freude und schmerzliche Trauer. Es geschah alles zu plötzlich. Ich glaubte nicht, daß dies das Ende sein sollte. Irgendwas konnte nicht stimmen. Unterwegs hatte mir jemand ein paar Monate geraubt. Die Ankunft am Meer war nicht enttäuschend, aber ich hatte das überwältigende Gefühl, daß die Reihenfolge der Szenen durcheinander geraten war.

Ich ritt an dieser atemberaubend schönen Urweltküste entlang. Die riesige Sonne senkte sich auf einen flachen Horizont, und ich war nur zu dem einen Gedanken fähig: «Das war doch alles viel zu schnell vorüber!» Ich wurde nicht damit fertig, daß alles zu Ende war, daß es vielleicht Jahre dauern würde, ehe ich meine geliebten Kamele und die Wüste wiedersehen würde. Es blieb keine Zeit, mich auf die bevorstehenden Schockwellen vorzubereiten. Ich war wie betäubt.

Die Kamele waren beim Anblick des Meers wie vom Donner gerührt. Soviel Wasser hatten sie noch nie gesehen. Kleine Schaumkronen klatschten ans Ufer und kitzelten sie an den Füßen, und sie sprangen mit allen vieren in die Luft. Bub hätte mich beinahe abgeworfen. Sie blieben immer wieder stehen, drehten sich um, starrten aufs Wasser, machten einen Sprung zur Seite, sahen sich mit lächerlich gerümpfter Nase bedeutungsvoll an, starrten wieder aufs Wasser und machten den nächsten Sprung. Verunsichert drängten sie sich aneinander, und die Leinen verhedderten sich. Goliath lief geradewegs ins Wasser und schwamm. Er kannte noch keine Vorsicht.

Ich verbrachte eine traumhaft schöne Woche am Strand. Zufällig endete mein Trip an der schönsten Küste der Welt. Sie umschloß eine kleine Lagune mit dem Namen Hamelin Pool. Ein Seegraswall blockierte den direkten Zugang zum Meer, und das Wasser in der großen, relativ seichten Bucht war sehr salzhaltig – ideale Lebensbedingungen für Chromatophoren, Urtierchen, die hier seit fünfhundert Millionen Jahren leben. Seltsame urzeitliche Felsen ragten aus dem Wasser. Der Strand bestand aus winzigen Muscheln, jede einzelne so zart und vollkommen wie der Fingernagel eines Babys. Hundert Meter dahinter waren diese Muscheln versteinert und bildeten eine massive, etwa zwölf Meter dicke Muschelkalkschicht. Die Leute schnitten mit Motorsägen Steine aus dem Felsen und bauten damit ihre Häuser. Auf dem Muschelkalk wuchsen knorrige, zerzauste Bäume und Sukkulenten – ein ausgezeichnetes Kamelfutter. Hinter allem erstreckten sich Gipssenken und die roten Sanddünen der Wüste. Ich angelte Gelbschwanzfische und schwamm im klarsten türkisfarbenen Wasser, das ich je

gesehen habe. Ich nahm die Kamele mit ins Wasser (alle außer Zeleika, die sich hartnäckig weigerte, auch nur bis zum Bauch ins Wasser zu gehen). Ich ging über den knirschenden, blendend weißen Strand und entdeckte kleine grüne und rote, glasartige Pflanzen und aalte mich im Sand am Feuer unter dem blutroten Himmel. Das Wasser verwirrte die Kamele immer noch. Sie konnten nicht glauben, daß es nicht trinkbar war. Immer wieder tauchten sie die Köpfe hinein und spuckten es hinterher in hohem Bogen wieder aus. Bei Sonnenuntergang standen sie oft am Strand und blickten lange aufs Meer hinaus.

Wieder einmal und zum letztenmal schwebte ich auf Wolken. Ich hatte meine Habseligkeiten praktisch auf nichts reduziert und nur das Allernötigste behalten – einen dreckigen alten Sarong für die Hitze, einen Pullover und Wollsocken für die Kälte, einen Schlafsack, ein bißchen Geschirr, mehr brauchte ich nicht. Ich fühlte mich frei, ungebunden, leicht, und ich wollte, daß es so blieb. Wie konnte es mir nur gelingen, diesen Zustand beizubehalten? Ich wollte mit dem Wahnsinn da draußen nichts mehr zu tun haben.

Arme Irre, ich glaubte tatsächlich an meine Hirngespinste. Ich vergaß, was für den einen Ort gilt, muß für einen anderen nicht unbedingt zutreffen. Wenn man nach Kamelmist stinkend über die Fifth Avenue geht und Selbstgespräche führt, wird man gemieden wie die Pest. Selbst deine besten amerikanischen Freunde kennen dich nicht mehr. Der letzte Hauch romantischer Naivität sollte in New York für immer davongeblasen werden. Vier Tage später landete ich dort – völlig verstört und verängstigt von den Canyons aus Glas und Beton. Meine neue Abenteueridentität paßte so gar nicht hierher und ich fühlte mich nicht wohl. Ich beantwortete alberne Fragen, die mir das Gefühl gaben, ich sollte besser eine Tierhandlung aufmachen, und verteidigte mich gegen Leute, die auf mich einredeten. «Also, was kommt als nächstes, Kleine? Im Schlitten über die Anden?» Ich träumte von einer anderen Wüste.

Am letzten Tag machte ich vor Sonnenaufgang Frühstück. Rick wachte plötzlich auf, stützte sich auf einen Ellbogen, starrte mich anklagend an und sagte: «Wie zum Teufel hast du diese Kamele hierher gebracht?»

«Was?»

«Du hast ihre Eltern umgelegt!»

Er warf mir einen höhnischen und bösen Blick zu, dann sank er in den Schlaf zurück. Später konnte er sich nicht mehr an seine Worte erinnern. Irgendeine rudimentäre Wahrheit sprach aus seinem Traum.

Jan und David kamen mit dem Viehwagen. Ich lud meine inzwischen runden und übermütigen Biester auf, und wir fuhren zu ihrem Altersheim. Dort warteten viele Quadratkilometer Auslauf auf sie; es gab Menschen, die sie lieben und verwöhnen würden. Sie mußten nichts mehr tun und konnten ihre alten Tage damit verbringen, nach Mekka zu blicken und über das Wachsen ihrer Höcker nachzudenken. Ich verabschiedete mich stundenlang von ihnen. Es bereitete mir körperliche Schmerzen, mich von ihnen loszureißen. Ich kehrte immer wieder zurück, legte den Kopf an ihre wolligen Schultern und sagte ihnen, wie wunderbar, wie klug, wie treu, wie zuverlässig sie waren und wie sehr ich sie vermissen würde. Dann fuhr Rick mich nach Carnarvon, etwa hundertfünfzig Kilometer nördlich. Von dort wollte ich mit dem Flugzeug nach Brisbane und dann nach New York fliegen. An die Autofahrt kann ich mich nicht mehr erinnern. Ich weiß nur noch, daß ich versuchte, die peinlichen salzigen Sturzbäche zu verbergen, die aus meinen Augen strömten.

Carnarvon ist ungefähr so groß wie Alice Springs. Hier traf mich die erste Welle des Kulturschocks, der mich in den nächsten Monaten immer wieder aus dem Gleichgewicht bringen sollte. Ich glaube, ich habe mich bis heute noch nicht richtig davon erholt. Wo war die tapfere Boadicea des Strands? «Wo ist New York?» hatte sie gesagt. «Wo ist *National Geographic*? Nur zu, ich bin unverwundbar.» Unter dem Ansturm der merkwürdig aussehenden Leute, der Autos, Telegrafenmasten, der Fragen, des Champagners und des vielen Essens verkroch sie sich sofort wieder in ihrem Panzer. Der Bürgermeister und seine Frau luden mich zum Abendessen ein und öffneten eine Riesenflasche Champagner. Beim Essen brach ich zusammen, schleppte mich nach draußen und übergab mich an einem unschuldigen Feuerwehrauto. Rick hielt mir die Stirn und versicherte mir immer wieder: «Schon gut, schon gut. Wird schon alles gutgehen.» Ich erwiderte immer nur würgend und nach Luft ringend: «Nein, nein ... es ist schrecklich. Ich will zurück.»

Wenn ich heute auf die Reise zurückblicke und versuche, Tatsachen von Fiktion zu trennen, mich daran zu erinnern, was ich an einem bestimmten Zeitpunkt oder bei einem bestimmten Ereignis dachte, wenn ich versuche, die Erinnerungen wiederzubeleben, die so tief vergraben und unbarmherzig verzerrt sind, dann taucht aus dem Nebel nur eine klare Erkenntnis auf: Der Trip war einfach. Er war nicht gefährlicher, als von einer Straßenseite auf die andere zu gehen oder zum Strand zu fahren oder Erdnüsse zu essen. Ich habe zwei wichtige Dinge dabei gelernt: Man ist so stark und mächtig, wie man sich zu sein erlaubt. Und: Der schwierigste Teil jedes Vorhabens ist der erste Schritt, die erste Entscheidung. Und selbst damals wußte ich, daß ich es immer und immer wieder vergessen würde. Ich wußte, mir blieb nichts anderes übrig, als diese Worte, die ihre Bedeutung verloren, immer von neuem zu wiederholen und zu versuchen, mich an ihre Bedeutung zu erinnern. Und ich wußte selbst damals, daß ich in nutzlose Nostalgie versinken würde, anstatt mich an die Wahrheit zu erinnern. Wie ich schon immer vermutete, haben Kameltrips keinen Anfang und kein Ende ... nur die äußeren Umstände ändern sich. Und das sollte sich bald bestätigen.

Ich bedanke mich bei Rick Smolan, der mir erlaubt hat, zwölf seiner Fotos zu veröffentlichen: Nr. 1, 3, 5–14. Jenny Green überließ mir großzügig die Aufnahme Nr. 2. Colour Library International stellte Abbildung Nr. 4 zur Verfügung, eine Aufnahme der Macdonnel Ranges. Das Foto von mir auf der Rückseite stammt von Jason Spender. Ray Martin von Art Services zeichnete die Karte. Ich möchte mich auch bei Janine Roberts bedanken, die mir erlaubt hat, Unterlagen und Zitate aus ihrem Buch *From Massacres to Mining* zu benutzen – eine fundierte Grundlage für jeden, der etwas über die wirkliche Situation der Aborigines in Australien erfahren will.

Bücher die im Text erwähnt werden:

Adler, Renata, *Rennboot* (Suhrkamp Verlag, Frankfurt 1979)
Gilbert, Kevin, *Because a White Man'll Never Do It* ... (Angus and Robertson, Sydney 1973)
Robbins, Tom, *sogar cowgirls kriegen mal blues* (Rowohlt Verlag, Reinbek 1981)

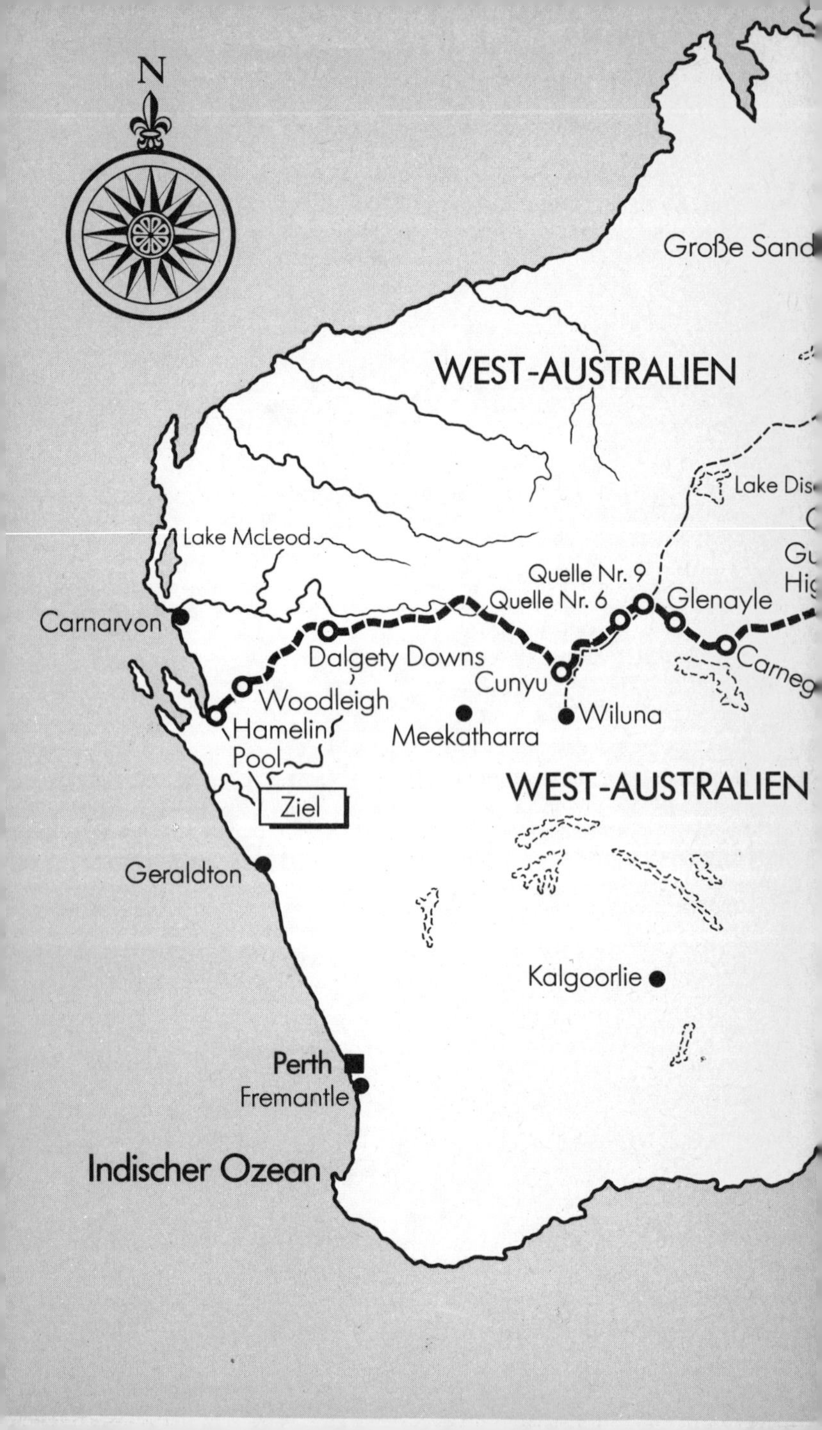
N
Große Sand
WEST-AUSTRALIEN
Lake Dis
Lake McLeod
Gu
Hi
Quelle Nr. 9
Quelle Nr. 6
Glenayle
Carnarvon
Dalgety Downs
Carneg
Cunyu
Woodleigh
Wiluna
Hamelin
Pool
Meekatharra
WEST-AUSTRALIEN
Ziel
Geraldton
Kalgoorlie
Perth
Fremantle
Indischer Ozean

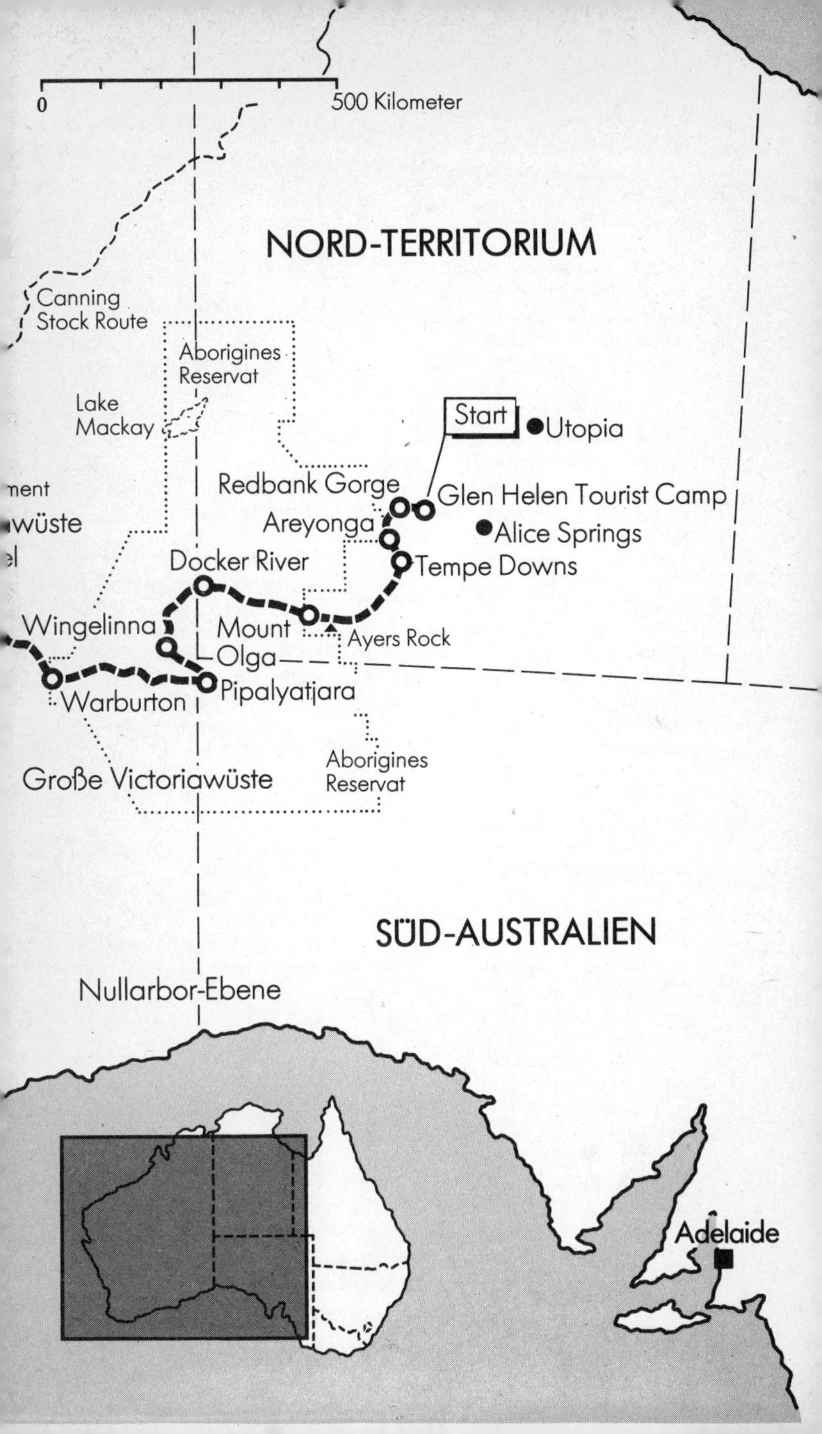
0
500 Kilometer
NORD-TERRITORIUM
Canning
Stock Route
Aborigines
Reservat
Lake
Mackay
Start
Utopia
Redbank Gorge
Glen Helen Tourist Camp
Areyonga
Alice Springs
Tempe Downs
Docker River
Wingelinna
Mount
Olga
Ayers Rock
Warburton
Pipalyatjara
Aborigines
Reservat
Große Victoriawüste
SÜD-AUSTRALIEN
Nullarbor-Ebene
Adelaide

Romane

Lisa Alther
Schlechter als morgen, besser als gestern *Roman*
(rororo neue frau 5942)
Caroline, Krankenschwester auf einer Unfallstation, täglich mit dem Schrecken konfrontiert, hat alles hinter sich und braucht selbst Hilfe. In der Psychotherapeutin Hannah findet sie eine Frau, die ihr den Blick öffnet für die Farben der wirklichen Welt.

Robyn Davidson
Vorfahren *Roman*
(rororo neue frau 12878)
Lucy ist eine Waise, wächst im australischen Busch auf und verfügt über glänzende Kontakte zur Geisterwelt ihrer Vorfahren, den Aborigines. Wie sie sich gewitzt durchs Leben schlägt, erzählt Robyn Davidson in einem großen, phantastischen Roman.
Spuren *Eine Reise durch Australien*
(rororo neue frau 5001)

Slavenka Drakulič
Das Prinzip Sehnsucht *Roman*
(rororo neue frau 12557)

Kate Millett
Fliegen Flying
(rororo neue frau 5156)
Kate Milletts persönlichstes Buch, eine genaue Beschreibung der ersten Jahre der Frauenbewegung und ein Stück Autobiographie.

Ann Oakley
Matildas Fehler *Roman*
(rororo neue frau 13160)
Die Geschichte einer kritischen jungen Frau, die –zunächst voller Vorbehalte – dem charismatischen Chef einer Geburtsklinik begegnet...

3302/1a

rororo neue frau

Märta Tikkanen
Aifos heißt Sofia *Leben mit einem besonderen Kind*
(rororo neue frau 5166)
Die Liebesgeschichte des Jahrhunderts *Roman in Gedichten*
(rororo neue frau 4701)
Ein Traum von Männern, nein, von Wölfen *Roman*
(neue frau 5946)
Märta Tikkanen erzählt von einem Mädchen, dem die Mutter all das weitergegeben hat, was sie selbst fürchtete, und das als erwachsene Frau auf den Wolf im dunklen Wald trifft.
Der große Fänger *Roman*
(rororo neue frau 12806)
Wie vergewaltige ich einen Mann?
(rororo neue frau 4581)

rororo neue frau wird herausgegeben von Angela Praesent und Gisela Krahl. Ein Gesamtverzeichnis der Reihe *neue frau* finden Sie in der *Rowohlt Revue*. Jedes Vierteljahr neu. Kostenlos. In Ihrer Buchhandlung.